21世纪立体化中等职业学校规划教材·财经系列

新编企业财务会计

（第2版）

任文跃　刘永红　主　编
蔡洋宏　赵旭亮　参　编

電子工業出版社
Publishing House of Electronics Industry
北京·BEIJING

内容简介

本书是财经专业立体化教材企业财务会计学科的主教材，依据2006年公布的《企业会计准则》编写，内容考虑了与助理会计师资格考试的对接。

本书安排了会计总论，核算货币资产，核算应收及预付款项，核算存货，核算以赚取差价为目的的投资，核算固定资产，核算无形资产及长期待摊费用，核算应付及预收款项，核算银行借款，核算所有者权益，核算收入、费用和利润及编制财务报表12个模块，为中小企业财务会计常见业务处理的教学提供了方案和素材。

本书配有《新编企业财务会计学习指导与练习（第2版）》、《新编企业财务会计实训（第2版）》，为课后同步练习、模拟综合实训提供了方案和素材。

本书可用于中等职业学校财经商贸类专业会计学科的教学，也可作为在职培训和自学用书。

图书在版编目（CIP）数据

新编企业财务会计／任文跃，刘永红主编．－－2版．－－北京：电子工业出版社，2013.6
21世纪立体化中等职业学校规划教材．财经系列
ISBN 978－7－121－20523－1

Ⅰ.①新…　Ⅱ.①任…　②刘…　Ⅲ.①企业管理－财务会计－中等专业学校－教材　Ⅳ.①F275.2

中国版本图书馆CIP数据核字（2013）第110625号

策划编辑：陈虹
责任编辑：陈虹　　　　特约编辑：许振伍
印　　刷：北京丰源印刷厂
装　　订：三河市皇庄路通装订厂
出版发行：电子工业出版社
　　　　　北京市海淀区万寿路173信箱　邮编100036
开　　本：787×1 092　1/16　印张：15　　字数：374千字
印　　次：2013年6月第1次印刷
印　　数：4 000册　定价：27.00元

凡所购买电子工业出版社图书有缺损问题，请向购买书店调换。若书店售缺，请与本社发行部联系，联系及邮购电话：（010）88254888。

质量投诉请发邮件至zlts@phei.com.cn，盗版侵权举报请发邮件至dbqq@phei.com.cn。

服务热线：（010）88258888。

第 2 版前言

本书是中等职业学校会计专业财务会计学科的主教材，为课堂教学提供内容及其组织方案。与之配套的《新编企业财务会计学习指导与练习（第2版）》为课后同步学习与练习提供方案和素材；《新编企业财务会计实训（第2版）》则为企业财务会计综合实训提供素材，三者相互关联，相互支撑。

本书有如下特点。

1. 栏目和环节的设置适应中职学情、符合认知规律

本书依据认知加工理论，遵循“了解经济业务、针对经济业务核算、通过运用进行知识加工和存储”的认知思路，设置了“业务认知”、“业务核算”、“关键练习”和“课堂讨论”等环节，有组织地实现了“知、学、用”一体化。

2. 重视与工作情境的对接，以接近实务情境的方式呈现示例

本书示例从会计人员从事会计实务工作角度出发，逐项展示涉及的主要原始凭证，分析经济业务事项，展开账务处理，让会计核算的学习更接近会计实务的工作步骤，使学生未来就业时能够更快地适应实际工作。

3. 内容选排适应中职就业需求，且与助理会计师考试对接

本书内容选排上，充分考虑了中职学生就业对象的会计核算需求，以中小企业常见业务为蓝本安排教材内容，中小企业少见的各项业务从简从略，具有较强的针对性。本书安排内容时也考虑了与助理会计师资格考试大纲的对接，覆盖了助理会计师考试的主要内容。

本书由任文跃、刘永红担任主编。具体分工为：任文跃编写模块一、模块二、模块三、模块四、模块五、模块六、模块八、模块九；蔡洋宏编写模块七、模块十、模块十二；赵旭亮编写模块十一；任文跃负责全书统稿和审校；马婧参加了本书的校对工作。

由于作者水平有限，书中难免有错误和不足之处，敬请广大读者批评指正。

编　者

第1版前言

学生、教材、教师是教学过程中最重要的3个要素。教材应该适合学生学情、满足学生从业的需要，同时还应该符合教师的教学需求。这一直是很多教材编写者追求的目标。近些年来，职业学校，尤其是中等职业学校，学生学情、就业岗位及工作岗位能力需求都发生了很大变化，教师为了提高教学质量，增强学生的职业能力，促进学生就业，对教材提出了新的要求，用传统方法编写的教材已经无法满足这些需求。本书在编写的过程中尝试了一些新形式、新方法，努力去适应职业学校学情和岗位需求方面的变化，满足教师对教材的新要求。

本书具有如下特色。

1. 分别设置"业务认知"和"业务核算"栏目

在讲解业务核算前，先介绍业务的发生过程、管理要点，使学生先对企业业务的发生过程有一定的认识，弥补学生对企业感性经验的欠缺，然后在此基础上讲解业务核算，使对核算内容的介绍有的放矢，便于学生建立业务和核算之间的联系，便于学生理解会计核算处理内容。

2. 全书贯穿以会计实务"角色导航"

编写本书的人员中半数以上有企业会计实务工作经历。根据我们对会计岗位工作的认识，我们认为，就经济业务核算而言，会计人员的业务能力主要表现为两个方面：一是会计凭证的识读、编制能力；二是对工作过程的理解和参与能力。设置角色导航的目的是：通过会计实务角色的引导，促进学生对工作岗位分工的认知，形成会计岗位工作过程意识，最终加强学生的岗位适应性。客观上，角色导航也能起到提高学生阅读教材兴趣的作用。

3. 全书例题均以实务模拟方式展开，并给出常见业务的关键原始凭证样例

为了形成学生的会计凭证识读、编制能力，本书在以往教材注重经济业务核算分录编制能力的基础上，加强了对原始凭证识读和编制能力的训练。全书例题都按会计岗位工作过程编写，先介绍会计人员接收到的原始单据，再识读原始单据记录的经济业务内容，需要编制会计数据处理单据的，还要编制相关表单，最后才给出需要编制的会计分录。这样编写的目的是让学生形成岗位业务处理思路，加强学生的业务处理能力。

4. 本书设置了专门的课堂练习环节"关键练习"

会计专业教学必须是一个讲练结合的过程，学生学过的核算知识需要通过在运用中反思来检验、修正和强化。"关键练习"栏目的设置正是出于这一思想。在每个学习任务的"关键练习"中，都根据任务学习目标给出了简要的练习内容，为了教师组织教学环节提

供了必要的素材，以便于完善课堂教学内容。

本书依据2006年颁布，2007年1月1日起实施的会计准则编写。2006年版会计准则比现行的其他会计制度更加科学、实用，且既适用于上市公司，又可在其他企业推广。

本书是立体化教材财务会计学科的主教材，配套教材有《新编企业财务会计学习指导与练习》和《新编企业财务会计实训》。此外，本书还提供了如下教学资源。

① 会计实务处理涉及的现在实施的会计法规，供学生在学习和工作时参考。

② 全书关键练习答案，供学生核对练习结果。

③ 书中涉及的全部原始凭证图片，供学生在课后练习识读。

本书由任文跃、刘永红任主编，负责拟定全书大纲和组织编写，由魏金龙、周迎春任副主编。其他编写人员及具体分工如下：模块一、模块二由任文跃编写；模块三由周迎春编写；模块四由毛晓萍编写；模块五、模块六由温洪波编写；模块七由刘永红编写；模块八、模块九由沙雪松编写；模块十由温颖编写；模块十一由李兵编写；模块十二由王梅红编写。全书由刘艳清主审。

由于时间仓促，加之水平有限，书中错误之处在所难免，欢迎广大读者和同行批评指正。

编　者

目 录

模块一 会计总论

工作导入

欢迎各位同学走近会计工作!

会计号称“永不凋谢”的职业，自其诞生之日起，就在计算经营成果、考核受托责任、加强经济管理、提高经济效益等方面扮演着至关重要的角色。成千上万的会计工作者和他们所做的会计工作，在推动社会经济发展中发挥着极其重要的作用，“经济越发展，会计越重要”说的正是这个道理。职业的重要性决定了从业者的经济和社会地位。如今我们站在会计这个职业大门的入口，这个职业的荣耀就在远方向我们招手，爱岗敬业、坚守诚信、遵守规范、苦练技能、灵活运用将为我们铺平通向这些荣耀的道路。

当我们准备走向一个职业时，一定会关心它是什么？都做什么？有什么作用？在学习会计这个职业的具体工作之前，先简要地回答上述问题。

会计是以货币为主要计量单位，核算和监督一个单位经济活动的一种经济管理工作。

① 核算是指以货币为主要计量单位，对特定主体的经济活动进行确认、计量、记录和报告，从而为有关各方提供会计信息的行为。

② 确认是指针对会计主体的某一交易或事项，依据会计规范（主要指会计准则和会计制度）判断并确定该交易或事项应当记入相关账簿的行为。具体表现为确定一项经济业务核算分录借贷方科目的判断活动。

③ 计量是指依据会计规范确定（有时需要一定的计算程序）某一交易或事项的金额的行为。计量对应的会计实务程序是确定会计分录借贷方科目金额及其相关的操作。

④ 记录是指运用会计方法、遵循会计核算程序，以文字和金额同时描述、确认和计量行为的结果，使其最终可以反映在特定会计主体财务报表项目中的行为。

⑤ 报告是指在确认、计量和记录的基础上，对特定主体的财务状况、经营成果和现金流量情况，以财务报表的形式向有关方面报告的会计程序。

⑥ 监督是指利用会计核算所提供的信息，以一定的标准和要求审查特定单位的经济活动和会计行为的合法性、合理性，以此对单位的经济活动和会计行为进行有效的指导、控制和调节，以达到预期目的的行为。

监督的内容包括以下活动：利用制定会计制度、会计程序规范经济运行；审核经济业务的真实性、财务收支的合法性；通过财产清查保证财产的安全和完整；利用会计核算数据和预算计划，评价经济运行情况、考核受托责任、改进管理活动、提高运营效率等。

除了具有核算和监督两项基本职能外，会计工作还包括预测经济前景、参与经济决策、计划组织及绩效评价等。随着生产力水平的日益提高、社会经济关系的日益复杂和管理理论的不断变化，会计所发挥的作用日益重要，工作内容和职能也在不断丰富和发展。

会计按报告对象的不同，分为财务会计和管理会计。财务会计主要侧重于向企业外部关系人提供有关企业财务状况、经营成果和现金流量情况等信息，这些信息都是过去的交易和事项形成的，客观性和可靠性是首要指标；管理会计主要侧重于依据过去发生业务的信息，估计和分析未来经济业务的变化，向企业内部管理者提供进行经营规划、经营管理、预测决策所需要的相关信息，这些信息更重视对未来情况的预期。本书主要介绍财务会计方面的内容。

课堂问答

1. 列出本书所列举的会计监督的内容，根据基础会计中所学，还能列举出哪些会计监督行为？

2. 回顾会计核算包括的具体行为，然后将以下各项具体会计操作与对应的具体行为名称用线连接起来。

确认	记录	计量	报告	会计监督
编制和报送会计报表	确定经济业务能否记入某账簿	定期盘点库存原材料	书写会计凭证、登记账簿	计算购进材料的采购成本

任务一　会计基础与信息质量要求

任务目标

通过本任务的学习，你应当能够：

1. 列举可以作为会计确认、计量、报告基础的两种会计基础，并概述权责发生制的基本内容。

2. 列述全部会计信息质量要求，较准确地概括各项信息质量要求的内容，列举各项信息质量要求的应用实例。

业务认知

一、会计基础

任何一项经济业务确认前必须先要进行以下两个判断：①该经济业务是否属于会计核

算对象；②该经济业务发生在哪一期，是不是现在这个会计期间。显然不是会计对象的经济业务不需要进行会计核算，不属于当前会计期间的经济业务不能在当前会计期间核算。只有通过这两项判断的经济业务才能开始进行会计核算。因此，这两项判断被称为会计核算的基础，简称会计基础。

会计基础有两种：一种是以交易或事项是否已经对当期经济利益（权）和经济义务（责）产生了影响（当期可以是该交易或事项影响的唯一期间，也可以是该交易或事项影响的众多期间中的一个）为判断标准，以此为标准的会计基础称为权责发生制会计基础；另一种是以交易或事项是否对货币资金产生了影响为判断标准，即以资金是否收付为判断标准，以此为标准的会计基础称为收付实现制会计基础。

在权责发生制会计基础下，不论款项是否收付，只要经济利益和经济责任已经于当期发生，就应当在当期进行利益和义务的核算；而在收付实现制会计基础下，只有在款项发生当期才进行会计核算，而不论权责是在何时发生。

例如，一项销售业务当期已经实现，但款项要以后某期才能收回。在权责发生制下，会计人员应当在当期进行经济利益（收入）和经济义务（费用，商品交付义务）的核算；收付实现制需等到款项收回的期间才能进行核算。

要点提示

会计基础是指进行会计核算前的判断，影响经济利益和经济义务会计核算（确认、计量、记录和报告）期间的确定。

企业应当以权责发生制为基础进行会计确认、计量和报告。（《企业会计准则——基本准则》第十条）

采用权责发生制会计基础时，凡是本期已经实现的收入和已经发生的或应当负担的费用，无论款项是否收付，都应当作为当期的收入和费用，记入利润表；凡是不属于当期的收入和费用，即使款项已在当期收付，也不应当作为当期的收入或费用。

我国行政单位采用收付实现制会计基础；事业单位除经营业务可以采用权责发生制会计基础外，其他业务采用收付实现制会计基础。

二、会计信息质量要求

财务会计的目标在于提供信息以帮助投资者和债权人做出经济决策。会计提供信息的质量将直接影响投资者的经济决策，良好的会计信息应满足以下信息质量要求。

（一）可靠性

可靠性要求企业应当以实际发生的交易或者事项为依据进行确认、计量和报告，如实反映符合确认和计量要求的各项会计要素及其他相关信息，保证会计信息真实可靠、内容完整。

可靠性要求企业在进行会计核算中应当做到以下两点。

① 以实际发生的交易或者事项为依据进行确认、计量和报告。将符合会计要素定义及其确认条件的资产、负债、所有者权益、收入、费用和利润等如实反映在财务报表中，不得根据虚构的、没有发生的或者尚未发生的交易或者事项进行确认、计量和报告。

② 在符合重要性和成本效益原则的前提下，保证会计信息的完整性。其中包括应当编报的报表及其附注内容等应当保持完整，不能随意遗漏或者减少应予披露的信息，与使用者决策相关的有用信息都应当充分披露。

（二）相关性

相关性要求企业提供的会计信息应当与财务报告使用者的经济决策需要相关，应当有助于投资者等财务报告使用者对企业过去、现在或者未来的情况做出评价或者预测。

会计信息是否有用，是否具有价值，关键看其与使用者的决策需要是否相关，是否有助于使用者决策或者提高决策水平。相关的会计信息应当能够有助于使用者评价企业过去的决策，证实或修正过去的有关预测，因而具有反馈价值。相关的会计信息还应当具有预测价值，有助于使用者根据财务报告提供的会计信息预测企业未来的财务状况、经营成果和现金流量。例如，在确认和报告时区分流动资产和非流动资产、流动负债和非流动负债等都可以提高会计信息的预测价值，进而提升会计信息的相关性。

（三）可理解性

可理解性要求企业提供的会计信息应当清晰明了，便于投资者等财务报告使用者理解和使用。

企业编制财务报告、提供会计信息的目的在于使用。为帮助使用者有效使用会计信息，便于具有一定财务管理知识的使用者了解会计信息的内涵，财务报告所提供的会计信息应当清晰明了，易于理解。

（四）可比性

可比性要求企业提供的会计信息应当相互可比。它主要包括以下两层含义。

1. 同一企业不同时期可比

为了便于投资者等财务报告使用者了解企业的财务状况、经营成果和现金流量的变化趋势，比较企业不同时期的财务报告信息，全面、客观地评价过去、预测未来，从而做出决策，会计信息质量的可比性要求同一企业不同时期发生的相同或者相似的交易和事项应当采用一致的会计政策，不得随意变更。但是，满足会计信息可比性要求，并非表明企业不得变更会计政策——如果按照规定或者会计政策变更后可提供更可靠、更相关的会计信息，则可以变更会计政策。有关会计政策变更的情况，应当在会计报告附注中予以说明。

2. 不同企业相同会计期间可比

为了便于投资者等财务报告使用者评价不同企业的财务状况、经营成果和现金流量及其变动情况，会计信息质量的可比性要求不同企业在同一会计期间发生相同或者相似的交易或者事项时应当采用规定的会计政策，确保会计信息口径一致、相互可比，以使不同企业按照一致的确认、计量和报告要求提供有关会计信息。

（五）实质重于形式

实质重于形式要求企业应当按照交易或者事项的经济实质进行会计确认、计量和报告，而不仅仅以交易或者事项的法律形式为依据。

在多数情况下，企业发生的交易或者事项的经济实质和法律形式是一致的，但在有些情况下会出现不一致。例如，企业根据销售合同向购买方销售一批商品，但同时又与购买方签订一项售后回购协议，即约定在将来某个时期由企业购回该销售商品。从法律形式上看，这是两项相互独立的业务——一项是销售业务、一项是购进业务，但从业务实质上看，这两项业务是相互联系的，企业的目的是以这种方式进行融资。这就导致了经济实质与法律形式的不一致。按会计信息实质重于形式的要求，当上述销售业务发生时不能确认销售收入，未来也不能确认采购业务，而应以经济业务或者事项的经济实质——融资行为进行确认、计量和报告。

（六）重要性

重要性要求企业提供的会计信息应当反映与企业财务状况、经营成果和现金流量有关的所有重要交易或者事项。

在实务中，如果某项会计信息的省略或者错报会影响财务报告使用者据此做出决策，该信息就具有重要性。重要性的应用需要依赖职业判断，企业应当根据其所处环境和实际情况，从项目的性质和金额大小两方面加以判断。

（七）谨慎性

谨慎性要求企业对交易或者事项进行会计确认、计量和报告应当保持应有的谨慎，不应高估资产或者收益、低估负债或者费用。

在市场经济环境下，企业生产经营活动面临着许多不确定性，如应收账款有收不回来的风险、存货和固定资产等可能减值、售出存货可能发生退回和返修等。会计信息质量的谨慎性要求，需要企业对具有不确定性因素的业务进行确认、计量和报告时，应当保持应有的谨慎，充分估计到各种风险和损失，即不高估资产和收益，也不低估负债或者费用。例如，对有减值迹象的应收账款、存货、固定资产等资产计提资产减值准备，对售出商品可能发生的保修义务等确认预计负债等。

（八）及时性

及时性要求企业对于已经发生的交易或者事项，应当及时进行确认、计量和报告，不得提前或者延后。

会计信息的价值在于帮助所有者或者其他信息使用者做出经济决策，具有时效性。即使是可靠、相关的会计信息，如果不及时提供，就失去了时效性，对于使用者的效用就会大大降低，甚至不再具有实际意义。在会计确认、计量和报告过程中贯彻及时性，一是要求及时收集会计信息，即在经济交易或者事项发生后，及时收集整理各种原始单据或者凭证；二是要求及时处理会计信息，即按照会计准则的规定，及时对经济交易或者事项进行确认、计量，并编制财务报告；三是要求及时传递会计信息，即按照国家规定的有关时限，及时地将编制的财务报告传递给财务报告使用者，便于其及时使用和决策。

关键练习

极地有限责任公司是一家生产型企业，请根据会计准则的要求确定其会计基础，并指出下列业务中收入、费用的确认、计量和报告期间，并说出确定依据。

1. 3 月 15 日，聘请宏胜公司高级会计师来企业进行为期一周的会计工作指导，并与宏胜公司约定，指导费用将于 4 月 5 日支付。

2. 根据有关合同约定，3 月份收到客户预付 4 月份采购款项 250 000 元，4 月份，公司按合同约定售出相关商品。

拓展阅读

销售经理的建议——依据会计信息质量要求进行会计监督

2012 年 12 月，极地有限责任公司销售部经理对财务主管林正峰说，由于销售业务下滑，销售部可能完不成当月销售任务，但预计 2013 年 1 月会迎来一个销售高潮，销售额会大幅高于销售任务，为了完成 2012 年 12 月份的销售任务，销售部已经提前开出了若干张销售发票，希望能计入 2012 年 12 月的主营业务收入，以完成销售任务。

林正峰当即拒绝了销售部经理的要求，理由是根据会计信息的可靠性要求，企业应当以实际发生的交易或者事项进行确认、计量和报告，2013 年 1 月份的经济业务还没有发生，不能予以确认，并指出销售部必须马上改正提前开具发票的行为。

任务二　会计要素及确认

任务目标

通过本任务的学习，你应当能够：

1. 牢记各会计要素的定义，并能根据定义概述各要素的特征。
2. 根据会计要素的定义和确认条件，判断一些常见事项应当确认为哪个会计要素。

业务认知

会计要素是根据交易事项的经济特征所确定的对财务会计对象的基本分类。会计要素按照性质分为资产、负债、所有者权益、收入、费用和利润。其中，资产、负债、所有者权益要素侧重于反映企业的财务状况；收入、费用和利润要素侧重于反映企业的经营成果。会计要素的界定和分类可以使企业资产与相应的资产要求权严格对应，使资产负债表的结构更加清晰、科学、合理；可以使企业利润成因和形成步骤清晰呈现。因此，可以为投资者等财务报告使用者提供更加明晰、有用的信息。

实务中，当一项交易或者事项（必须符合会计基础要求）发生，严格的确认程序是：根据交易或者事项的经济影响及会计要素的定义和确认条件，判断所涉及会计要素，再依据交易或事项影响的具体内容和会计科目核算内容确定应记入的具体科目。会计要素确认阶段的判断依据是各会计要素的定义和确认条件，这些定义和确认条件是会计要素所属科目具备的共性特征，当交易或者事项的内容不满足各会计要素的定义和确认条件时，确认活动应当终止。

一、资产的定义及确认条件

（一）资产的定义

资产是企业过去的交易或者事项形成的，由企业拥有或控制的，预期会给企业带来经济利益的资源（《企业会计准则——基本准则》，以下会计要素定义出处同此）。

根据资产的定义，资产具有以下几个方面的特征。

1. 资产预期会给企业带来经济利益

资产预期会给企业带来经济利益，是指资产直接或间接导致现金和现金等价物流入企业的潜力。

资产给企业带来的经济利益的形式可以是现金或现金等价物，如银行存款、短期债券等；也可以是能转换为现金或现金等价物的其他形式，如可销售的商品、有使用或出售价值的固定资产等；还可以是减少现金或现金等价物流出的各种形式，如减少了企业的负债等。

资产给企业带来经济利益的方式有直接和间接之分。例如，企业待销售的商品、待收回的应收款项能为企业带来直接的经济利益；企业为生产耗用储备的原材料，为生产经营持有的固定资产、无形资产，它们通常不为出售所持有，不能给企业带来直接经济利益，但它们是企业形成产品、提供服务的基础材料和设备与技术保障，是企业生产并出售产品取得经济利益的必要条件，间接地为企业带来经济利益。一项资源，无论能给企业带来直接利益还是间接利益，只要具有带来经济利益的潜力，均应确认为一项资产。如果某一项目不能再为企业带来经济利益，那么就不能将其确认为资产，需要从资产总额中将其金额剔除。

例 1.1 依据定义，判断下述项目是否可以确认为资产，并说明判断依据和后续要进行的会计行为。

本企业在财产清查中发现了一台账存设备已经不能使用，并且该设备处置收入与处置费用基本相当。

解析： 由于该设备已经不能给企业带来经济利益，所以不能继续确认为企业的资产。该企业应当立即将该设备报废，进行固定资产清理，减少固定资产账存价值。当期编制资产负债表时，固定资产项目不应再包括该设备价值。

2. 资产应为企业拥有或控制的资源

资产作为经济资源，应当由企业拥有或控制，才能确认为会计主体的资产。拥有是指企业拥有某项资源的所有权，控制是指企业实质上掌握着与该资源有关的主要收益。如果企业既不拥有该资源，也不控制资源所带来的主要经济利益，就不能将其作为企业的资产予以确认。

例 1.2 依据定义，判断下述项目是否可以确认为资产，并说明判断依据。

本企业租入两项设备，两项设备的使用寿命均为 15 年。A 设备为从光明公司租入，租期一年，到期归还；B 设备租期 15 年，租期结束后该企业可以以 1 元的价格购入该设备。

解析：对该企业来说，不能控制 A 设备产生的主要经济效益，但能控制 B 设备所产生的主要经济利益，即企业实际上控制了 B 设备，所以企业应当将 B 设备作为企业的资产管理，增加固定资产账面价值，在资产负债表的固定资产项目上包括该项资产的金额。

3. 资产是由企业过去的交易或事项形成的

资产应当由企业过去的交易或事项所形成。过去的交易或事项包括购买、生产、建造行为及其他交易或事项。这是会计信息质量可靠性要求决定的。

例 1.3 依据定义，判断下述项目是否可以确认为资产，并说明判断依据。

某企业与其供应商约定，下一年度将从该供应商处采购原材料 15 万吨。

解析：该项采购将在未来发生，不符合资产是由企业过去的交易或事项形成的特征，故不能确认。

（二）资产的确认条件

将一项资源确认为资产，需要符合资产的定义，还应同时满足以下两个条件。

1. 与该资产有关的经济利益很可能流入企业

资产是预期能给企业带来经济利益的资源，但由于经济生活中的各种原因，使资产给企业带来经济利益存在不同程度的风险，因此，在确认资产前应当对资产带来的经济利益流入企业的可能性进行评估——那些经济利益很可能流入企业的资源可以确认为企业的资产，反之则不能将其确认为资产。

例 1.4 依据资产确定条件，判断是否可以将以下应收账款继续确认为资产，并说明后续会计处理。

本企业应收账款明细账上记载有一项应收账款，在财产清查时发现，该项应收账款的当事方即将破产，该项应收款收回的可能性很小。

解析：该项应收账款收回的可能性很小，与该资产有关的经济利益已经达不到很可能流入企业的程度，因此，企业应该停止或减少对该项应收账款的确认，具体措施是对该项资产计提一定比例的坏账准备，减少资产价值。

2. 该资源的成本或价值能够可靠计量

可计量性是所有会计要素确认的前提。只有当资源的成本或价值能够可靠计量时，资产才能予以确认。在实务中，企业取得的许多资产都是发生了成本的。例如，企业购买或生产的存货、购置的厂房和设备等。对于这些资产，只要实际发生的购买成本或生产成本能够可靠计量，就视为符合了资产的可计量条件。

例 1.5　根据资产确认条件判断是否可以将下述两种材料确认为企业的资产。

本企业同时收到甲、乙两批原材料：甲批材料的增值税发票随货到达，价税款反映准确；乙材料的发票还没有到达。

解析：材料的采购成本要依据发票等有效原始凭证来计量，甲材料的发票已经收到，可以认为其成本能够可靠计量，企业应将其确认为一项资产；由于乙材料的发票未到，因而其成本无法可靠计量，企业不能确认这项资产，需要等到收到发票时再确认该项资产。

要点提示

资产要在同时符合定义和满足确认条件时才能确认。

课堂讨论

本企业向 W 公司投资 100 万元人民币，取得 W 公司 1.5% 的股权，预期持有该股权会为企业带来很好的红利回报。该项股权可以确认为企业的资产吗？说明判断依据。

二、负债的定义及确认条件

（一）负债的定义

负债是企业过去的交易或者事项形成的，预期会导致经济利益流出企业的现时义务。根据负债的定义，负债具有以下几个方面的特征。

1. 负债是由过去的交易或事项形成的现时义务

义务是一种强制的应尽责任，现时义务即现行条件下承担的应尽责任。现时义务是过去的交易或事项形成的一种后果，之所以称其为后果，是因为现时义务是在交易或事项发生后才产生的，未发生的交易和事项不能产生现时义务。

例 1.6　根据定义判断是否可以将两项借款协议确认为企业的负债。

企业与银行签订两份借款协议：一份从银行借入流动资金 200 000 元，该协议已经生效，款项已经转入企业存款户；另一份协议是两个月后要从银行借入 1 000 000 元的意向书。

解析：第 1 份协议属于过去的交易或事项，其后果已经形成现时义务，所以可以将其确认为负债；第 2 份协议属于未发生交易，没有形成现时义务，不能确认为负债。

2. 负债预期会导致经济利益流出企业

负债是现时义务，应当在特定时间予以履行。履行现时义务的形式是在未来某一时间通过交付资产（包括现金和其他资产）或提供劳务来清偿。当一项负债已经有迹象表明不需要履行时，不能再确认为负债。

例 1.7 根据定义判断以下两项应付款是否可以确认为企业的负债，并说明后续会计处理。

某企业有 A、B 两项应付账款：经查证，A 项应付账款的对方单位已经于一年前破产，该款项已经无法支付；B 项应付账款经与对方单位对账，核实无误，企业需要按约定日期支付。

解析：由于 A 项应付账款已经不会导致经济利益流出企业，所以应当停止确认为负债，从负债总额中减除该项负债金额；B 项应付账款仍需要企业偿还，在偿还前仍需要确认为负债。

（二）负债的确认条件

将一项现时义务确认为负债，不仅要符合负债的定义，还需要同时满足以下两个条件。

1. 与该义务有关的经济利益很可能流出企业

在实务中，履行义务所需流出的经济利益带有不确定性，负债的确认应当与经济利益流出的不确定性程度的判断结合起来，如果有确凿证据表明与现时义务有关的经济利益很可能流出企业，就应当将其作为负债予以确认；反之，不能将其确认为负债。

2. 未来流出的经济利益的金额能够可靠地计量

负债确认时在考虑经济利益流出企业可能性的同时，还要考虑流出的经济利益的金额的可计量性。大多数负债的金额都有法定依据可以可靠计量，但有些特定业务，如包修产品的预计维修费用，需要根据经验等主观因素进行估计，如果能准确估计，则可以确认为负债，反之不能确认为负债。

要点提示

负债的确认要符合负债的定义，还需要同时满足负债的确认条件。

三、所有者权益的定义及确认条件

所有者权益是指企业资产扣除负债后，由所有者享有的剩余权益。公司制企业的所有者权益又称为股东权益。所有者权益的确认主要依赖于其他会计要素，尤其是资产和负债的确认，所有者权益的金额的确定也主要取决于资产和负债的计量。

要点提示

所有者权益的确认和计量主要依靠资产和负债的确认和计量。

所有者权益按形成来源可以分为所有者投入的资本、留存收益、直接计入所有者权益的利得和损失等。

① 所有者投入的资本中构成企业注册资本或股本部分的金额，称为实收资本，在“实收资本”账薄反映；投入资本超过注册资本或股本部分的金额，即资本溢价或股本溢价，形成企业的资本公积，在“资本公积”账薄反映。直接计入所有者权益的利得和损失也在企业的“资本公积”账薄中反映。

② 留存收益是企业历年实现的净利润留存于企业的部分，主要包括累计计提的盈余公积和未分配利润，分别在“盈余公积”和“利润分配——未分配利润”账薄反映。

要点提示

企业的所有者权益由实收资本、资本公积、盈余公积、利润分配构成。

四、收入的定义及确认条件

（一）收入的定义

收入是指企业在日常活动中形成的、会导致所有者权益增加的、与所有者投入资本无关的经济利益的总流入。

企业的经济利益流入包括以下几个方面。

① 日常经营活动产生的经济利益流入，如企业日常活动产生的产品销售收入、提供劳务收入、让渡资产使用权收入等。

② 因负债产生的经济利益流入，如借款产生的现金流入。

③ 接受投资者投入产生的经济利益流入，如接受投资产生的经济利益流入。

④ 非日常经济活动产生的经济利益流入，如出售固定资产等产生的经济利益流入。

收入的定义采用排除法将负债、接受投资、非日常活动产生的流入排除在收入要素之外。其中，非日常活动中形成的经济利益流入会计上称为利得；负债产生的经济利益不能直接导致所有者权益增加，所以因负债产生的经济利益流入不属于收入范畴。

要点提示

收入的定义严格将收入与因负债、利得、所有者投入等原因产生的经济利益流入区分开。

（二）收入的确认条件

确认收入时还应该满足以下条件。

① 与收入相关的经济利益应当很可能流入企业。

② 经济利益流入企业的结果会导致资产的增加或负债的减少。

③ 经济利益的流入额能够可靠计量。

五、费用的定义及确认条件

（一）费用的定义

费用是指企业的日常活动发生的、会导致所有者权益减少的、与向所有者分配利润无关的经济利益的总流出。

企业的经济利益流出由以下两个方面构成。

① 企业日常经营活动产生的经济利益流出，包括向所有者分配利润、偿还负债和发生的日常生产、管理支出。

② 非日常经营活动产生的经济利益流出，包括处置固定资产、处置无形资产、资产减值、对企业的罚款等经济利益流出。

费用的定义采用排除法将除日常活动产生的经济利益流出外的其他各项经济利益流出排除在费用要素之外。非日常活动经济利益流出在会计上称为损失。偿还负债产生的经济利益流出抵偿了债务，但不会导致所有者权益减少，所以不符合费用定义。

例 1.8　根据定义判断下述支出是否可以确认为费用。

① 本企业已经用于购买原材料的货款40 000元。

② 本企业已经用于偿还应付账款的款项100 000元。

③ 本企业已经用于支付广告费的6 000元。

解析：第①项中，货款支出导致另一项资产——原材料增加，实际上是资产项目的等价转换，不会减少所有者权益，所以这项经济利益流出不能确认为费用；第②项中，本企业虽然有经济利益流出，但没有减少所有者权益，所以不能确认为费用；第③项中，付广告费的款项支出属于费用定义所称的日常经济活动经济利益流出，所以可以确认为费用。

要点提示

费用严格区别于损失、向所有者分配利润和偿还负债产生的经济利益流出。

（二）费用的确认条件

费用的确认除满足费用的定义外，还应当符合以下条件。

① 与费用相关的经济利益应当很可能流出企业。

② 经济利益流出企业的结果会导致资产的减少或负债的增加。

③ 经济利益的流出能够可靠计量。

六、利润的定义及确认条件

（一）利润的定义

利润是指企业在一定会计期间的经营成果，包括收入减去费用后的净额和直接计入当期利润的利得和损失等。通常情况下，如果企业实现了利润，表明企业的所有者权益增加，业绩得到了提升；反之，如果企业发生了亏损（即利润为负数），表明企业的所有者权益将减少，业务下滑。

（二）利润的确认条件

利润反映的是收入减去费用、利得减去损失后的净额。因此，利润的确认主要依赖于收入和费用及利得和损失的确认，其金额的确定也主要取决于收入、费用、利得和损失金额的确认。

要点提示

利润的确认和计量取决于收入、费用、利得和损失的确认和计量。

关键练习

运用会计要素的定义和确认条件判断极地公司发生的下列事项能否确认为某一要素，并说明判断依据。

1. 根据合同，预计明年1月份从某开发商处购入的办公楼两幢。
2. 当月向信誉很好的客户赊销产品取得的销售收入。
3. 支付的管理部门本月电话费。

拓展阅读

极地有限责任公司2012年度发生的利得和损失

会计准则及其指南规定企业的利得包括：非流动资产处置利得、债务重组利得、盘盈利得、捐赠利得、非货币性资产交换利得、政府补助利得等；损失包括：非流动资产处置损失、非货币性资产交换损失、债务重组损失、公益性捐赠支出、非常损失、盘亏损失等。

根据会计准则关于利得和损失的规定，极地有限责任公司2012年度发生利得和损失如下。

1. 处置一台设备，设备账面价值6 000元，以4 000元售出，产生损失2 000元（非流动资产处置损失）。

2. 欠某公司货款70 000元，原定一年后偿还，该公司因资金周转问题，紧急催要，最后双方达成协议，以60 000元当即还清所有欠款，公司因此少还欠款10 000元（债务重组利得）。

3. 现金清查时，盘盈现金25.60元，无法查明原因（盘盈利得）。

4. 向希望工程捐赠现金50 000元（捐赠支出）。

5. 一批露天存放的材料因雷击起火焚毁，该材料原价值2 000元（非常损失）。

模块法规依据

1.《企业会计准则——应用指南》（2006年10月30日财政部发布，自2007年1月1日在上市公司范围内施行）。

2.《企业会计准则——基本准则》（2006年10月30日财政部发布，自2007年1月1日在上市公司范围内施行）。

模块二 核算货币资产

工作导入

货币资金是指企业生产经营过程中处于货币形态的资产。它是企业中使用最灵活的资产，也是企业使用最频繁的资产之一。

直观地说，企业的货币资金包括两部分内容：一是以现金形式存在的资金，二是存在银行等金融机构中的资金。

企业存放的现金，会计上叫库存现金。企业存放在银行等金融机构中的资金，按资金的管理和使用要求不同，进一步区分为银行存款和其他货币资金两种形式进行核算。

要点提示

企业的货币资金分为库存现金、银行存款和其他货币资金 3 部分。

货币资金业务的办理和核算管理都由财务部门负责。

货币资金业务是指为实现货币资金收支所进行的填制单据、验证、审核、签章、单据交付等一系列事项的办理过程。

企业设置出纳员岗位，由出纳员办理货币资金业务并登记资金日记账。登记资金日记账的目的是系统登记资金的收支结存情况，监控资金的使用。

资金的核算和监督工作由企业会计岗位人员负责。会计负责货币资金业务原始凭证的复核、记账凭证的编制、资金总账和明细账的登记，同时兼管货币资金清查工作。

要点提示

出纳办理资金业务和登记资金日记账，会计负责资金业务的核算和清查。

任务一 核算库存现金

任务目标

通过本任务的学习，你应该能够：

1. 说出现金的使用范围，当企业出现一项现金支出需求时，能判断是否符合现金使用范围，是否可以使用现金支付。

2. 理解现金限额的规定，知道企业不能无限地保存现金的原因。

3. 完整地复述现金收支的各项规定，当出现一项现金收支需求时，能根据现金收支的有关规定判断该项业务处理是否合理。

4. 认读现金业务的原始凭证，正确地编制出核算的会计分录。

5. 说出现金清查的准备工作和操作要点，能对现金清查结果进行正确的账务处理。

业务认知

库存现金是企业流动性最强的资产，库存现金可以随时根据需要收支。

企业的现金业务主要包括从银行提取现金、收取因各种原因取得的现金，向个人支付工资、报酬、福利、奖励、差旅费用，以及向其他单位支付结算起点以下的零星支出等。

为了维护经济秩序，国家有关部门对现金的使用有严格的管理规定，企业应该严格地按照规定使用现金。

根据国务院发布的《现金管理暂行条例》规定，企业应该按下列要求使用现金。

1. 现金的使用范围

企业可用现金支付的款项有以下几种情况。

① 职工工资、津贴。

② 个人劳务报酬。

③ 根据国家规定颁发给个人的科学技术、文化艺术、体育等各种奖金。

④ 各种劳保、福利费用及国家规定的对个人的其他支出。

⑤ 向个人收购农副产品和其他物资的款项。

⑥ 出差人员必须随身携带的差旅费。

⑦ 银行结算起点（1 000 元）以下的零星支出。

⑧ 中国人民银行确定需要支付现金的其他支出。

除上述情况可以用现金支付外，其他款项的支付应通过银行转账结算。

项目⑦中所称的结算起点全称为银行结算起点，是指办理每一笔银行转账结算业务的最低金额。按照《现金管理暂行条例》的规定，现行银行结算起点为 1 000 元。实际上银行存款的结算起点随使用的结算方式不同而不同，银行本票（不定额）和银行汇票的结算起点分别为100元和500元。银行结算起点的主要意义在于确定了单位与单位之间的零星支出业务可以使用现金的最高额度。

2. 现金限额

现金限额是指为了保证企业日常零星开支的需要，允许单位留存现金的最高数额。这一限额由开户银行根据单位的实际需要核定——一般按照单位3至5天日常零星开支的需要确定，边远地区和交通不便地区开户单位的库存现金限额可按多于5天但不超过15天的日常零星开支的需要确定。企业必须严格遵守核定的库存现金限额，企业日常现金收入导致现金数量超过现金限额的部分应于当日终了前存入银行。需要增加或减少现金限额的单位，应向开户银行提出申请，由开户银行核定。

3. 现金收支活动的管理要求

在银行开户的单位（以下简称开户单位）收入现金应于当日送存开户银行，当日送存确有困难的，由开户银行确定送存时间。

开户单位支付现金，可以从本单位库存现金中支付或从开户银行提取，不得从本单位的现金收入中直接支付，即不准坐支现金。因特殊情况需要坐支现金的单位，应事先报经有关部门审查批准，并在核定的范围和限额内进行，同时，收入的现金必须入账。

开户单位从开户银行提取现金时，应填写现金支票，如实写明提取现金的用途，由本单位财会部门负责人批准并加盖银行预留印鉴，经开户银行审查批准后予以支付。注意，不准谎报用途套取现金。因采购地点不确定、交通不便、抢险救灾及其他特殊情况必须超限额使用现金的单位，应向开户银行提出书面申请，由本单位财会部门负责人签字盖章，经开户银行审查批准后予以支付。

不准用不符合国家统一会计制度规定的凭证顶替库存现金，即不得白条顶库；不准用银行账户代其他单位和个人存入或支取现金；不准将单位收入的现金以个人名义存入储蓄账户；不准保留账外公款，即不得公款私存，不得设置小金库等。银行对于违反上述规定的单位，将按照违规金额的一定比例予以处罚。

要点提示

坐支、白条顶库、公款私存、小金库是国家不允许的现金收支行为。

业务核算

一、科目、账簿及基本账务处理

会计科目：库存现金（科目及科目核算描述来自《企业会计准则指南》，全部科目同此）。

账簿设置：为核算库存现金收支结存情况，企业应根据会计科目开设库存现金总账、日记账。有多币种现金的企业，应当按照币种分别设置现金日记账进行明细核算。

企业收到现金，借记“库存现金”科目，贷记相关科目；支出现金做相反的会计分录。本科目期末借方余额，反映企业持有的库存现金余额。

账簿特殊登记要求：现金日记账由出纳人员根据收付款凭证，按照业务发生顺序逐笔登记。每日终了，应当计算当日的现金收入合计额、现金支出合计额和结余额，并将结余额与实际库存额核对，做到账款相符；月末终了，现金日记账的余额应当与现金总账的余额核对，做到账账相符。

现金日记账的格式和登记方法如图 2.1 所示。

现 金 日 记 账

年		凭证编号	摘 要	对方科目编码	借 方										√	贷 方										√	余 额									
月	日				千	百	十	万	千	百	十	元	角	分		千	百	十	万	千	百	十	元	角	分		千	百	十	万	千	百	十	元	角	分
12	1		期初余额																												1	5	2	0	0	0
12	1		提取现金备用						1	0	0	0	0	0																						
12	1		采购零星办公用品																		1	8	5	0	0											
			本日小计						1	0	0	0	0	0							1	8	5	0	0						2	3	3	5	0	0
			本月累计						1	0	0	0	0	0							1	8	5	0	0						2	3	3	5	0	0
12	2		现金清查短缺额																			2	0	0	0											
			本日小计																			2	0	0	0						2	3	1	5	0	0
			本月累计						1	0	0	0	0	0							2	0	5	0	0						2	3	1	5	0	0
12	31		本月累计						7	0	0	0	0	0						6	5	8	0	0	0						1	9	4	0	0	0
	31		本年累计				1	0	7	0	0	0	0	0				1	0	5	1	1	0	0	0						1	9	4	0	0	0

注：重黑线表示红线

图 2.1 现金日记账

二、核算应用

企业日常使用现金的业务比较多，如从银行提取现金、销售废品、用现金支付零星采购费用、发给个人奖金等。会计是根据出纳员转来的现金收支原始凭证来办理编制记账凭证等核算手续的。

例 2.1 报销办公室采购零星办公用品采购款。

12 月 2 日，出纳转来办公室的王周远购买办公用品普通发票一张（见图 2.2）。经审核，原始单据符合有关规定，内容填写完整，审批手续齐全，款项已由出纳现金付讫。

据此编制记账凭证如下（以会计分录代替，后同）。

借：管理费用　　185

　贷：库存现金　　185

已经使用，请予报销　张居正

吉林省商业企业发票
记账联

同意　孙正峰

（01）№ 0084554
甲1
吉国税

全国统一发票监制　吉林省国家税务局监制

客户名称：极地有限责任公司　　2012年12月01日

货号	品名及规格	单位	数量	单价	金额						
					万	千	百	十	元	角	分
	记录本	本	10	5.00				5	0	0	0
	档案袋	个	20	1.50				3	0	0	0
	签字笔	支	10	5.50				5	5	0	0
	订书机	台	2	25.00				5	0	0	0
小写金额合计						¥	1	8	5	0	0
（大写）⊗佰⊗拾⊗万⊗仟壹佰捌拾伍元零角零分											
付款方式　现金		开户银行及账号：									

现金付讫

第二联　报销凭证

开票单位（盖章）　　收款人：武方　　开票人：钟开之

办公用品商店　132802666458455　发票专用章

图2.2　购买办公用品普通发票

三、现金的清查及其核算

为了保证现金的使用符合有关法规规定，保证企业现金资产的安全完整，企业要定期或不定期地进行现金的账实核对和收支项目检查，这就是通常所说的现金清查。现金清查一般采用实地盘点的方式进行。盘点时，出纳员、盘点人员、监盘人员都要同时在场，盘点结束后要编制现金盘点报告单，由参加现金清查三方签字确认。

现金清查一般要执行以下工作内容。

① 准备工作。现金清查通常选在一天工作结束后进行，盘点前出纳员需将当天发生业务全部登记入现金日记账并结出余额。

② 清查盘点。在出纳员、盘点人员、监盘人员同时在场的情况下开始清查工作。

1）核对现金日记账账存现金余额和实存现金数额是否相符，查明现金的溢余或短缺、有无超现金限额保存现金的情况等。

2）逐项检查现金日记账的收支记录，检查有无违反现金使用范围规定和现金收支活动管理要求的事项。

③ 清查结果的处理。

1）编制现金盘点报告单，记录清查情况，并由参加清查人员签字盖章。

2）对查明的违规情况进行处理，如果有挪用现金、白条顶库的情况，应及时予以纠正；对于超限额留存的现金应及时送存银行。

3）账实不符的，首先应根据现金盘点报告单调整账簿，保证账实相符；其次应查明原因并报经有关负责人，取得负责人处理意见后，据此进行清查结果账务处理。

发现账实不符时，会计应根据库存现金盘点表编制调整凭证，如果为现金短缺，贷记“库存现金”科目，同时借记“待处理财产损溢”科目；如果为现金盘盈，做相反分录。

查明现金溢余和短缺原因后，依据具有相应管理权限人员审批的意见，可分如下情况处理。

① 如果为现金短缺，属于由责任人或保险公司赔偿的部分，借记“其他应收款”科目；属于正常损失由企业负担的部分，借记“管理费用”科目，按对应金额贷记“待处理财产损溢”科目。

② 如果为现金溢余，属于应付给有关人员或单位的，贷记“其他应付款”科目；属于无法查明原因的，贷记“营业外收入”科目，按对应金额借记“待处理财产损溢”科目。

要点提示

现金清查完成后，要依据现金盘点报告单分步调整现金日记账和总账账面余额，并根据审批意见处理盘点损益。

例 2.2 清查后调整现金账面余额。

12 月 2 日，根据现金盘点报告单（见图 2.3），调整现金日记账余额。

依据盘点结果报告单编制调整账面余额的会计分录如下。

借：待处理财产损溢——待处理流动资产损溢　　20

　　贷：库存现金　　20

现金盘点报告单

单位名称：极地有限责任公司　　2012 年 12 月 02 日　　单位：元

溢余或短缺报告				
现金账面余额	现金实存数额	溢余金额	短缺金额	备　注
1520.00	1500.00		20.00	
违反现金管理规定事项及现场处理结果				
1. 超限额留存现金：无 2. 超范围使用现金：无 3. 违反现金收支规定：无				

主管：孙正峰　　盘点人：吴 正　　出纳员：齐晓娜

图 2.3　现金盘点报告单

例 2.3　现金短缺和溢余处理。

12 月 5 日，通过两天的查证，没有查明 12 月 2 日现金清查所短缺现金 20 元的原因，经请求批准（见图 2.4），计入当期管理费用。

资产清查损益申报单

兹于 2012 年 12 月 2 日，进行了现金清查，发现现金短缺 20 元整。经认真核查，没有查明短缺原因。特申请作为当期管理费用处理。

财务部

2012.12.05

审批人意见

同意

孙正峰

2012.12.05

图 2.4　资产清查损益申报单

根据批准的申报单编制会计分录如下。

借：管理费用　　20

　　贷：待处理财产损溢——待处理流动资产损溢　　20

关键练习

1. 假定你是某公司的出纳员，请根据有关规定判断下列业务的可行性，并说明其原因。

① 本公司采购员王某持一张采购发票，发票系本公司从 A 公司采购原材料 5 000 元的业务发票，要求你用现金予以付款。

② 本公司员工陈某，平时与你私交不错，他现在有点急事，想从你的金库中借 500 元钱，还给你出主意说："这钱你也别记账，我明天就还你，我给你写个借条，你放在金库中，我还你钱的时候，你再把借条还我就可以。"

③ 公司从社会上聘请一位技术专家，帮助公司解决设备技术上的难题，决定给他 700 元劳务费用，该专家要求收取现金。

2. 假定你是某公司的会计人员，请对下列业务进行相关会计处理。

① 12 月 10 日下班后，公司组织你和出纳员对库存现金进行清查，发现溢余现金 120 元，溢余原因还待进一步查明。

② 12 月 12 日，现金账实不符的原因终于查明。12 月 10 日上午，本公司一名业务员前来报销一项零星采购业务，金额是 120 元，出纳员审核无误，加盖付讫戳记，正要付款时，该业务员接了一个电话，急匆匆地走了，没有领取现金，当时报销的人很多，出纳员将此事忘记。经与该业务员电话核实，确有此事。该业务员现正在外地出差，要一个星期后才能回来。

拓展阅读

极地有限责任公司的备用金管理

极地有限责任公司中有两个部门非常频繁地使用现金：一个是公司的办公室，经常有些办公用品和招待用品的零星采购；另一个是公司的销售部，那里的业务员经常出差。为了提高工作效率，经公司研究决定，为这两个部门设立备用金。办公室的备用金数额为500元，销售部的备用金数额为800元。当这两个部门发生现金支出时，直接从备用金中支出，业务完成后，持有关单据审批后到财务部报销，补足备用金。

在会计处理上，公司为了核算备用金，依据会计准则及其指南规定，设置了“备用金”科目。“备用金”科目借方登记新建或增补的备用金，贷方登记撤销或减少的备用金。该科目按部门或个人设置明细科目。

以办公室的备用金核算为例，当建立备用金时，编制会计分录如下。

借：备用金——办公室　　500
　　贷：库存现金　　500

办公室日常支出备用金时，不做会计处理。

当办公室人员持有关票据来报销补足备用金时，编制会计分录如下。

借：管理费用　　报销数额
　　贷：库存现金　　报销数额

不使用“备用金”科目的企业，可以在“其他应收款”科目下设置“备用金”明细科目核算备用金。

任务二　核算银行存款

任务目标

通过本任务的学习，你应该能够：

1. 说出银行结算方式的种类，能根据业务需要选择适当的结算方式。
2. 描述银行对账的流程（即什么人，在什么时间，做什么事）。
3. 根据银行对账单和单位的银行存款日记账等有关资料，独立编制银行存款余额调节表。
4. 编制常见银行业务的会计核算分录。

业务认知

企业在银行开设账户以后，除按核定的限额保留库存现金外，超过限额的现金必须存入银行；除了在规定的范围内可以用现金直接支付的款项外，在经营过程中所发生的货币收支业务，都必须通过银行存款账户进行结算。

一、银行账户

按照国家有关规定，凡是独立核算的单位都必须在当地银行开设账户（银行账户开立办法和要求见《人民币银行结算账户管理办法》，或者咨询当地银行）。

银行存款账户有以下几种。

1. 基本存款账户

基本存款账户是企业办理日常转账结算和现金收付的账户，是存款人的主要账户。该账户主要办理存款人日常经营活动的资金收付及其工资、奖金和现金的支取。一个单位只能有一个基本存款户。

2. 一般存款账户

一般存款账户是存款人因借款或其他结算需要，在基本存款户开户银行以外的银行营业机构开设的银行结算账户。一般存款账户用于办理存款人借款转存、归还和其他结算的资金收付。该账户可以办理现金缴存，但不得办理现金支取。

3. 临时存款账户

临时存款账户是存款人因临时需要开立的银行结算账户，临时存款账户最长使用期限2年。

4. 专用存款账户

专用存款账户是存款人对特定用途资金进行专项管理和使用而开立的银行结算账户，如基本建设项目专项资金账户、农副产品专项收购资金账户。

二、银行结算和结算方式

银行结算是指企业之间的款项收付不动用现金，而是由银行将资金从付款单位的存款账户划转到收款单位存款账户的货币转移行为。为了规范全国的银行结算工作以及方便各企业间的国内与国际贸易业务，中国人民银行规定了可以采用的银行转账结算方式。企业可以根据自身和客户的结算需求来选择使用。

所谓结算方式，是指用一定的形式和条件来实现各单位（或个人）之间货币收付的程序和方法。现行的银行结算方式包括：银行汇票、商业汇票、银行本票、支票、汇兑、委托收款、异地托收承付结算7种。

要点提示

结算是不动用现金的货币转移行为，企业可以根据需要选择结算方式。

三、结算方式的使用办法

使用各种结算方式办理银行存款收付和转账，是出纳工作的主要内容之一。

1. 银行汇票

银行汇票是汇款人将款项交存当地出票银行，由出票银行签发的，由出票银行在见票时，按照实际结算金额无条件支付给收款人或者持票人的票据。其中，实际结算金额不超过汇票金额。银行汇票具有使用灵活、票随人到、兑现性强等特点，适用于先收款后发货或钱货两清的商品交易。单位和个人各种款项的结算，均可使用银行汇票。

银行汇票的提示付款期限为自出票日起一个月内。超过付款期限提示付款不获付款的，持票人需在票据权利时效内向银行做出说明，并提供个人身份证件或单位证明，持银行汇票和解讫通知向出票银行请求付款。

（1）付款企业银行汇票的办理和使用程序

① 申请并取得银行汇票

付款企业需要用银行汇票支付款项时，应向出票银行填写银行汇票申请书并签章。签章为其预留银行的印鉴。银行受理银行汇票申请书，收妥款项后签发银行汇票，并用压数机压印出票金额，然后将银行汇票和解讫通知一并交给申请人。

银行汇票可以用于转账，填明“现金”字样的银行汇票也可以用于支取现金，其中现金银行汇票的申请人与收款人必须均为个人。

② 使用银行汇票

付款企业取得银行汇票后，即可持银行汇票向收款单位办理结算。办理结算时，付款企业将银行汇票和解讫通知一并交付给银行汇票上记载的收款人。

③ 收回银行汇票多余款

实际结算金额低于银行汇票金额时，其多余金额由出票银行退回到付款企业账户，并出具多余款退回通知书。

（2）收款企业的使用程序

① 收到银行汇票

收款企业在收到付款单位交来的银行汇票时，应在出票金额内根据实际待结算金额办理结算。应将实际结算金额和多余金额准确、清晰地填入银行汇票和解讫通知的相关栏目内。银行汇票的实际结算金额低于出票金额的，多余金额由银行退交申请人。

② 办理款项进账

收款企业应填写进账单，并在汇票背面持票人向银行提示付款签章处签章。签章应与预留银行印鉴相同。然后，将银行汇票和解讫通知、进账单一并交开户银行办理结算，银行审核无误后办理转账。

（3）银行汇票背书

银行汇票的收款人可以将银行汇票背书转让给他人。背书转让以不超过出票金额的实际结算金额为限，未填写实际结算金额或实际结算金额超过出票金额的银行汇票不得背书转让。

2. 银行本票

银行本票是银行签发的、承诺见票时无条件支付确定金额给收款人或持票人的票据。

银行本票由银行签发并保证兑付，而且见票即付，具有信誉高、支付功能强等特点。无论单位或个人，在同一票据交换区域支付各种款项，都可以使用银行本票。

银行本票分定额本票和不定额本票。定额本票面值分别为 1 000 元、5 000 元、10 000 元和 50 000 元。在票面划去转账字样的，为现金本票。

银行本票的付款期限为自出票日起最长不超过 2 个月，在付款期内银行本票见票即付。超过提示付款期限提示付款不获付款的，持票人需在票据权利时效内向出票银行做出说明，提供本人身份证或单位证明，并持银行本票向银行请求付款。

（1）付款企业银行本票的办理和使用程序

① 申请并取得银行本票

付款企业需要使用银行本票支付款项时，应向银行提交银行本票申请书并签章，签章为银行预留印鉴。付款人（申请人）或收款人为单位的，银行不予签发现金银行本票。出票银行受理银行本票申请书并收妥款项后签发银行本票。不定额银行本票用压数机压印出票金额，出票银行在银行本票上签章后交给申请人。

② 使用银行本票办理结算

申请人取得银行本票后，即可办理结算，将银行本票交付给收款人。

（2）收款企业银行本票的处理

收款单位收到银行本票，应该在提示付款时，在本票背面持票人向银行提示付款签章处加盖预留银行印鉴，同时填写进账单，连同银行本票一并交开户银行转账。

（3）银行本票的背书

收款单位可以根据需要在票据交换区域内背书转让银行本票。

3. 支票

支票是单位或个人签发的，委托办理支票存款业务的银行在见票时无条件支付确定金额给收款人或持票人的票据。

支票结算方式是同城结算中应用比较广泛的一种结算方式。单位和个人在同一票据交换区域的各种款项结算，均可使用支票。支票由银行统一印制，支票上印有“现金”字样的为现金支票；支票上印有“转账”字样的为转账支票，转账支票只能用于转账；未印有“现金”或“转账”字样的为普通支票，可以用于支取现金，也可以用于转账；在普通支票左上角画有两条平行线的，为划线支票，划线支票只能用于转账，不得支取现金。

支票的提示付款期限为自出票日起 10 日内，中国人民银行另有规定的除外。超过提示付款期限的，持票人开户银行不予受理，付款人不予付款。转账支票可以根据需要在票据交换区域内背书转让。

（1）付款企业支票的办理和使用程序

① 领购支票

付款人领购支票，必须填写票据和结算凭证领用单并加盖预留银行印鉴。存款账户结清时，必须将剩余的空白支票全部交回银行注销。

② 签发支票付款

签发支票时，应使用蓝黑墨水笔或碳素墨水笔，将支票上的各要素填写齐全，并在支票上加盖企业预留银行的印鉴。出票人预留银行的印鉴是银行审核支票付款的依据。银行也可以与出票人约定使用密码，作为银行审核支付支票金额的条件。

企业财会部门在签发支票之前，出纳人员应该认真查明银行存款的账面结余数额，防止签发超过存款余额的空头支票。签发空头支票，银行除退票外，还按票面金额处以 5% 但不低于 1 000 元的罚款，持票人有权要求出票人赔偿支票金额 2% 的赔偿金。

（2）收款企业支票的使用程序

收款人（持票人）收妥支票后，可以委托开户银行收款，或直接向付款人（付款企业开户行）提示付款。用于支取现金的支票仅限于收款人向付款人提示付款。

持票人委托开户银行收款（只有转账支票才可委托开户行收款）时，应做委托背书，在支票背面背书人签章栏签章，记载“委托收款”字样、背书日期，在被背书人栏记载开户银行名称，并将支票联和填制的进账单送交开户银行。

收款人持支取现金的支票（现金支票和用于支取现金的普通支票）向付款人提示付款时，应在支票背面收款人签章处签章，持票人为个人的，还需交验本人身份证件，并在支票背面注明证件名称、号码和发证机关。

4. 信用卡

信用卡是指商业银行向个人和单位发行的，凭以向特约单位购物、消费和向银行存取现金，且具有消费信用的特制载体卡片。

信用卡按使用对象分为单位卡和个人卡；按信誉等级分为金卡和普通卡。凡在中国境内金融机构开立基本存款账户的单位均可申领单位卡。单位卡可申领若干张，持卡人资格由申领单位法定代表人或委托的代理人书面指定和注销，持卡人不得出租或转借信用卡。单位卡账户的资金一律从基本存款账户转账存入，在使用过程中，需要向账户续存资金的，也一律从基本存款账户转账存入，不得交存现金，不得将销货收入的款项存入单位卡账户。单位卡不得用于10万元以上的商品交易、劳务供应款项的结算，不得支取现金。

信用卡在规定的限额和期限内允许善意透支，透支期限最长为60天。透支利息自签单日或银行记账日15日内按日万分之五计算；超过15日按日万分之十计算；越过30日或透支金额超过规定限额的，按日万分之十五计算。透支计算不分段，按最后期限或最高透支额的最高利率档次计息。超过规定限额或规定期限，并且经发卡银行催收无效的透支行为称为恶意透支。持卡人使用信用卡不得发生恶意透支。严禁将单位的款项存入个人卡账户中。

单位或个人申领信用卡，应按规定填制申请表，连同有关资料一并送交发卡银行。符合条件并按银行要求存入一定金额的备用金后，银行为申领人开立信用卡存款账户，并发给信用卡。

5. 汇兑

汇兑是汇款人委托银行将其款项支付给收款人的结算方式。单位和个人的各种款项的结算，均可使用汇兑结算方式。

汇兑分为信汇和电汇两种：信汇是指汇款人委托银行通过邮寄方式将款项划转给收款人；电汇是指汇款人委托银行通过电报将款项划给收款人。这两种汇兑方式由汇款人根据需要选择使用，适用于异地之间的各种款项结算。这种结算方式划拨款项简便、灵活。

企业采用这一结算方式，付款单位汇出款项时，应填写银行印发的汇款凭证，列明收款单位名称、汇款金额及汇款用途等项目，送达开户银行，委托银行将款项汇往收汇银行。收汇银行将汇款收进收款单位存款账户后，向收款单位发出收款通知。

6. 委托收款

委托收款是收款人委托银行向付款人收取款项的结算方式。无论单位还是个人都可凭已承兑商业汇票、债券、存单等付款人债务证明办理收取同城或异地款项。委托收款还适用于收取电费、电话费等付款人众多、分散的公用事业等有关款项。

委托收款结算按款项划回的方式分为邮寄和电报两种。

（1）委托企业（收款企业）处理

① 委托银行收取款项

企业委托开户银行收款时，应填写银行印制的委托收款凭证并提供有关债务证明。在委托收款凭证中写明付款单位的名称、收款单位名称、账号及开户银行，委托收款金额的大小写、款项内容、委托收款凭据名称及附寄单证张数等。企业的开户银行受理委托收款后，将委托收款凭证寄交付款单位开户银行，由付款单位开户银行审核，并通知付款单位。

② 款项收回入账

开户银行收回款项后，企业取回委托收款收账通知。

（2）付款企业处理

付款单位收到银行交给的委托收款凭证及债务证明后应及时签收，并在3天之内审查债务证明是否真实准确，是否是本单位的债务，确认之后通知银行付款。

付款单位应在收到委托收款的通知次日起3日内，主动通知银行是否付款。如果不通知银行，银行视同企业同意付款并在第4日，从单位账户中付出此笔委托收款款项。

付款人在3日内审查有关债务证明后，认为债务证明或与此有关的事项符合拒绝付款的规定，应出具拒绝付款理由书和委托收款凭证第五联及持有的债务证明，向银行提出拒绝付款。

7. 商业汇票

商业汇票是出票人签发的，委托付款人在指定日期无条件支付确定金额给收款人或持票人的票据。商业汇票按承兑人不同分为商业承兑汇票和银行承兑汇票两种。

在银行开立存款账户的法人及其他组织之间需具有真实的交易关系或债权债务关系，才能使用商业汇票。商业汇票的付款期限由交易双方商定，但最长不得超过6个月。商业汇票的提示付款期限自汇票到期日起10日内。

存款人领购商业汇票，必须填写票据和结算凭证领用单并加盖预留银行印鉴，存款账户结清时，必须将剩余的空白商业汇票全部交回银行注销。

商业汇票可以背书转让。符合条件的商业承兑汇票的持票人可持未到期的商业承兑汇票连同贴现凭证，向银行申请贴现。

（1）商业承兑汇票

商业承兑汇票由银行以外的付款人承兑。商业承兑汇票按交易双方约定，由销货企业或购货企业签发，但由购货企业承兑。

① 付款企业处理

1）填制或接受商业承兑汇票。

2）承兑并向收款企业交付商业承兑汇票。商业汇票可以由付款人签发并承兑，也可以由收款人签发交由付款人承兑。定日付款或出票后定期付款的商业汇票，持票人应当在汇票到期日前向付款人提示承兑；见票后定期付款的汇票，持票人应当自出票日起一个月内向付款人提示承兑。汇票未按规定期限提示承兑的，持票人丧失对其前手的追索权。付款人应当自收到提示承兑的汇票之日起 3 日内承兑或拒绝承兑。付款人拒绝承兑的，必须出具拒绝承兑的证明。

承兑时，付款企业应在汇票下面记载“承兑”字样和承兑日期并签章。承兑不得附有条件，否则视为拒绝承兑。

3）汇票到期付款或拒绝付款。付款企业收到开户行转来的提示付款通知时，如果无异议，应立即通知银行付款。付款人自接到通知的次日起 3 日内未通知银行付款的，银行视同付款人承诺付款，于第 4 日上午开始营业时将票款划给收款人。如果因争议需要拒付款项的，应填制拒付理由书，交给开户行，开户行连同商业承兑汇票一并转回收款人开户行。

如果付款人存款余额不足支付，银行填制付款人未付款通知书，连同商业承兑汇票邮寄给收款人开户银行转交收款人。

② 收款企业处理

1）接收承兑的商业承兑汇票。

2）提示付款。收款企业应在提示付款期限内通过开户银行委托收款或直接向付款人提示付款。对异地委托收款的，销货企业可计算邮程，提前通过开户银行委托收款。

3）收回款项。款项到企业账户，收回收账通知。

汇票到期时，如果购货企业的存款不足以支付票款，开户银行应将汇票退还销货企业，银行不负责付款，由购销双方自行处理。如果付款方拒付，银行不负责处理，该款项仍需由双方自行处理。

（2）银行承兑汇票

银行承兑汇票是由银行承兑，由在承兑银行开立存款账户的存款人签发的。承兑银行按票面金额的万分之五向出票人收取手续费。

① 付款企业处理

1）向银行申请银行承兑汇票。承兑银行会按票面金额的万分之五向申请承兑企业收取承兑手续费。

2）向收款企业交付银行承兑的银行承兑汇票。

3）汇票到期付款。银行承兑汇票的付款企业应于汇票到期日前，确保其银行账户有足额款项支付银行承兑汇票款。承兑银行在汇票到期日后收到银行承兑汇票的，将于当日支付票款。如果付款人账户在银行付款时无足额存款，承兑银行无条件向收款人付款。承兑银行将付款人尚未支付的汇票款视为逾期贷款，按每天万分之五计收利息。

② 收款企业处理

1）接收银行承兑的银行承兑汇票。

2）办理收回款项。银行承兑汇票为到期日后见票即付，收款企业提示付款后，即可视同收款。

采用商业汇票结算方式，可以使企业之间的债权债务关系表现为外在的票据，使商业信用票据化，加强约束力。对于购货企业来说，由于可以延期付款，可以在资金暂时不足的情况下及时购进材料物资，保证生产经营顺利进行；对于销货企业来说，可以疏通商品渠道、扩大销售、促进生产。汇票经过承兑，信用较高，可以按期收回货款，防止拖欠，在急需资金时，还可以向银行申请贴现，融通资金，比较灵活。销货企业应根据购货企业的资金和信用情况，选用商业承兑汇票或银行承兑汇票；购货企业应加强资金的计划管理，调度好货币资金，在汇票到期以前，将票款送存银行，保证按期承付。

8. 托收承付

托收承付是根据购销合同由收款人发货后委托银行向异地付款人收取款项，由付款人向银行承诺付款的结算方式。使用托收承付结算方式的收款单位和付款单位必须是国有企业、供销合作社及经营管理较好并经开户银行审查同意的城乡集体所有制工业企业。办理托收承付结算的款项，必须是商品交易，以及因商品交易而产生的劳务供应的款项，代销、寄销、赊销商品的款项不得办理托收承付结算。

9. 信用证

信用证结算方式是国际结算的一种主要方式。经中国人民银行批准经营结算业务的商业银行总部及经商业银行总部批准开办信用证结算业务的分支机构，也可以办理国内企业之间商品交易的信用证结算业务。

采用信用证结算方式的收款单位收到信用证后，即备货装运、签发有关发票账单，连同运输单据和信用证送交银行，根据退还的信用证等有关凭证编制收款凭证；付款单位在接到开证行的通知时，根据付款的有关单据编制付款凭证。

业务核算

一、银行存款的核算

（一）科目、账簿和基本账务处理

会计科目：银行存款。

账簿设置：企业应当设置银行存款总账和银行存款日记账，分别进行银行存款的总分类核算和明细分类核算。企业可按开户银行、存款种类等设置银行存款日记账。

账簿登记要求：出纳员负责银行存款日记账的登记。

银行存款日记账应根据收付款凭证，按照业务发生的顺序逐笔登记。每日终了，应结出余额。银行存款日记账应定期与银行对账单核对，至少每月核对一次。月末，企业银行存款账面余额与银行对账单余额之间如有差额，应按月编制银行存款余额调节表检验银行、企业双方记录的正确性，查错防弊。

银行存款日记账格式如图 2.5 所示。

银行存款日记账

开户行：中国工商银行北京市长乐分行

2012年 月	2012年 日	凭证编号 类	凭证编号 号码	摘要	借方（千百十万千百十元角分）	√	贷方（千百十万千百十元角分）	√	余额（千百十万千百十元角分）
12	1			期初余额					11700000
12	1	现	5546	提现备用			100000		
12	1			本日小计	535000		880000		
12	31	转	0765	支付广告费用			4500000		
12	31	进	2066	销售收款	6000000				5400000
				转次页	22800000		29100000		5400000

图 2.5 银行存款日记账

（二）核算应用

例 2.4 从银行提取现金。

会计拿到支票存根联前，出纳员已经完成了以下工作：经领导授权后开出现金支票并请有关负责人签字盖章，支票正联剪下送存银行办理提现，依据留存的支票存根联登记现金日记账和银行存款日记。

图 2.6 所示是极地公司的一笔提现业务。

中国工商银行
现金支票存根
100002120

附加信息：

出票日期：2012年12月01日
收款人：极地有限责任公司
金 额：¥1000.00
用 途：提现备用
单位主管 会计

中国工商银行 现金支票 X Ⅲ 100002120

本支票付款期限十天

出票日期（大写）贰零壹贰年壹拾贰月零壹日
收款人：极地有限责任公司 付款行名称：长乐分理处
出票人账号：62271320003691000 1

人民币（大写）	壹仟元整	千百十万千百十元角分：¥100000

用途：提现备用 密码：
上列款项请从
我账户内支付
出票人盖章 （印章：极地有限责任公司 财务专用章） 复核 （印章：杨功印） 记账

图 2.6 中国工商银行现金支票

根据收到的支票存根，可以断定这是一项从银行提取现金的业务，金额是 1 000 元，应编制会计分录如下。

借：库存现金 1 000

　　贷：银行存款 1 000

二、银行对账

企业通过银行办理企业存款的结算业务，除企业登记银行存款日记账外，企业的开户银行也为企业保存有完整的业务记录。为了把握企业银行存款的实数、查错防弊，应定期将企业登记的银行存款日记账与银行转来的本企业的结算业务记录，即银行对账单进行核对。这种核对即为银行对账。银行对账应该由出纳员以外的人员来担任，如会计人员或主管人员等。

银行对账应定期进行，至少每月核对一次。理论上银行对账单和单位的银行存款日记账都是本单位银行存款结算业务的记录，两者记录的内容应该完全相同，但是实际操作过程中，由于记账时间差异、记账差错、舞弊行为等原因，时常会导致银行对账单的业务记录或余额与单位银行存款日记账的业务记录或余额有差异。

银行对账按银行账户逐个进行。

银行对账工作的基本过程如下。

1）准备工作。在核对开始前，企业应确保银行存款结算业务都已经登记到银行存款日记账，并保证其准确性。

2）核对工作。将银行对账单上的记录与银行存款日记账逐笔核对。核对内容包括每笔业务的结算方式、票据号码、结算单位、结算金额、结算日期等。

核对后，如果银行对账单与单位银行存款日记账的余额和记录都完全相符，表明企业和银行双方的记录都没有差错，银行对账即告结束；如果余额或记录核对不符，则要进行下一步工作，查明原因。

3）根据检查结果编制银行存款余额调节表。造成银行对账单与银行存款日记账不符的原因一般有二：一是存在未达账项，未达账项是由于结算凭证传递、记账时间差异导致的一方已经记账，而另一方没有记账的结算业务；二是因为错误和舞弊造成的。

概括起来，未达账项有如下 4 种情况。

① 企业已经根据相关结算票据在单位银行存款日记账上登记收入，但银行尚未收到相关结算票据，没有办理收入登记形成的未达账项（简称企业已收银行未收）。

② 企业已经根据相关结算票据在单位银行日记账上登记付出，但银行尚未收到相关结算单据办理付出登记形成的未达账项（简称企业已付银行未付）。

③ 银行已经收到款项并已记录，但企业尚未收到相关单据未登记入账形成的未达账项（简称银行已收企业未收）。

④ 银行已经办理款项的付出并已记录，但企业尚未接到相关单据未登记付出形成的未达账项（简称银行已付企业未付）。

无论发生上述哪种情况，都会导致开户行对账单和企业银行存款日记账记录和余额不同。

在核对银行对账单和单位银行存款日记账时，首先要勾对双方已经记录并且相符的业务，核对不符的即为未达账项，最后将未达账项按上述 4 种情况进行归类，编制银行存款余额调节表，进一步测试双方记录的准确性。

例 2.5　银行对账及编制银行存款余额调节表（为演示方便，业务从简）。

2012 年 12 月 31 日，收到对账单，对账单上银行存款余额为 83 000 元，记录了如下业务。

12 月 1 日，企业以现金支票从银行提现 1 000 元。

12 月 30 日，企业委托银行从某公司代收货款 48 000 元。

12 月 30 日，银行代企业支付电话费 1 500 元。

12 月 31 日，银行代企业支付借款利息 2 500 元。

将对账单与企业的银行存款日记账（见图 2.5）余额和各项记录按以下步骤进行核对。

1）将 12 月 1 日提取现金等双方都登记在账的业务进行勾对。

2）将剩余的未勾对的项目挑出并进行归类。

本月业务共发生未达账项 5 项，其中企业已收、银行未收一项（12 月 31 日，进 2066 销售收款），金额 60 000 元；企业已付、银行未付一项（12 月 31 日，转 0765 付广告费），金额 45 000 元；银行已收、企业未收一项（委托收款），金额 48 000 元；银行已付、企业未付两项（电话费和利息），总计 4 000 元。

据此编制银行存款余额调节表，依次将银行存款日记账余额、银行对账单余额和各类未达账项登记到银行存款余额调节表中。银行存款余额调节表如图 2.7 所示。

银行存款余额调节表

账号：　　　　2012 年 12 月 31 日　　　　单位：元

项　目	金　额	项　目	金　额
企业银行存款日记账余额	54 000	银行对账单余额	83 000
加：银行已收入账		加：企业已收入账	
企业尚未入账	48 000	银行尚未入账	60 000
减：银行已付入账		减：企业已付入账	
企业尚未入账	4 000	银行尚未入账	45 000
调节后余额	98 000	调节后余额	98 000

图 2.7　银行存款余额调节表

调节后双方的余额是相等的，这说明双方的银行结算业务记录是正确的。

需要注意的是，编制银行存款余额调节表的目的，只是为了检查账簿记录的正确性，并不是要更改账簿记录，对于银行已经入账而本单位尚未入账的业务和本单位已经入账而银行尚未入账的业务，均不做账务处理，待以后业务凭证到达后，再做账务处理。对于长期搁置的未达账项，应及时查阅凭证和有关资料，查明原因，及时与银行联系予以解决。

如果调节后，单位银行存款日记账与对账单仍然不符，则需要进一步查明原因。此时应该怀疑是记账差错和舞弊行为所致不符，如果查明确实为这些原因导致的，必须及时进行更正和制止。

关键练习

1. 你是某单位的出纳员，请根据下面的业务要求，选择适当的结算方式办理银行结算，并说明你选择的原因。注意，适当的结算方式可能不止一种。

① 你单位的业务员甲要到外地采购一批材料，对方单位信用控制极其严格，要求采购货物单位在采购当时就钱货两清。

② 你单位现在急需一批材料物资，但单位资金紧张，无法用现款支付这批物资的采购价税款，销售该批物资的单位不同意直接赊销，觉得那样太不可靠了。

③ 你单位以前从外埠的一家公司采购一批材料，货款一直没有支付，今天该公司与你单位的财务负责人沟通了一下，财务负责人同意现在付款。

2. 你在单位是负责银行对账的人员，请根据以下资料编制银行存款余额调节表，并说明调节结果的意义。

你单位2012年6月30日银行存款日记账的余额是12 743. 40元，银行对账单的余额是13 860. 30元。经过对银行对账单和银行存款日记账的核查情况如下。

单位银行存款日记有未达账项一笔。

30日，用转账支票付购进B公司防暑用品款1 066. 70元。

银行对账单未达账项以下两笔。

① 30日，付本月银行账户管理费22. 5元。

② 30日，银行存款利息收入72. 70元。

拓展阅读

极地有限责任公司结算方式使用上的偏好

极地有限责任公司根据自身业务和经营管理需要，结合各结算方式的特点和适用范围，经常使用以下结算方式。

① 银行汇票。极地公司外地采购业务很多，而且采购货物的价格不稳定。由于是异地采购，多数供应商都不希望拖欠货款，所以一般都要求采用钱货两清的方式结算——银行汇票结算。票据自带，避免携带大量现金，十分便捷，所以使用较多。

在本公司销售时，也希望客户们采用这种收款保证性强的结算方式。

② 商业承兑汇票。商业承兑汇票具有极强的融资功能，极地公司为了保证自身资金周转，避免经营现金不足的情况，在采购业务办理时，如果销售方同意，就尽量使用商业承兑汇票，推迟货款的支付期。

③ 支票。支票办理手续简便，既有现金支票，可以提现；又有转账支票，可以转账，还有普通支票既可以转账，又可提现，方便灵活。在同城范围内支付货款时，极地公司常用方式。同城收到货款时，极地公司也愿意接受支票。但在收受支票时，公司的检查很谨慎，严格杜绝收到空头支票和实际签章与预留银行印鉴不符的支票。

④ 汇兑。汇兑也是本公司收支款项乐于使用的结算方式。公司支付各种负债时主要使用这种结算方式。

当极地有限责任公司与国外企业进行贸易往来时，还经常使用信用证结算方式。

任务三 核算其他货币资金

任务目标

通过本任务的学习，你应该能够：

1. 列出其他货币资金的种类，说明各种其他货币资金的确认时间。
2. 根据有关原始凭证按步骤编制各类其他货币资金的核算分录。

业务认知

其他货币资金是指企业库存现金、银行存款以外的各种货币资金，主要包括银行汇票存款、银行本票存款、信用卡存款、信用证保证金存款、存出投资款、外埠存款等。

① 银行汇票存款。银行受理银行汇票申请书，收妥款项签发银行汇票时，相应额度的银行存款转存为银行汇票存款。企业持银行汇票办理结算且结算余款退回企业存款户时银行汇票存款结清。

② 银行本票存款。银行受理银行本票申请书，收妥款项交付银行本票时，相应额度的银行存款转存为银行本票存款。企业持银行本票办理结算时，银行本票存款结清。

③ 信用卡存款。企业从基本账户向银行划转单位信用卡备用金时，划出的银行存款转为信用卡存款。持卡人采购或消费后，款项从信用卡存款中划出。

④ 信用证保证金存款。企业填写信用证申请书，将信用证保证金交存银行时，相应金额的银行存款转为信用证保证金存款。收款单位持信用证办理结算后信用证保证金存款结清。

⑤ 存出投资款。存出投资款是指企业存入证券公司但尚未进行投资的资金。投资款转到证券公司资金账户时，银行存款转为存出投资款，实际进行投资时，存出投资款减少。

⑥ 外埠存款。款项由企业银行存款户划到外埠临时存款户时银行存款转为外埠存款。因各种原因，在临时存款户存取款项时，外埠存款增加或减少。临时存款户撤销时外埠存款结清。

业务核算

会计科目：为了反映和监督其他货币资金的收支和结存情况，企业应当设置“其他货币资金”科目。

账簿设置：企业应根据会计科目开设总账，并按照外埠存款的开户银行，银行汇票、银行本票及信用证的收款单位，分别对“银行汇票”、“银行本票”、“信用卡”、“信用证保证金”、“存出投资款”、“外埠存款”等进行明细核算。

核算要求：企业增加其他货币资金时，借记“其他货币资金”科目，贷记“银行存款”科目；支用其他货币资金时，借记有关科目，贷记“其他货币资金”科目。

1. 银行汇票存款

付款企业根据银行签章后退回的银行汇票申请书（回单），借记“其他货币资金——银行汇票”科目，贷记“银行存款”科目；企业持银行汇票购货，收到有关发票账单时，借记“材料采购”或“原材料”、“库存商品”、“应交税费——应交增值税（进项税）”等科目，贷记“其他货币资金——银行汇票”科目；企业应根据银行汇票多余款退回通知，借记“银行存款”科目，贷记“其他货币资金——银行汇票”科目。

收款企业应根据按银行汇票填制并由银行盖章退回的进账单回单及销货发票等，借记“银行存款”科目，贷记“主营业务收入”、“应交税费——应交增值税（销项税）”等科目。

2. 银行本票存款

付款企业根据银行本票申请书（存根），借记“其他货币资金——银行本票”科目，贷记“银行存款”科目；企业持银行本票购货，收到有关发票账单时，借记“材料采购”或“原材料”、“库存商品”、“应交税费——应交增值税（进项税）”等科目，贷记“其他货币资金——银行本票”科目。

收款企业收到银行本票后，应根据银行盖章退回的银行进账单回单及销货发票等，借记“银行存款”科目，贷记“主营业务收入”、“应交税费——应交增值税（销项税）”等科目。

3. 信用卡存款

企业应根据交存信用卡备用金后由银行盖章退回的进账单第一联，借记“其他货币资金——信用卡”科目，贷记“银行存款”科目；企业用信用卡购物或支付有关费用，收到开户银行转来的信用卡存款的付款凭证及所附发票账单，借记“管理费用”等科目，贷记“其他货币资金——信用卡”科目；企业信用卡在使用过程中，需要向其账户续存资金时，根据开出的支票等，借记“其他货币资金——信用卡”科目，贷记“银行存款”科目；企业持卡人如果不需要继续使用信用卡，应持信用卡主动到发卡银行办理销户，销卡时，根据转账凭证借记“银行存款”科目，贷记“其他货币资金——信用卡”科目。

4. 信用证保证金存款

企业填写信用证申请书，将信用证保证金交存银行时，应根据银行盖章退回的信用证申请书回单，借记“其他货币资金——信用证保证金”科目，贷记“银行存款”科目；企业接到银行通知，根据供货单位信用证结算凭证及所附发票账单，借记“材料采购”或“原材料”、“库存商品”、“应交税费——应交增值税（进项税）”等科目，贷记“其他货币资金——信用证保证金”科目；将未用完的信用证保证金存款余额转回开户银行时，借记“银行存款”科目，贷记“其他货币资金——信用证保证金”科目。

5. 存出投资款

企业向证券公司划出资金时，根据开出的支票等，按实际划出金额，借记“其他货币资金——存出投资款”科目，贷记“银行存款”科目；购买股票、债券时，根据各项投资成交报告单，借记“交易性金融资产”等科目，贷记“其他货币资金——存出投资款”，科目。

6. 外埠存款

企业将款项汇往外地时，应填写汇款委托书，委托开户银行办理汇款时，根据汇出款项凭证，借记“其他货币资金——外埠存款”科目，贷记“银行存款”科目；收到采购人员转来供应单位发票账单等报销凭证时，借记“材料采购”或“原材料”、“库存商品”、“应交税费——应交增值税（进项税）”等科目，贷记“其他货币资金——外埠存款”科目；采购完毕收回剩余款项时，根据银行的收账通知，借记“银行存款”科目，贷记“其他货币资金——外埠存款”科目。

关键练习

1. 判断以下哪些内容是其他货币资金。

A. 银行汇票存款　　B. 一般存款户存款　　C. 外埠存款　　D. 存出投资款

2. 公司已经办理了下列业务，你是公司的会计，请根据这些业务编制会计分录。

① 公司出纳员填写信用卡申请表，连同开出的转账支票、填写的进账单等有关资料送交银行，为公司总经理办理公司信用卡，转账支票注明，本次存入金额为80 000元。

② 公司财务部收到银行转来的信用卡采购付款凭证及相关发票，表明总经理采购笔记本电脑一台，价款计6 999元。

拓展阅读

极地有限责任公司结算单据编制和审核程序

为了保证公司的货币资金的安全完整，保证资金按管理者意图付给正确的单位，极地有限责任公司制定了严格的结算单据编制和审核程序。

公司各种结算凭证，如支票、商业汇票、申请书等均由出纳员保存在金库里。填制各项结算凭证所使用的预留银行印鉴——公司财务专用章和法人名章，分别由财务主管和办公室秘书管理。

各部门请求支付各种非现金款项时，需要填制应付款审批单，由具有管理权限的各级领导签署意见并盖章，最后转到财务处由财务主管孙正峰签字交给出纳员。

出纳员根据内容和手续完整的应付款审批单，按指定的结算方式，编制相应的结算凭证或申请单，连同应付款审批单交给财务主管孙正峰，孙正峰对应付款审批单与结算凭证进行核对无误后，在结算凭证或申请单上加盖财务专用章，再由出纳员持结算凭证到办公室秘书处加盖法人名章，最后由出纳员持结算凭证到银行办理结算业务。

模块实训索引

《新编企业财务会计实训（第2版）》模块1——实训1.1　货币资金核算演练

模块法规依据

1.《企业会计准则——应用指南》（2006年10月30日财政部发布，自2007年1月1

日在上市公司范围内施行）。

2.《现金管理暂行条例》（1988 年 8 月 16 日国务院第十八次常务会议通过，自 1988 年 10 月 1 日起施行）。

3.《现金管理暂行条例实施细则》（1988 年 9 月 12 日中国人民银行发布）。

4.《中华人民共和国票据法》（1995 年 5 月 10 日第八届全国人民代表大会常务委员会第十三次会议通过，根据 2004 年 8 月 28 日第十届全国人民代表大会常务委员会第十一次会议《关于修改〈中华人民共和国票据法〉的决定》修正）。

5.《票据管理实施办法》（中国人民银行 1997 年 第 2 号令，1997 年 6 月 23 日经国务院批准，自 1997 年 10 月 1 日起施行）。

6.《支付结算办法》、《支付结算会计核算手续》、《国内信用证结算办法》和《信用证会计核算手续》、《关于审理票据纠纷案件若干问题的规定》及各级人民银行发布的业务文件（1994 年到 2000 年间中国人民银行发布）。

7.《人民币银行结算账户管理办法》（经中国人民银行 2002 年 8 月 21 日第 34 次行长办公会议通过，自 2003 年 9 月 1 日起施行）。

模块三

核算应收及预付款项

工作导入

应收及预付款项是指企业日常生产经营过程中发生的各项债权，包括应收款项和预付款项。应收款项包括应收账款、应收票据和其他应收款等。预付款项包括预付账款等。

从会计角度上看，应收及预付款项需要对其发生、收回及减值进行管理和核算。

任务一　核算应收及预付款项

任务目标

通过本任务的学习，你应该能够：

1. 列举应收及预付款包括的内容。
2. 独立完成常见应收及预付款业务的会计核算处理。

业务认知

应收账款是指企业因销售商品、提供劳务等经营活动，应向购货单位或接受劳务单位收取的款项，主要包括企业销售商品或提供劳务等应向有关债务人收取的价款及代购货单位垫付的包装费、运杂费等。

应收票据是指企业因销售商品，提供劳务等而收到的商业汇票。企业收到的商业汇票代表企业拥有在商业汇票约定的日期向商业汇票承兑人收取约定款项的权利。

预付账款是指企业按照合同规定预付的款项。

其他应收款是指企业除应收票据、应收账款、预付账款等以外的其他各种应收及暂付款项。其主要内容包括以下5项。

① 应收的各种赔款、罚款，如因企业财产等遭受意外损失，应向保险公司收取的赔款等。

② 应收的出租包装物租金。

③ 应向职工收取的各种垫付款项，如为职工垫付的水电费、应由职工负担的医药费、房租费等。

④ 存出保证金，如租入包装物支付的押金。

⑤ 其他各种应收及暂付款项。

业务核算

一、应收账款

会计科目：为了反映和监督应收账款的增减变动及其结存情况，企业应设置“应收账款”科目。不设置“预付账款”科目的企业，预付账款也在本科目核算。

账簿设置：企业应当依据会计科目设置总账，按照债务人设置明细账，进行明细核算。

基本账务处理：企业发生应收账款时，按应收金额，借记“应收账款”科目，按实现的营业收入，贷记“主营业务收入”、“其他业务收入”等科目，按专用发票上注明的增值税税额，贷记“应交税费——应交增值税（销项税额）”科目；收回应收账款时，借记“银行存款”等科目，贷记“应收账款”科目。

代购货单位垫付的包装费、运杂费，借记“应收账款”科目，贷记“银行存款”等科目；收回代垫费用时，借记“银行存款”科目，贷记“应收账款”科目。

例 3.1　发生应收账款。

12 月 10 日，收到销售部转来本公司销售商品的增值税专用发票（见图 3.1）、销售出库单（略）各一张。经查，本公司与天忆公司签订的销售合同约定每月的销售业务集中在当月 30 日结算。本公司销售成本采用全月一次平均法，月末集中结转。

1560006765　　**增值税专用发票**　　№ 00653255

发　票　联

开票日期：2012 年 12 月 10 日

购货单位	名　　称：天忆有限责任公司 纳税人识别号：010256489748548 地 址 、电 话：天林路 22 号 开户行及账号：中国工商银行北京市天坛分理处 010222578800011					密码区	75559 加密版本 01 66 +55/ < >1248 < − > */ + 255488 < >? 1255443 + 215444 0 // − −6659999	
货物或应税劳务名称	规格型号	单　位	数　量	单　价	金　额	税　率	税额	
A 产品		千克	1 000	300	300 000	17%	51 000	
合计					¥300 000		¥51 000	
价税合计（大写）	⊗叁拾伍万壹仟元整					（小写）¥351 000.00		
销货单位	名　　称：极地有限责任公司 纳税人识别号：010106005566099 地 址 、电 话：极地大路 88 号 开户行及账号：中国工商银行北京市长乐分理处 622713200036910001					备注	极地有限责任公司 622713200036910001 发票专用章	

第二联　发票联

收款人：　　复核：周敏　　开票人：李立书　　销货单位（章）

图 3.1　增值税专用发票

根据销售发票编制会计分录如下。

借：应收账款——天忆公司　　351 000

　贷：主营业务收入　　300 000

　　　应交税费——应交增值税（销项税额）　　51 000

12 月 30 日，收到出纳员交来进账单（见图 3.2）。

中国工商银行 进账单（回单或收账通知）　　1

2012 年 12 月 30 日　　第 01001 号

出票人	全　称	天忆有限责任公司	收款人	全　称	极地有限责任公司
	账　号	010222578800011		账　号	6227132000369100001
	开户银行	中国工商银行北京市天坛分理处		开户银行	中国工商银行北京市长乐分理处
金额	人民币（大写）：叁拾伍万壹仟元整			亿 千 百 十 万 千 百 十 元 角 分	¥ 3 5 1 0 0 0 0 0
票据种类	转账支票			中国工商银行北京市长乐分理处 2012.12.30 转讫	
票据号码	1				
单位主管　会计　记账　复核　记账				收款人开户银行签章	

此联是收款人开户银行交给收款人的收账通知

图 3.2　中国工商银行进账单

该进账单系天忆公司支付上项货款的转账支票存入银行的回单，应编制会计分录如下。

借：银行存款　　351 000

　贷：应收账款——天忆公司　　351 000

二、应收票据

会计科目：为核算应收票据取得、票款收回等业务，企业应当设置“应收票据”科目。

账簿设置：企业应按会计科目设置总账，并按照商业汇票的承兑单位设置明细账，进行明细核算，同时应设置应收票据备查簿（见图 3.3），逐笔登记商业汇票的详细信息。商业汇票到期结清票款或退票后，在备查簿中应予以注销。

应收票据备查簿

总第　页

票据种类　　分第　页

年		凭证		摘要	合同		票据基本情况				承兑人及单位名称	背书人及单位名称	贴现		兑付		转让			注销√
月	日	字	号		字	号	号码	签发日期	到期日期	金额			日期	净额	日期	金额	受理单位	票面金额	实收金额	

图 3.3　应收票据备查簿

基本账务处理。

① 企业因销售商品、产品、提供劳务等而收到的经付款人承兑的商业汇票，按商业汇票的票面金额，借记“应收票据”科目，按实现的营业收入，贷记“主营业务收入”等科目，按专用发票上注明的增值税税额，贷记“应交税费——应交增值税（销项税额）”科目。

② 企业持未到期的应收票据向银行贴现（此处指银行购买未到期商业汇票的行为），应按实际收到的金额（即减去贴现息后的净额），借记“银行存款”科目，按贴现息，借记“财务费用”等科目，按商业汇票的票面金额，贷记“应收票据”科目。

贴现的商业承兑汇票到期，因承兑人的银行存款账户余额不足以支付汇票款，申请贴现的企业收到银行退回的商业承兑汇票、付款通知、拒付理由书时，按付款通知所列本息和，借记“应收账款”科目，贷记“银行存款”科目。若申请贴现企业银行存款账户余额不足支付上述款项，则借记“应收账款”科目，贷记“短期借款”（即转作申请贴现企业的短期贷款）。

贴现凭证（收账通知）5

填写日期：　　　年　月　日　　　　　　　第　号

<table>
<tr><td rowspan="3">贴现汇票</td><td>种　类</td><td colspan="2"></td><td>号码</td><td></td><td rowspan="3">申请人</td><td>名　称</td><td colspan="2"></td></tr>
<tr><td>出票日</td><td colspan="4">年　月　日</td><td>账　号</td><td colspan="2"></td></tr>
<tr><td>到期日</td><td colspan="4">年　月　日</td><td>开户银行</td><td colspan="2"></td></tr>
<tr><td colspan="2">汇票承兑人（或银行）</td><td>名称</td><td colspan="3"></td><td>账号</td><td></td><td>开户银行</td><td></td></tr>
<tr><td colspan="2">汇票金额</td><td colspan="6">人民币（大写）</td><td colspan="2">千 百 十 万 千 百 十 元 角 分</td></tr>
<tr><td>贴现率</td><td>%</td><td>贴现利息</td><td colspan="3">千 百 十 万 千 百 十 元 角 分</td><td colspan="2">实付贴现金额</td><td colspan="2">千 百 十 万 千 百 十 元 角 分</td></tr>
<tr><td colspan="4">上述款项已入你单位账户。
此致
银行盖章
年　月　日</td><td colspan="6">备注</td></tr>
</table>

此联是银行给贴现申请人的收账通知

图3.4　贴现凭证

③ 企业将持有的商业汇票背书（票据上的实际收款人以转让票据为目的，在票据背面签章并作必要记载的一种票据行为）转让以取得所需物资时，按采购成本的金额，借记“在途物资”或“原材料”、“库存商品”等科目，按可抵扣的增值税税额，借记“应交税费——应交增值税（进项税额）”科目，按商业汇票的票面金额，贷记“应收票据”科目，如有差额，借记或贷记“银行存款”等科目。

④ 商业汇票到期，应按实际收到的金额，借记“银行存款”科目，按商业汇票的票面金额，贷记“应收票据”科目。

因付款人无力支付票款，收到银行退回的商业承兑汇票、委托收款凭证、未付票款通知书或拒绝付款证明等，按商业汇票的票面金额，借记“应收账款”科目，贷记“应收票据”科目。

例 3.2 收到商业承兑汇票。

12 月 5 日，公司收到商业承兑汇票（见图 3.5）和本公司增值税专用发票（发票略）各一张，系公司向天忆公司销售产品，商品价款 1 500 000 元，增值税税款255 000元，天忆公司以商业承兑汇票方式结算货款。该商业承兑汇票已经由天忆公司承兑。

商业承兑汇票 2　　№ 1490242

签发日期（大写） 贰零壹贰年壹拾贰月零叁日　　第 4 号

收款人	全称	极地有限责任公司			付款人	全称	天忆有限责任公司										
	账号	6227132000369100001				账号	010222578800011										
	开户银行	中国工商银行 北京市长乐分理处	行号	3211		汇入地点	中国工商银行 北京市天坛分理处	行号	3289								
汇票金额	人民币（大写）	壹佰柒拾伍万伍仟元整						千	百	十	万	千	百	十	元	角	分
								¥	1	7	5	5	0	0	0	0	0
汇票到期日	2013 年 03 月 03 日		交易合同号码	001015													
本汇票已经承兑，到期无条件付款　天忆有限责任公司 财务专用章　福李印得　承兑人签章　承兑日期：2012 年 12 月 03 日					极地有限责任公司 财务专用章　杨功印　出票人签章												

本联收款人开户银行随结算凭证寄付款人开户银行转付款人

图 3.5　商业承兑汇票

收到上述发票和商业汇票时，编制会计分录如下。

借：应收票据——天忆公司　　1 755 000

　贷：主营业务收入　　1 500 000

　　　应交税费——应交增值税（销项税）　　255 000

若 2013 年 3 月商业汇票到期，公司办理委托收款后，银行转来收账通知（略）。

编制会计分录如下。

借：银行存款　　1 755 000

　贷：应收票据——天忆公司　　1 755 000

若 2013 年 3 月商业汇票到期，公司办理委托收款后，天忆公司无力支付票款，则应将应收票据转作应收账款。

编制会计分录如下。

借：应收账款——天忆公司　　1 755 000

　贷：应收票据——天忆公司　　1 755 000

例 3.3 转让商业汇票。

承例 3.2，若 2012 年 12 月 25 日，公司将该商业汇票转让，以换取生产所需 A 材料，该材料金额为 1 500 000 元，适用增值税税率为 17%。

公司应编制会计分录如下。

借：原材料——A　　1 500 000

　　应交税费——应交增值税（进项税）　　255 000

　　贷：应收票据——天忆公司　　1 755 000

三、预付账款

会计科目：核算企业的预付账款，应当设置“预付账款”科目。预付账款不多的企业，可以不设置“预付账款”科目，将其核算内容合并入“应付账款”科目核算。

账簿设置：企业应开设“预付账款”总账，按预付款单位开设明细账，进行明细核算。

基本账务处理：企业根据购货合同的规定向供应单位预付款项时，借记“预付账款”科目，贷记“银行存款”科目；企业收到所购物资，按应计入物资采购成本的金额，借记“在途物资”或“原材料”、“库存商品”科目，按增值税专用发票上的税额借记“应交税费——应交增值税（进项税）”等科目，按价税合计贷记“预付账款”科目；如果预付账款小于采购货物所需支付的款项，补付不足部分时，借记“预付账款”科目，贷记“银行存款”科目；如果预付货款大于采购货物所需支付的款项，收回多余款项时，借记“银行存款”科目，贷记“预付账款”科目。

例 3.4　预付货款。

12 月 8 日，收到出纳员转来电汇凭证（见图 3.6）及银行收费凭证（见图 3.7），系公司向中庆公司预付采购款。

中国工商银行电汇凭证（回单）

委托日期 2012 年 12 月 08 日　　　　第 05 号

<table>
<tr><td rowspan="3">汇款人</td><td>全　称</td><td>极地有限责任公司</td><td rowspan="3">收款人</td><td>全　称</td><td colspan="3">中庆公司</td></tr>
<tr><td>账　号</td><td>622713200036910001</td><td>账　号</td><td colspan="3">6227079341230002</td></tr>
<tr><td>汇出地点</td><td>中国工商银行北京市长乐分理处</td><td>汇入地点</td><td>河北省保定市县</td><td>汇入行名　称</td><td>中国工商银行华丰支行</td></tr>
</table>

<table>
<tr><td rowspan="2">金额</td><td rowspan="2">人民币（大写）　贰万伍仟元整</td><td>千</td><td>百</td><td>十</td><td>万</td><td>千</td><td>百</td><td>十</td><td>元</td><td>角</td><td>分</td></tr>
<tr><td></td><td></td><td>¥</td><td>2</td><td>5</td><td>0</td><td>0</td><td>0</td><td>0</td><td>0</td></tr>
<tr><td colspan="2">汇款用途：预付货款</td><td colspan="10" rowspan="2">汇出行盖章
（中国工商银行北京市长乐分理处 2012.12.08 转讫）
年　月　日</td></tr>
<tr><td colspan="2">上列款项已根据委托办理，如须查询，请持此回单来行面洽。
单位主管：　会计：　复核：　记账：</td></tr>
</table>

图 3.6　中国工商银行电汇凭证

中国工商银行收费凭证

2012 年 12 月 08 日　　　　　　　　第 36 号

户名	极地有限责任公司	开户银行	中国工商银行北京市长乐分理处
账号	6227132000369100001	收费种类	电汇

说明	凭证(结算)种类	单价	数量	金额：万	千	百	十	元	角	分
1. 客户购买凭证时“收费种类”栏填写工本费，在“凭证种类”栏填写所购凭证名称。 2. 客户在办理结算业务时，在“收费种类”栏分别填写手续费或邮电费，在“结算种类”栏填写办理的结算方式。	电汇						5	0	0	0
	合计 人民币（大写） 伍拾元整					¥	5	0	0	0

（印章：中国工商银行北京市长乐分理处 2012.12.08 转讫）

复核　　　　　　　　记账

第一联 回单

图 3.7　中国工商银行收费凭证

预付货款应编制会计分录如下。

借：预付账款——中庆公司　　25 000

　　贷：银行存款　　25 000

银行收取的手续费应编制会计分录如下。

借：财务费用　　50

　　贷：银行存款　　50

例 3.5　结清预付账款。

承例 3.4，12 月 20 日，收到中庆公司的增值税专用发票（原始凭证略），材料货款为 50 000 元，增值税税款为 8 500 元，材料已经验收入库（入库单略），余款已经电汇结清（汇款凭证略）。

根据发票和入库单编制会计分录如下。

借：原材料　　50 000

　　应交税费——应交增值税（进项税额）　　8 500

　　贷：预付账款——中庆公司　　58 500

同时，根据补付货款的结算凭证编制会计分录如下。

借：预付账款——中庆公司　　33 500

　　贷：银行存款　　33 500

四、其他应收款

会计科目：企业应当设置“其他应收款”科目，核算企业除应收票据、应收账款、预付账款、应收股利、应收利息、长期应收款等经营活动以外的其他各种应收、暂付的款项等。

账簿设置：本科目应当按照其他应收款的项目和对方单位（或个人）设置明细账，进行明细核算。

基本账务处理：企业发生其他各种应收、暂付款项时，借记有关科目，贷记有关科目；收回或转销各种款项时，借记“库存现金”、“银行存款”等科目，贷记“其他应收款”科目。

例3.6 发生保险赔款。

12月6日，收到材料验收入库单（单据略），系采购材料到达并验收入库，经与原增值税发票核对，发现材料缺少200公斤，价值30 000元。经调查，材料缺失是运输途中遭遇不可抗力造成的，根据保险合同规定应由保险公司赔偿损失，赔款尚未收到。

应编制会计分录如下。

借：其他应收款——×保险公司　　30 000
　　贷：在途物资　　30 000

当收到上述赔款时，应编制会计分录如下。

借：银行存款　　30 000
　　贷：其他应收款——×保险公司　　30 000

例3.7 职工代垫款项。

12月8日，收到出纳员交来转账支票存根一张，系为本公司副总经理垫付应由其自己负担的住院费5 000元，拟从其工资中扣回。

应编制会计分录如下。

借：其他应收款——×副总经理　　5 000
　　贷：银行存款　　5 000

当发放工资从其工资中扣回款项时，应编制分录如下。

借：应付职工薪酬——工资　　5 000
　　贷：其他应收款——×副总经理　　5 000

例3.8 租入包装物押金。

12月10日，收到出纳员交来转账支票存根一张（单据略），系公司为租入包装物向出租方支付押金10 000元。

应编制会计分录如下。

借：其他应收款——存出保证金　　10 000
　　贷：银行存款　　10 000

当租入包装物到期如数退回，并收到退回的包装物押金时，应编制会计分录如下。

借：银行存款　　10 000
　　贷：其他应收款——存出保证金　　10 000

关键练习

极地公司12月份发生下列经济业务，请根据业务说明进行必要的会计处理。

1. 2日，向甲公司销售产品一批，价款计10 000元，增值税税款1 700元，款项没有收到。

2. 6日，本单位职工因严重违反公司管理规定被公司罚款3 000元，赔偿款尚未收到。

3. 12日，甲公司开来商业承兑汇票抵付2日购货款。

4. 30日，公司用甲公司承兑的商业承兑汇票，购进原材料一批，价款10 000元，增值税税款1 700元。材料尚未到达。

拓展阅读

应收票据的贴现步骤

贴现是指汇票持有人将未到期的商业汇票交给银行，银行按照票面金额扣收自贴现日至汇票到期日期间的利息，将票面金额扣除贴现利息后的净额交给汇票持有人的行为。商业汇票持有人在资金暂时不足的情况下，可以凭承兑的商业汇票向银行办理贴现，以提前取得货款。商业汇票持有人办理汇票贴现，应按下列步骤办理。

1）申请贴现

汇票持有人向银行申请贴现，应填制一式五联贴现凭证。贴现凭证第一联（代申请书）给银行作贴现付出传票；第二联（收入凭证）交给银行作贴现申请单位账户收入传票；第三联（利息收入凭证）银行作贴现利息收入传票；第四联（收账通知）交给银行给贴现申请单位的收账通知；第五联（到期卡）给会计部门按到期日排列保管，到期日作贴现收入凭证。

汇票持有单位（即贴现单位）出纳员应根据汇票的内容逐项填写贴现凭证的有关内容，如贴现申请人的名称、账号、开户银行，贴现汇票的种类、发票日、到期日和汇票号码，汇票承兑人的名称、账号和开户银行，汇票金额的大小写等。其中，贴现申请人即汇票持有单位本身；贴现汇票种类是指汇票是银行承兑汇票还是商业承兑汇票；汇票承兑人，银行承兑汇票为承兑银行即付款单位开户银行，商业承兑汇票为付款单位自身；汇票金额（即贴现金额）指汇票本身的票面金额。填完贴现凭证后，在第一联贴现凭证申请人盖章处和商业汇票第二联、第三联背后加盖预留银行印鉴，然后一并送交开户银行信贷部门。

开户银行信贷部门按照有关规定对汇票及贴现凭证进行审查，重点是审查申请人持有汇票是否合法、是否在本行开户、汇票联数是否完整、背书是否连续、贴现凭证的填写是否正确、汇票是否在有效期内、承兑银行是否已通知不应贴现及是否超过本行信贷规模和资金承受能力等。审查无误后在贴现凭证银行审批栏签注“同意”字样，并加盖有关人员印章后送银行会计部门。

2）办理贴现

银行会计部门对银行信贷部门审查的内容进行复核，并审查汇票盖章及压印金额是否真实有效。审查无误后即按规定计算并在贴现凭证上填写贴现率、贴现利息和实付贴现金额。其中，贴现率是国家规定的月贴现率；贴现利息是指汇票持有人向银行申请贴现付给银行的贴现利息；实付贴现金额是指汇票金额（即贴现金额）减去应付贴现利息后的净额，即汇票持有人办理贴现后实际得到的款项金额。按照规定，贴现利息应根据贴现金额、贴现天数（自银行向贴现单位支付贴现票款日起至汇票到期日前一天止的天数）和贴现率计算求得。用公式表示即为：

贴现利息＝贴现金额×贴现天数×日贴现率

日贴现率＝月贴现率÷30

贴现单位实得贴现金额则等于贴现金额减去应付贴现利息，用公式表示为：

实付贴现金额＝贴现金额－应付贴现利息

银行会计部门填写完贴现率、贴现利息和实付贴现金额后，将贴现凭证第四联加盖转讫章后交给贴现单位作为收账通知，同时将实付贴现金额转入贴现单位账户。贴现单位根据开户银行转回的贴现凭证第四联，按实付贴现金额作银行存款收款凭证，编制会计分录为如下。

借：银行存款

　　贷：应付票据

同时按贴现利息作转账凭证，编制会计分录如下。

借：财务费用

　　贷：应付票据

并在应收票据登记簿登记有关贴现情况。

任务二　核算应收款项的减值

任务目标

通过本任务的学习，你应该能够：

1. 计算当期应计提的坏账准备金额。
2. 编制坏账准备计提、冲回及应收账款转销的会计分录。

业务认知

现实生活中，由于经济环境瞬息万变，应收款项自发生之日起，其收回就带有一定的风险，有些应收款项可能部分或者全部无法收回。无法收回的应收款项会导致流入企业经济利益的减少，造成企业实际的损失。会计上称无法收回的应收款项为坏账，由此造成的损失则称为坏账损失。为防止坏账损失的发生，企业应尽可能地加强应收款项的管理，如加强销售信用管理、定期进行应收款项的对账、分析并进行催收等，但还是存在一些企业无法控制的原因最终导致坏账损失的发生。

一般而言，企业应收款项符合下列条件之一时，应确认为坏账。

① 因债务人破产或死亡，以其破产财产或遗产偿债后，确实不能收回。

② 因债务单位撤销、资不抵债或现金流量严重不足，确定不能收回。

③ 因发生严重的自然灾害等导致债务单位停产而在短时间内无法偿付债务，确实无法收回。

④ 因债务人逾期未履行偿债义务超过3年，经核查确实无法收回。

业务核算

一、坏账损失的核算方法

坏账损失核算的方法有两种：一是直接转销法；二是备抵法。

1. 直接转销法

直接转销法要求在坏账损失实际发生时（即符合坏账确认条件时），直接借记“管理费用”科目，贷记“应收账款”科目。直接转销法不符合谨慎性信息质量要求，易在坏账确认前虚增资产。

2. 备抵法

现行会计准则采用的是备抵法。备抵法要求在坏账损失实际发生前，估计很可能发生的损失，提取坏账准备，以抵减应收款项反映数额，达到如实反映资产数额的目的。

具体操作方法是：企业应当在资产负债表日对应收款项的账面价值进行检查，有客观证据表明应收款项发生减值的，应当将应收款项的账面价值减记至预计未来现金流量现值，减记的金额确认为减值损失。

所谓客观证据是指如债务人发生严重财务困难、债务人支付能力逐步恶化、债务人很可能破产或发生其他重组等证明应收款项可能全部或部分无法收回的迹象。

应收款项账面价值检查的方法有两类。

① 对于单项金额重大的应收款项，应当进行单独测试，有客观证据表明发生减值的，应当根据其未来现金流量现值低于账面价值的差额，确认减值损失，计提坏账准备。此法通常称为个别认定法。

② 对于单项金额非重大的应收款项，以及经单项测试后未减值的单项金额重大的应收款项，按类似风险特征划分为若干组合，再按这些组合在资产负债表日余额的一定比例计算确定减值损失，计提坏账准备。

此类方法较多。例如，应收账款百分比法，即是把全部应收账款划分为一个组合，按应收账款期末余额的一定比例计算资产减值数额，提取坏账准备。与此类似的方法是销货百分比法。再如账龄分析法，把应收款项按超期时间段划分为若干组合，以每个超期时间段应收款项的数额分别乘以一定比例计算资产减值，计提坏账准备。

二、科目、账簿和主要账务处理

会计科目：坏账准备，核算企业应收款项等发生减值时计提的减值准备。

设置账簿：企业应当根据会计科目开设总账和明细账。

主要账务处理：

① 资产负债表日，企业按计算出的应收款项减值金额，借记“资产减值损失”科目，贷记“坏账准备”科目。本期应计提的坏账准备大于其账面余额的，应按其差额计提；应计提的金额小于其账面余额的差额做相反的会计分录。

具体可用以下公式处理。

当期应计提的坏账准备 = 经减值测试确定的当期应收款项减值金额 − “坏账准备”科目的贷方余额（借方余额用负数表示）

上述公式计算结果为正数时，说明当期应收款项减值金额比“坏账准备”科目当前余额大，应当补提坏账准备，按应补提的坏账准备的金额，借记“资产减值损失——计提坏账准备”科目，贷记“坏账准备”科目；上述公式计算结果为负数时，说明当期应收款项减值金额已经比“坏账准备”科目当前余额小，应当将“坏账准备”科目余额中多余的部分冲回，借记“坏账准备”科目，贷记“资产减值损失——计提坏账准备”科目。

② 对于确实无法收回的应收款项，按管理权限报经批准后作为坏账损失，转销应收款项，借记“坏账准备”科目，贷记“应收票据”、“应收账款”、“预付账款”、“应收利息”、“其他应收款”、“长期应收款”等科目。

③ 已确认并转销的应收款项以后又收回的，按实际收回的金额，借记“应收票据”、“应收账款”、“预付账款”、“应收利息”、“其他应收款”、“长期应收款”等科目，贷记“坏账准备”科目；同时，借记“银行存款”科目，贷记“应收票据”、“应收账款”、“预付账款”、“应收利息”、“其他应收款”、“长期应收款”等科目。

已确认并转销的应收款项以后又收回的，企业也可以按照实际收回的金额，借记“银行存款”科目，贷记“坏账准备”科目。

本科目期末贷方余额，反映企业已计提但尚未转销的坏账准备。

例 3.9　计提坏账准备。

2012 年 12 月 31 日，对本公司重要应收账款进行了减值测试，并依此编制了应收账款减值测试及坏账准备计提明细表（见图 3.8）。

应收账款减值测试及坏账准备计提明细表

2012 年 12 月 31 日　　　　单位：元

有减值迹象的应收款项	减值测试			应提取的坏账准备金额	
	应收款项原值①	经测试的可收回金额②	应收款项减值额③ = ① − ②	坏账准备账薄余额（借方为负）④	本月应计提坏账准备⑤ = ③ − ④
×公司应收款	100 000	70 000	30 000	27 000	3 000
合　计	100 000	70 000	30 000	27 000	3 000

财务主管：孙正峰　　　　制表：吴天

图 3.8　应收账款减值测试及坏账准备计提明细表

当期应计提的坏账准备 = 30 000 − 27 000 = 3 000（元），编制会计分录如下。

借：资产减值损失——计提坏账准备　　3 000

　　贷：坏账准备　　3 000

若期初坏账准备余额为 40 000 元，则当期应计提的坏账准备 =30 000 −40 000 = −10 000（元）。

应编制会计分录如下。

借：坏账准备　　　　　　　　　　　　　　　　　　10 000

　　贷：资产减值损失——计提坏账准备　　　　　　　　　　10 000

例 3.10　转销坏账损失。

2013 年 1 月，公司应收明治公司款项发生坏账损失 3 000 元，已经管理层批准，同意进行转销（批准书略）。

转销时应编制会计分录如下。

借：坏账准备　　　　　　　　　　　　　　　　　　3 000

　　贷：应收账款——明治公司　　　　　　　　　　　　3 000

例 3.11　收回已经转销的应收账款。

2013 年 6 月，公司收到 2013 年 1 月转销的明治公司应收账款 2 000 元，款项已经划入银行存款户（收账通知略）。

应编制会计分录如下。

借：应收账款——明治公司　　　　　　　　　　　　2 000

　　贷：坏账准备　　　　　　　　　　　　　　　　　2 000

借：银行存款　　　　　　　　　　　　　　　　　　2 000

　　贷：应收账款——明治公司　　　　　　　　　　　　2 000

或

借：银行存款　　　　　　　　　　　　　　　　　　2 000

　　贷：坏账准备　　　　　　　　　　　　　　　　　2 000

关键练习

达能公司发生下列应收款项业务，请根据业务描述完成相关会计处理。

1. 至 2012 年末，公司坏账准备余额为 300 000 元，2013 年 1 月公司发生坏账 270 000元。
2. 2013 年 1 月末，经减值测试，公司应保持的坏账准备余额为 150 000 元。
3. 2013 年 2 月末，经减值测试，公司应保持的坏账准备余额为 120 000 元。
4. 2013 年 3 月，公司收回已经转销的应收账款 6 000 元。

拓展阅读

极地公司的应收账款管理

极地公司例来重视应收账款的管理，采用以下多种措施减少坏账损失的发生。

① 赊销审批制度。公司对外销售为赊销时，根据赊销数额的大小分别由销售分公司经理、销售主管和主管销售副总审批，未经审批一律采用现款结算，不得赊销。

② 应收账款账龄分析和对账制度。财务部门定期进行应收账款的账龄分析，对超期的应收款发出催收单，责令有关负责人限期内收款；定期与赊购单位进行往来对账，避免记账错误和舞弊造成的坏账损失。

③ 应收款管理与销售业务员业绩挂钩制度。销售业务员完成销售的同时负责应收款项的催收，产生超期应收款，按一定比例减少业务员的业绩，直接影响业务的销售提成。

模块实训索引

《新编企业财务会计实训（第2版）》模块1——实训1.2　应收及预付款项核算演练

模块法规依据

1.《企业会计准则——应用指南》（2006年10月30日财政部发布，自2007年1月1日在上市公司范围内施行）。

2.《企业会计准则第22号——金融工具的确认和计量》（2006年2月15日财政部发布，自2007年1月1日在上市公司范围内施行）。

模块四

核算存货

工作导入

存货，是指企业在日常活动中持有以备出售的产成品或商品、处在生产过程中的在产品、为生产或提供劳务耗用储备的材料和物料等。包括各类材料、在产品、半成品、产成品、商品、包装物、低值易耗品、委托代销商品等。

① 原材料。原材料是指企业在生产过程耗用、经加工改变其形态或性质并构成产品主要实体的各种原料及主要材料、辅助材料、燃料、修理用备件（备品备件）、包装材料、外购半成品等。

② 在产品。在产品是指企业正在制造尚未完工的生产物，包括正在各个生产工序加工的产品和已加工完毕但尚未检验或已检验但尚未办理入库手续的产品。

③ 半成品。半成品是指经过一定生产过程并检验合格交付半成品仓库保管，但尚未制造完工成为成品，仍需进一步加工的中间产品。

④ 产成品。产成品是指工业企业已经完成全部生产过程并已验收入库，可以按照合同规定条件送交订货单位，或者可以作为商品对外销售的产品。

⑤ 商品。商品是指商品流通企业的商品，包括外购或委托加工完成验收入库的用于销售的各种商品。

⑥ 包装物。包装物是指为了包装本企业的商品而储备的各种包装容器，如桶、箱、瓶等，其主要作用是盛装、装潢产品或商品。

⑦ 低值易耗品。低值易耗品是指不能作为固定资产核算的各种用具物品，如工具、管理用具、玻璃器皿、劳动保护用品，以及在经营过程中周转使用的容器等。其特点是单位价值较低，或使用期限相对于固定资产较短，在使用过程中保持其原有实物形态基本不变。

⑧ 委托代销商品。委托代销商品是指企业委托其他单位代销的商品。

识别存货，应注意以下几个问题。

① 与固定资产区分开。存货和固定资产的区别可通过细读两者的定义了解。值得注意的是，企业出于管理目的需要，可以考虑价值转移影响，依据固定资产定义自行定义企业固定资产目录。

课堂讨论

某企业生产中使用一种大型钳具，俗称“老虎钳”，单个购进成本在 3 000 元左右，使用寿命一般在一年半左右。请依据存货和固定资产定义确定其资产类型，并说明确定依据，以及这样确定对后续会计核算的影响。

② 注意存货定义中“持有”的概念。“持有”概念关注存货的风险和报酬是否归属企业，而不论存货的存放地点。例如，我们在基础会计中了解的在途物资，在途物资虽未进入企业空间范围，但其为企业所持有，属于企业的存货。类似的存货还有在外展览的商品、委托其他单位代销的商品、已经发出但不符合销售条件的商品等。

企业的存货业务一般包括购进、完工交付、质量检验、入库、生产领用、销售。这些业务分别由采购部门、生产部门、质检部门、仓储部门、销售部门经办。各部门在办理相关业务时需要依据会计部门要求办理相关会计手续，填制各种原始单据，以明确经济责任。存货业务经办过程中编制的各项手续齐全的原始凭证是会计人员进行核算的依据。

要点提示

同学们可以在老师的带领下画一下存货业务的基本流程，考查存货实物流经的部门，需要办理的会计手续（填制哪些原始凭证）。

另外，在存货保管过程中，为了保证存货的安全与完整，企业会计部门还应当经常组织生产、采购、销售、仓储等有关部门对存货进行核对和盘查。根据清查结果调整账目、明晰相关人员责任、堵住管理和制度上的漏洞。

任务一　存货收发的计量

任务目标

通过本任务的学习，你应该能够：

1. 说明会计核算上存货发出数量的确定方法，列述存货盘存制度的类型、定义及其适用。

2. 正确地阐述会计准则（或制度）规定的存货采购成本、自制成本的构成，据此判定存货采购、自制过程中发生的各项支出是否构成存货的成本。

3. 理解存货发出计价存在的必要性，列举可以使用的存货计价方法及其适用。

4. 根据存货结存和收发数据，分别使用个别计价法、先进先出法、加权平均法计算发出存货的成本。

业务认知

存货的收发计量涉及两个方面：一是如何确定存货数量，主要是如何确定存货发出数量；二是如何确定存货收入成本和发出价格。

一、存货收发数量的计量

从存货储存角度看，存货数量共涉及以下 4 个方面：期初结存数量、本期收入数量、本期发出数量和期末结存数量。四者之间存在以下关系。

期末结存数量 = 期初结存数量 + 本期收入数量 − 本期发出数量

考虑存货管理和核算需要，企业需要安排获得公式中各项存货数量的方法，获取各项存货数量的方法体系即为存货盘存制度。可供选择的存货盘存制度有两种：永续盘存制和定期实地盘存制。

1. 永续盘存制

永续盘存制度是指通过设置详细的存货明细账，逐笔或逐日记录存货收入、发出的数量、金额，以随时结出结余存货数量、金额的一种方法。

采用此方法，要求企业按管理详细程度分品种、规格设置存货明细账，逐笔或逐日办理出、入库手续，登记相关明细账。期末结存数用以下公式计算得出。

期末结存数量 = 期初结存数量 + 本期收入数量 − 本期发出数量

由于永续盘存制度出、入库手续严密，有利于保证存货的安全完整，企业存货一般采用此方法。

2. 定期实地盘存制

定期实地盘存制是指会计期末通过对全部存货进行实地盘点，确定期末存货的数量，用期末存货数量乘以确定的期末单价计算出期末存货金额，再结合期初结存数、本期收入数倒轧出本期存货发出数量和成本的一种计算方法。其计算公式为：

本期发出数（金额）= 期初结存数量（金额）+ 本期收入数量（金额）− 期末结存数量（金额）

这种方法由于采用以存计耗、以存计销倒挤出发出存货成本，可能使非正常消耗、损失引起的存货减少全部计入耗用和销售成本，从而掩盖存货管理存在的问题。因此，这一方法通常仅在自然损耗大的鲜活商品及单位价值较低、出入库频繁的存货上应用。

要点提示

永续盘存制和定期实地存盘制的主要区别是他们获得基本发出存货数据的方式不同。

二、存货收发价值的计量

存货的价值计量，包括两个方面：一是存货取得成本的计量，二是存货出库成本的计量。

在存货的采购、生产等形成过程中会发生各种各样的费用，如采购时需要向销售方支付买价、各种税金，采购人员在办理采购时会发生的差旅费，运输存货时要支付运杂费，生产存货时要支付生产人员工资、制造费用，等等。因此，在核算存货价值时必须首先确定哪些费用构成存货的价值，正确地计量存货的成本组成。在存货的形成时确定存货的价值组成，会计上称为存货的初始计量。

生产耗用、销售等原因发出存货时，由于各批存货的入库成本可能会不同，所以发出存货的核算会涉及出库存货成本如何确定的问题。企业应当根据各类存货的实物流转方式、企业管理的要求、存货的性质等实际情况，采用适当的方法，合理地确定发出存货的成本。

业务核算

一、存货取得成本的确定

存货应当按照成本进行初始计量。不同来源的存货，初始计量涉及内容不同，所以存货的初始计量可按存货来源类型分类掌握。

（一）购入存货成本

购入的存货，包括购入的材料、库存商品、周转材料等。

购入存货的成本包括：买价、运杂费（包括运输费、装卸费、包装费、运输途中的仓储费等）、运输途中的合理损耗、入库前的挑选整理费用及按规定应计入成本的税费和其他费用。具体详见任务二原材料核算的说明和示范。

商品流通企业在采购商品过程中发生的运输费、装卸费、保险费，以及其他可归属于存货采购成本的费用，应当计入存货采购成本。也可以先进行归集，期末根据所购商品的存销情况进行分摊：已售商品的进货费用，计入当期损益；未售商品的进货费用，计入期末存货成本。企业采购商品的进货费用金额较小的，可以在发生时直接计入当期损益。

（二）自制存货成本

自制的存货，包括自制原材料、自制包装物、自制低值易耗品、自制半成品及库存商品等。自制存货成本包括自制过程中领用的材料的购入成本、发生的人工费用和制造费用等各项实际支出。具体详见任务三的说明及示范。

（三）委托加工存货成本

委托外单位加工完成的存货，包括加工后的原材料、包装物、低值易耗品、半成品、产成品等，其成本包括实际耗用的外购原材料成本，或者自制半成品成本，以及委托加工费、装卸费、保险费、委托加工的往返费用等费用及按规定应计入成本的税费。

（四）投资者投入存货成本

投资者投入的存货，按照投资合同或协议约定的价值作为实际成本，但合同或协议约定的价值不公允的除外。

其他还有接受捐赠、债务重组等来源的存货，成本依据相关会计准则和制度进行初始计量。

在确定存货成本时还应注意，下列费用不应计入存货成本，而应在其发生时直接计入当期损益。

① 非正常消耗的直接材料、直接人工和制造费用。例如，由于自然灾害而发生的直接材料、直接人工和制造费用，由于这些费用的发生无助于存货达到目前场所和状态，故不应计入存货成本，而应计入当期损益。

② 仓储费用。仓储费用是指企业在存货采购入库后发生的储存费用，应在发生时计入当期损益。但是，在生产过程中为达到下一个生产阶段所必需的仓储费用应计入存货成本。例如，某种酒类产品生产企业为使生产的酒达到规定的产品质量标准，而必需发生的仓储费用，应计入酒的成本，而不应计入当期损益。

③ 不能归属于使存货达到目前场所和状态的其他支出，应在发生时计入当期损益，不得计入存货成本。

二、发出存货的计价方法

日常工作中，由于不同入库批次存货成本不同，核算存货出库时，会计人员面临着如何确定发出存货成本的问题。确定发出存货成本的方法具有多样性，会计准则允许采用个别计价法、先进先出法、全月一次加权平均法、移动加权平均法等确定发出存货成本。

（一）个别计价法

个别计价法是指本期发出存货和期末结存存货的成本，完全按照该存货所属购进批次或生产批次入账时的实际成本确定的一种方法。采用个别计价法，要求仓储部门按存货入库批次保管存货，并与会计部门协同，详细记录存货的品种规格、入账时间（批号）、单位成本、存货地点。发出每个或每批存货时，应区别所属批次计算发出存货的成本，确定相关成本费用。

例 4.1　采用个别计价法计算存货发出成本。

公司的甲材料采用个别计价法计算发出存货成本。甲材料按批次记录购入存货的成本，发出存货时，按发出存货所属批次对应的入库成本确定发出存货成本。表 4.1 是 2012

年3月份甲种材料成本计算明细表。

表 4.1 存货成本计算明细表

存货名称：甲材料

计量单位：件 货币单位：元

2012年		摘要	购入				发出				结存			
月	日		批号	数量	单价	金额	批号	数量	单价	金额	批号	数量	单价	金额
3	1	期初余额									1001	600	10	6 000
	6	购入	1002	1 800	11	19 800					1001 1002	600 1 800	10 11	25 800
	11	发出					1002	1 000	11	11 000	1001 1002	600 800	10 11	14 800
	15	购入	1003	1 200	12	14 400					1001 1002 1003	600 800 1 200	10 11 12	29 200
	20	发出					1001 1003	600 1 100	10 12	19 200	1002 1003	800 100	11 12	10 000
	31	本月合计		3 000		34 200		2 700		30 200		900		10 000

注：本表与实际账簿有差异，实际工作中采用批次计价时，通常会为每个批次设置单独的批次明细账或用存货管理软件设置批次管理，本表格只为说明批次计价法的原理。

采用个别计价法要求存货按批次分别存放，并按批次建立存货卡片，注明所指存货的批次和单价等信息。仓库管理人员发出存货时要在发料单上注明发出存货所属批次，以便会计人员确定发出存货成本。

与其他方法相比，个别计价法可以说是存货的实物流动与其成本流动最吻合的一种方法。但其缺点同样明显，采用个别计价法，仓库管理要求高，手续繁琐，不适用于收发频繁的存货等。这种方法只适合于较贵重、数量少或体积较大，且易于辨认进货批次的存货，如重型设备、珠宝、名画等。

（二）先进先出法

先进先出法是指计算发出存货成本时，假定最早入库的存货最先发出，按存货入库先后顺序加权计算发出存货成本的方法。在先进先出法下，期末存货成本反映的是最近购入的存货的成本。

例 4.2 先进先出法计算存货发出成本。

假定公司的甲材料采用先进先出法确定发出存货成本，3月份存货收、发、结存情况如甲材料成本计算明细表（见表4.2）。当月11日发出存货一批，共1 600件，在先进先出法下，假定先购入的存货先发出。根据这一假设，本次发出的1 600件应当是期初结存的单价为10元的600件甲材料和6日购进的单价为11元的甲材料1 000件，总发出金额为17 000元。发出后当日结存的800件甲材料是6日新购进的甲材料，单价是11元，结存金额是8 800元。20日发出存货成本的确定方式类此。

表 4.2　存货成本计算明细表

存货名称：甲材料

计量单位：件　　　　　　　　　　　　　　　　　　　　　　　　货币单位：元

2012 年		摘　要	购　入			发　出			结　存		
月	日		数量	单价	金额	数量	单价	金额	数量	单价	金额
3	1	期初余额							600	10	6 000
	6	购入	1 800	11	19 800				600 1 800	10 11	6 000 19 800
	11	发出				1 600	10（600） 11（1000）	17 000	800	11	8 800
	15	购入	1 200	12	14 400				800 1 200	11 12	8 800 14 400
	20	发出				1 700	11（800） 12（900）	19 600	300	12	3 600
	26	购入	500	13	6 500				300 500	12 13	3 600 6 500
	31	合计	3 500		40 700	3 300		36 600	300 500	12 13	3 600 6 500

先进先出法有两个优点：一是能把存货核算的工作分散在平时，及时反映存货的资金占用情况，保证成本计算的及时性；二是使期末存货成本最接近该种存货的现行成本，财务分析更具意义。但是，先进先出法也有其不足之处。首先，计算工作量大，特别是存货的进出量大且较频繁的企业更是如此；其次，当物价波动较大时，按该法计算发出存货成本和相关费用会对企业本期的利润产生较大影响——当物价上涨时，会高估企业当期利润和库存存货价值，从而导致虚利实税，不利于资本的保全；反之，则会低估企业存货价值和当期利润。但从这一点看，当物价持续下跌时，采用先进先出法符合谨慎原则的要求。

（三）加权平均法

加权平均法，又称全月一次加权平均法，是按各批进货的平均单位成本确定发出存货成本的方法。其计算公式为：

$$月末加权平均单价=\frac{期初结存成本+本期收入存货成本}{期初结存存货数量+本期收入存货数量}$$

本期发出存货成本＝本期发出存货数量×月末加权平均单价

期末结存存货成本＝期末结存存货数量×月末加权平均单价

考虑到计算出的加权平均单价不一定是整数，往往要小数点后四舍五入，本期发出存货的成本一般采用倒轧法处理，计算步骤如下。

期末结存存货成本＝期末结存存货数量×月末加权平均单价

本期发出存货成本＝期初结存存货成本＋本期收入存货成本－期末结存存货成本

例 4.3　加权平均法计算存货发出成本（见表 4.3）。

若甲材料采用加权平均法计算发出存货成本，则平时只记录购入存货成本，不计算发出存货成本，即11日、20日发出存货时，只记录发出存货的数量，不计算发出存货成本。月末依据加权平均法公式计算出当月购入存货的平均成本，依此计算发出存货成本。

表4.3 存货成本计算明细表

存货名称：甲材料
计量单位：件　　　　货币单位：元

2012年		摘要	购入			发出			结存		
月	日		数量	单价	金额	数量	单价	金额	数量	单价	金额
3	1	期初余额							600	10	6 000
	6	购入	1 800	11	19 800				2 400		
	11	发出				1 600			800		
	15	购入	1 200	12	14 400				2 000		
	20	发出				1 700			300		
	26	购入	500	13	6 500				800		
	31	合计	3 500		40 700	3 300		37 588	800	11.39	9 112

月末加权平均成本和发出存货成本计算如下。

$$本月存货的平均成本=\frac{6\ 000+19\ 800+14\ 400+6\ 500}{600+1\ 800+1\ 200+500}=11.39\ (元/件)$$

本期期末库存存货成本 $=800\times 11.39=9\ 112$ (元)

本月发出存货成本 $=6\ 000+40\ 700-9\ 112=37\ 588$ (元)

采用加权平均法，计算简单，适用于收入批次较多、数量较大，且价格差异不大的存货。加权平均法得到了会计界的普遍肯定和应用，不论是国际会计准则还是我国企业会计准则，都把它作为基本的计价方法。但采用这种方法，平时账上无法提供存货的结存金额，不利于加强存货的管理。

三、计划成本法

前面讲述的确定存货取得成本、存货发出成本的方法均以存货的实际购进价格为基础，通常将这一类方法统称为实际成本法。存货采用实际成本进行日常核算，要求存货的收入和发出全部按实际成本计算相关成本，这对于存货品种、规格繁多，且收发频繁的企业来说，日常核算工作量很大，核算成本高，会影响会计信息的及时性。为了简化存货的核算，企业可以采用计划成本法对存货收入、发出及结存进行日常核算。

计划成本法是指存货的日常收入、发出和结存均按预先制定的计划成本计价，并设置材料成本差异分类账，登记实际成本与计划成本之间的差异，月末，再通过对存货成本差异的分摊将发出存货的计划成本和结存存货的计划成本调整为实际成本进行反映的一种核算方法。采用计划成本法进行存货核算的基本程序如下。

1）制定存货的计划成本目录，确定存货的分类及各类存货的名称、规格、编号、计量单位和单位计划成本。

计划成本一般由会计部门和采购部门共同制定，制定的计划成本应尽可能与实际成本一致。

2）设置“材料采购”账簿，对购入存货的实际成本和计划成本进行比较，确定材料成本差异。

“材料采购”账簿只在计划成本法下使用，本账簿借方登记购入存货的实际成本，贷方登记购入存货的计划成本，实际成本与计划成本的差额转入“材料成本差异”账簿。

3）设置“材料成本差异”账簿，登记存货实际成本与计划成本之间的差异，并分别按原材料、周转材料等类别或品种设置明细账，进行明细核算。

取得存货并形成实际成本与计划成本之间的差异时，实际成本高于计划成本的超支差异，在本账簿的借方登记；实际成本低于计划成本的节约差异在本账簿的贷方登记。发出存货并分摊差异时，超支差异从本账簿贷方用蓝字转出，节约差异在贷方用红字转出。

企业也可以根据具体情况，在“原材料”、“周转材料”等账簿下的“成本差异”明细账中进行核算。

4）存货的日常收入与发出均按计划成本计价，月末通过存货成本差异的分摊，将本月发出存货的计划成本和月末结存存货的计划成本调整为实际成本反映。

关键练习

极地有限责任公司 2012 年 8 月份库存铝锭材料的有关资料如表 4.4 所示。

表 4.4　存货发出成本计算表

存货名称：铝锭
计量单位：千克　　　　货币单位：元

2012 年		摘　要	购　入			发　出			结　存		
月	日		数量	单价	金额	数量	单价	金额	数量	单价	金额
8	1	期初余额							300	50	15 000
	10	购 入	900	60	54 000				1 200		
	11	发 出				800			400		
	18	购 入	600	70	42 000				1 000		
	20	发 出				800			200		
	23	购 入	200	80	16 000				400		
	31	合 计	1 700		112 000	1 600			400		

要求：请分别用先进先出法、加权平均法计算本月发出和月末结存材料的成本（用先进先出法计算时，分别采用逐笔计算发存货成本和月末一次计算发出存货成本两种方法计算，并比较两者异同）。

拓展阅读

极地有限责任公司存货发出计价方法的争论

2012 年 9 月份后，极地有限责任公司的原材料价格持续上涨，到 2012 年底上涨幅度已经接近一倍。目前极地公司采用的存货发出计价方法是先进先出法，在价格上涨的情况下，先进先出法计算的发出存货成本会偏低，因而相应的生产成本、主营业务成本也会被低估，最终导致利润虚增，使公司多交所得税。在厂办公会上，有人提出，可以改用后进先出法，这样会增加存货出库成本，降低企业的利润水平，少交所得税。公司财务主管否定了这个建议，并解释了采取后进先出法方法不可行的原因：一是现行企业会计准则规定的存货发出计价方法中已经不包括后进先出法，所以不能使用后进先出法进行出库存货成本的计算；二是会计准则规定，除国家规定或能提供更可靠、更相关的信息外，每一会计期间和前后各期采用的会计政策应当保持一致，不能随意变更，公司原材料价格是2012年9月份后上涨的，变更会计政策不能给会计报表使用者提供更可靠、更相关的会计信息，所以不能变更存货发出计价的会计政策。

任务二 核算原材料

任务目标

通过本任务的学习，你应该能够：

1. 说明原材料的特点，列举原材料的种类。
2. 说出原材料实物的采购、检验、入库、出库的流程。
3. 在实际成本法下，根据取得的原始单据，判断材料采购和发出业务的内容和发生过程，准确地编制核算分录。

业务认知

原材料是指企业在生产过程中经过加工改变其形态或性质并构成产品主要实体的各种原料及主要材料、辅助材料、燃料、修理用备件（备品备件）、包装材料、外购半成品等。原材料的特点是，在一个生产周期中即完全被消耗或改变了原有的实物形态，并且其价值也一次性地全部转移到所生产的产品成本中去，构成产品价值的组成部分。

在工业企业里，原材料从进厂直至完全被消耗，一般都需要经过采购、储存和使用等环节，且各个环节的具体经办部门也不同。一般来说，材料的采购由供应部门办理，采购人员根据采购计划等资料，到供应商处办理采购，采购完成时，供应商向采购部门提供相应原材料的销售发票，采购部门负责将销售发票交给企业的财务部门；原材料运抵企业后，由质量检验部门和仓储部门分别检验原材料的质量和数量，验收合格后，仓储部门会同采购部门有关人员办理入库手续，开具材料验收入库单；财务部门根据付款计划等向供应商办理货款的支付结算；材料领用时，由领用部门开具材料出库单，由仓储部门审核后发出原材料。

采购发票、货运票据、材料验收入库单、付款结算凭证、材料出库单是会计人员据以核算材料收、发、结算的原始单据。特别需要注意的是，由于采购地远近、部门办理手续的时间不同，会计人员取得各项原始单据的时间也不相同。因此，会计人员需要根据取得的各种原始单据，判断业务的类型和发生过程，再编制相应的记账凭证。

业务核算

一、核算系统

（一）原材料的核算

会计科目：原材料，核算企业库存的各种材料，包括原料及主要材料、辅助材料、外购半成品（外购件）、修理用备件（备品备件）、包装材料、燃料等的计划成本或实际成本。

收到来料加工装配业务的原料、零件等，应当设置备查簿进行登记。

账簿设置：本科目应当按照材料的保管地点（仓库）及材料的类别、品种和规格等进行明细核算。

为方便材料仓储部门管理，除财务部门设置材料明细账外，通常还在材料仓库设置一套材料明细账或材料卡片，仓库设置的材料明细账、材料卡只登记数量不登记金额。仓库的材料明细账俗称材料台账，由仓库保管员独立于材料保管，根据材料出库单登记。材料卡片通常开设于材料保管仓位，仓库保管员随时根据材料收发登记签章，并定期与材料出入库单核对。

小型企业也有只开设一套材料账的情况，该材料账平时由仓库保管人员登记收发数量，定期由财务部门登记金额。

基本账务处理："原材料"账簿借方登记因外购、自制、盘盈、委托外单位加工等原因增加的原材料的实际成本；贷方登记企业领用、发出加工、对外销售及盘亏、毁损等原因减少的原材料的实际成本。期末借方余额反映库存原材料的成本。

（二）在途物资的核算

会计科目：设置"在途物资"科目核算企业采用实际成本（或进价）进行材料（或商品）的日常核算。用以核算企业货款已付或商业汇票已经承兑但尚未验收入库的购入材料或商品的采购成本。

账簿设置："在途物资"科目应当按照供应单位设置明细账，进行明细核算。

基本账务处理："在途物质"科目借方登记企业购入材料的实际成本，贷方登记验收入库材料的实际成本。期末借方余额反映尚未到达或虽已到达但尚未入库材料的实际成本。

原材料核算的主要内容包括原材料的收入和原材料的发出两部分，以下分别介绍具体账务处理方法。

二、购入原材料的核算

外购原材料是企业取得原材料的主要方式。由于原材料的采购地点远近不同、经办部门单据办理时间的差异，会计人员接受到各项采购业务的发票、入库单、结算单据的时间可能会不一致，概括来说存在以下几种情况。

① 同时收到结算凭证、发票和材料入库单据。这是一种理想状态，通常表明同一时间取得了采购材料的所有权凭证或账单，货物已经由仓库验收入库，并且已经支付了货款。

例 4.4 发票、入库单、结算凭证同时收到。

2012 年 11 月 6 日，收到采购部门转来的增值税专用发票（见图 4.1，抵扣联略）、仓储部门开具的收料单（见图 4.2）和出纳员支付该货款的转账支票存根（原始凭证略）。

1560000768　　　　**增值税专用发票**　　　　№ 00653210

发　票　联

国家税务总局监制

开票日期：2012 年 11 月 06 日

购货单位	名　　称：极地有限责任公司 纳税人识别号：110106005566099 地 址 、电 话：北京市开发区 228 号 010-2500188 开户行及账号：中国工商银行北京市长乐分理处 622713200036910001				密码区	75559 加密版本 01 66 + 55/ < > 1248 < - > * / + 255488 < > ? 1255443 + 215444 0 // - - 6659999		
货物或应税劳务名称	规格型号	单　位	数　量	单　价	金　额	税　率	税　额	
A 产品		千克	200	75	15 000.00	17%	2 550.00	
合　计					¥15 000.00		¥2 550.00	
价税合计（大写）	⊗壹万柒仟伍佰伍拾零元整				（小写）¥17 550.00			
销货单位	名　　称：北京镁鑫公司 纳税人识别号：110104325188643 地 址 、电 话：北京市宣武区 319 号 010－63173688 开户行及账号：中国工商银行河西办事处 6759325638				备注	北京镁鑫公司 110104325188643 发票专用章		

第二联　发票联　购货方记账凭证

收款人：张山　　复核：吴洋　　开票人：李兵　　销货单位（章）

图 4.1　增值税专用发票

发票号码：№ 00006792　　　　**收料单**

供应单位：北京镁鑫公司　　　　收料单编号：11059

材料类别：原料及主要材料　　2012 年 11 月 06 日　　收料仓库：材料库

编　号	名　称	规　格	单　位	数　量		实际成本					验收意见
				应收	实收	买价		运杂费	其 他	合 计	
						单价	金额				
K150	A 材料		千克	200	200						合　格
合　　计											

采购员：李丹　　检验员：杨洁　　记账员：吴天　　保管员：常浩

图 4.2　收料单

增值税专用发票第二联“发票联”、转账支票存根及收料单作为原始凭证入账，增值税专用发票第一联“抵扣联”月底到税务部门认证，抵扣税款。

编制会计分录如下。

借：原材料——A 材料	15 000	
应交税费——应交增值税（进项税额）	2 550	
贷：银行存款		17 550

例 4.5　运输费用的处理。

承例 4.4，企业同时收到货运发票（如图 4.3），款项用支票支付（支票存根略）。

全国联运行业货运统一发票

发票联

（印章：全国统一发票监制章 北京市 国家税务局监制）

发票代码：355644788521

开票日期：2012 年 12 月 20 日　　　　发票号码：088366157

<table>
<tr><td>机打代码　545886448844885
机打号码　235444883648475
机器编号　254864</td><td>密码区</td><td colspan="2">6443132141234124321// * － － ＋326633. #
¥%　……—— * ——795322232355　(——
…………%% ¥5652222%%……#——</td></tr>
<tr><td rowspan="2">发货人名称　北京镁鑫公司
纳税人识别号　6759375638</td><td colspan="2">运输费用</td><td>其他费用</td></tr>
<tr><td colspan="2">项目及金额</td><td>项目及金额</td></tr>
<tr><td>收货人名称　极地有限责任公司
纳税人识别号　622713200036910001</td><td colspan="2" rowspan="3">一、自备运输工具运费
1. 公路运费 100.00
2. 水路运费

二、代付费用
1. 铁路运费
2. 公路运费
3. 水路运费
4. 航空运费

小计：100.00</td><td>仓储费用
包装整理费
装卸费
劳务费
票签费
小计</td></tr>
<tr><td>发货站（港）到货站（港）经由 中转
北言　　　　昌平</td><td>垫付费用
项目及金额</td></tr>
<tr><td>货物名称　件数　计重资费　包装
A 材料　　200 千克</td><td>保险费
邮寄费
小计</td></tr>
<tr><td colspan="4">合计人民币（大写）壹佰元整　　　　¥100.00</td></tr>
<tr><td>承运人名称
纳税人识别号</td><td>吉联运输公司
132002666458455</td><td>主管税务机关及代码</td><td></td></tr>
</table>

（印章：吉联运输公司 132002666458455 发票专用章）

开票单位盖章：　　开票人：李开山　　收款人：刘正以　　手写无效

第二联 发票联 收货方记账凭证

图 4.3　全国联运行业货运统一发票

编制会计分录如下。

借：原材料——A 材料　　　　15 093

应交税费——应交增值税（进项税额）　　2 557
贷：银行存款　　17 650

我国增值税法规定，一般纳税人外购货物所支付的运输费用，以及一般纳税人销售货物所支付的运输费用，根据运费结算单据所列运费金额依7%的扣除率计算抵扣进项税额（直接用发票注明的金额乘以7%的税率），但随同运费支付的装卸费、保险费等其他杂费不得计算扣除进项税额。

② 收到采购发票和结算凭证，但未收到材料入库单。

例4.6 发票、结算凭证先收到，材料收料单未收到。

承例4.4，如果只收到采购发票和转账支票，但没有收到材料入库单。

则应编制会计分录如下。

借：在途物资——北京镁鑫公司　　15 000
　　应交税费——应交增值税（进项税额）　　2 550
　　贷：银行存款　　17 550

11月20日，上述的A材料已收到，并验收入库，会计人员收到材料入库单。

则应编制会计分录如下。

借：原材料——A材料　　15 000
　　贷：在途物资——北京镁鑫公司　　15 000

本例中由于收到发票和结算凭证与材料入库时间上有差异，可能会产生入库材料数量与发票所记数量不一致的情况。企业应当追查产生不一致的原因，区分原因进行处理：合理损耗的部分计入采购成本；由供应单位、运输单位造成的损失，应由其赔偿；不可抗力造成的，应加计进项税转出后计入营业外支出；需要较长时间查明原因的，比照财产清查处理。

要点提示

对于购入存货仅收到发票，但未支付货款，且货物也未验收入库的情况，通常做法是先不进行会计核算，留存发票直至收到结算凭证或验收入库单时再做处理。

③ 收到材料验收入库单，采购发票等均未收到。这表明材料已经先于采购发票到达企业，但由于发票未到，无法确定材料的成本，所以无法进行核算。在这种情况下，由于发票账单一般在短时间内就可以到达，为了简化手续，在月份内发生的，可以暂不编制记账凭证，会计人员只将收到的材料入库单存档备查。待收到发票和结算凭证时，再抽出存查的材料入库单，与发票和结算凭证一起作为依据，编制记账凭证。

月末时，对于那些结算凭证和发票尚未到达的入库材料，可以按材料的合同价格等暂估入账，借记“原材料”科目，贷记“应付账款”科目；下月初，用红字做同样的记账凭证，予以冲回。待收到发票和结算凭证时，按正常程序借记“原材料”等科目，贷记“银行存款”、“应付票据”等科目。

例 4.7 材料暂估入账。

承例4.4，如会计人员只收到该业务中的入库单，未收到此项采购的发票和转账支票，直到月末，发票还未到达。会计人员按合同价 16 000 元对该材料暂估入账。

月末暂估入账，应编制会计分录如下。

借：原材料——A 材料　　16 000

　　贷：应付账款——暂估应付账款　　16 000

12 月初，需要用红字冲回该项暂估，应编制会计分录如下。

借：原材料——A 材料　　16 000

　　贷：应付账款——暂估应付账款　　16 000

假如上项业务在 12 月份收到发票账单及有关结算凭证，则按例 4.4 所示方法办理入账。

④ 先收到预付材料采购款的结算凭证，后收到材料采购发票、入库单等凭证。此系采用预付货款的形式采购材料。

例 4.8 预付款材料采购。

11 月 10 日，根据与某钢厂的购销合同规定，极地公司向该钢厂预付购买 J 材料货款 100 000 元的 80%，计 80 000 元，已通过汇兑方式汇出。会计人员收到汇款凭证回单。

应编制会计分录如下。

借：预付账款——某钢厂　　80 000

　　贷：银行存款　　80 000

11 月 15 日，会计人员收到采购发票、运输发票和材料入库单，以及补付余款的结算凭证。单据表明，该批货物的货款 100 000 元，增值税税额 17 000 元，对方代垫包装费用 3 000元，所欠款项已经付讫。

材料入库时，编制会计分录如下。

借：原材料——J 材料　　103 000

　　应交税费——应交增值税（进项税额）　　17 000

　　贷：预付账款——某钢厂　　120 000

补付货款时编制会计分录如下。

借：预付账款——某钢厂　　40 000

　　贷：银行存款　　40 000

⑤ 购进免税农产品的核算。

购进免税农产品，企业不能取得增值税专用发票，但按税法规定企业可以按 13% 的扣除率从收购价中扣除相应金额作为进项税，其余金额作为购进货物的成本。

例4.9　购进免税农产品。

会计人员收到免税农产品专业收据，收据表明本企业收购某免税农产品一批，收购价5万元，款项已经用银行存款支付。

编制会计分录如下。

借：原材料　　　　　　　　　　　　　　　　　43 500

　　应交税费——应交增值税（进项税额）　　　　6 500

　　贷：银行存款　　　　　　　　　　　　　　　　　50 000

⑥ 小规模纳税人购入材料的核算。

小规模纳税人增值税采用简易征收办法，不能使用增值税专用发票，其购进材料的进项税直接计入材料的采购成本。

三、原材料发出的核算

原材料的发出主要分为生产经营领用、基建工程领用、福利部门领用和出售等几种情况。会计人员应根据材料取得方式和核算方法的不同，按照会计准则规定，分别进行核算。

① 企业生产经营领用原材料，按实际成本借记“生产成本”、“制造费用”、“销售费用”、“管理费用”等科目，贷记“原材料”科目。

② 企业基建项目领用原材料，应区分动产项目和不动产项目处理，详见模块六任务一。

③ 企业福利部门领用用于职工福利的原材料，按实际成本加上不予抵扣的增值税税额等借记“应付职工薪酬”科目，按实际成本贷记“原材料”科目，按不予抵扣的增值税税额贷记“应交税费——应交增值税（进项税额转出）”科目。

④ 企业出售原材料，按已收或应收的价款借记“银行存款”或“应收账款”等科目，按实现的营业收入贷记“其他业务收入”等科目，按应交的增值税税额贷记“应交税费——应交增值税（销项税额）”等科目；月度终了，按出售原材料的实际成本借记“其他业务成本”科目，贷记“原材料”科目。

企业各生产单位及有关部门领用的材料具有种类多、业务频繁等特点。为了简化核算，可以在月末根据领料单或限额领料单等单据中标明的领料的单位、部门等加以归类，编制发料凭证汇总表，据以编制记账凭证、登记入账。发出材料的实际成本可以选择个别计价法、先进先出法、加权平均法其中之一确定。计价方法一经确定，不得随意变更。如需变更，应在附注中予以说明。

例4.10　根据发料汇总表，核算发出材料成本。

11月30日，会计人员根据限额领料单（见图4.4）及领料单（见图4.5）等原始单据编制发料凭证汇总表（见图4.6），并进行总分类核算。

限额领料单

材料科目：原材料　　2012 年 11 月　　材料类别：原料及主要材料

领料车间（部门）：加工车间　　编号：X111

用途：生产 TX 产品领用　　仓库：材料库

材料编号	材料名称	规格	计量单位	领用限额	实际领用			备注
					数量	单位成本	金额	
	B材料		千克	1500				

日期	请领		实发			退回			限额结余
	数量	领料单位	数量	发料人签章	领料人签章	数量	领料人签章	退料人签章	
3	300	加工车间	300	刘长风	李聂				1200
10	300	加工车间	300	刘长风	李聂				900
17	300	加工车间	300	刘长风	李聂				600
21	300	加工车间	300	刘长风	李聂				300
28	300	加工车间	300	刘长风	李聂				0
合计									

第二联 财务核算联

生产计划部门负责人：朱本正　　供应部门负责人：尹开华　　仓库负责人：朱海

图 4.4 限额领料单

领料单

2012 年 11 月 12 日　　领料单编号：L－06

仓库：材料库　　货币单位：元

编号	类别	材料名称	规格	单位	数量		计价	
					请领	实发	单价	金额
		B材料		千克	80	80		

用途		领料部门		发料部门	
		负责人	领料人	核准人	发料人
企管部使用		程营	李云	严实	刘长风

图 4.5 领料单

发料凭证汇总表

2012 年 11 月 30 日　　附单据：2 张

货币单位：元

科目		材料名称	领用数量（千克）	单价	金额
加工车间	TX 产品	B材料	1500	100	150000
		小计			
企管部		B材料	80	100	8000
合计			1580		158000

财务主管：孙正峰　　制表人：吴天

图 4.6 发料凭证汇总表

注：假定极地公司 B 材料采用加权平均法计算发出材料成本，计算出的加权平均单价为 100 元。

应编制会计分录如下。

借：生产成本——基本生产成本——TX 产品　　150 000
　　管理费用　　8 000
　　贷：原材料——B 材料　　158 000

关键练习

极地有限责任公司原材料按实际成本核算，2012 年 6 月，发生以下材料购进业务。

1. 5 日，从本地购进甲材料一批，价款 80 000 元，增值税税额 13 600 元，会计人员收到该业务的发票、材料入库单和全额支付货款的转账支票存根。

2. 10 日，从外地购进乙材料一批，价款 150 000 元，增值税税额 25 500 元，发生的运输保险费 450 元，运费 12 000 元。会计人员收到采购发票、运输发票和全额付款的转账支票。

3. 15 日，会计人员收到上述购进的乙材料的入库单。

4. 18 日，从外地购入丙材料一批，材料已验收入库。会计人员收到材料入库单，30 日，发票仍未到。月末会计人员根据合同核定该批材料暂估价为 180 000 元。

5. 会计人员 7 月中旬收到采购丙材料的发票和银行付款结算凭证，发票和结算凭证表明，该批材料的货款为 175 000 元，增值税税额 29 750 元，供货方垫付的外地运杂费 15 000元，其中运费中准予抵扣的增值税进项税额为 1 050 元。

要求：请根据以上经济业务编制会计分录。

拓展阅读

计划成本计价的优缺点

原材料按计划成本计价的方法具有以下一些优点。

① 有利于考核采购部门的工作业绩。有了合理的计划成本之后，将实际成本与计划成本相对比，可以对采购部门进行考核，促使其降低采购成本，节约支出。

② 可以剔除材料价格变动对产品成本的影响，有利于分析车间材料消耗发生节约或超支的原因，考核经营成果。

③ 可以加速和简化材料收发凭证的计价和材料明细分类账的登记工作。在计划成本法下，材料明细账可以只登记材料收入、发出和结存的数量，将数量乘以计划成本，随时求得材料收入、发出、结存的金额，月末通过“材料成本差异”科目计算和调整发出和结存材料的实际成本，简便易行。

采用计划成本计价核算的不足之处主要在于当物价变动频繁、升降幅度较大时，计划成本经常较大地脱离实际成本，不仅计划成本本身的优点已不再存在，而且频繁地修改计划成本，除工作量较大外，也给材料数据的相互比较带来很大麻烦。因此，计划成本价核算一般适用于一定时期内价格不会大幅升降，实际成本相对比较稳定的原材料。

企业实现电算化后，多数企业采用实际成本法核算。

任务三 核算库存商品

任务目标

通过本任务的学习，你应该能够：

1. 列述库存商品包括的内容，试说你所知的库存商品的例子。
2. 概述库存商品出、入库的相关手续和涉及的原始单据。
3. 正确地编制常见库存商品出、入库业务的核算分录。

业务认知

形象地说，库存商品就是企业等待出售的果实。

具体地讲，库存商品是指企业拥有的待售产成品和商品。主要包括：库存的外购商品和自制商品、存放在门市准备出售的商品、发出用于展览的商品或寄放在外单位（外库房）的商品等。

从实物管理角度看，库存商品管理包括形成、保管和出库3个环节。按形成来源库存商品可以分为两类：自制或委托加工的产成品和外购商品。

自制产成品形成的基本业务过程是：生产部门按有关计划领料，加工指定产品，加工完成检验合格后，由生产部门会同仓储部门办理入库手续，开具产品入库单；外购商品形成过程较自制产品简单：货物采购到达后，由采购部门会同仓储部门办理入库手续，共同开具商品入库单即可。库存商品出库时，如果是销售出库，销售部门会开具产品出库单，办理库存商品出库；如果是其他原因出库，各领用部门也应开具相应的单据到仓库办理出库手续。

产品入库单、外购商品发票、商品入库单、产品出库单等是会计人员进行会计核算的依据，会计人员根据取得的这些凭证判断业务内容、编制记账凭证、登记账簿。

业务核算

库存商品的核算可以采用实际成本法核算，也可以采用计划成本法核算，其核算方法与原材料的核算相类似。

会计科目：库存商品，核算企业库存的各种商品的实际成本（或进价）或计划成本（或售价），包括库存产成品、外购商品、存放在门市部准备出售的商品、发出展览的商品及寄存在外的商品等。

账簿设置：本科目应当按照库存商品的种类、品种和规格进行明细核算。库存商品明细账的设置方法类同于原材料。

一、商品入库的核算

对于库存商品采用实际成本核算的企业，当库存商品生产完成并验收入库时，应按实际成本，借记“库存商品”科目，贷记“生产成本——基本生产成本”科目。

例 4.11　商品入库。

月末，根据产品入库单编制的完工产成品成本汇总表（见表4.5）。

表 4.5　完工产成品成本汇总表

产品名称	单　位	数　量	单位成本	总成本
A 产品	件	1 000	400	400 000
B 产品	件	2 500	80	200 000
合　计				600 000

根据完工产成品成本汇总表，应编制会计分录如下。

借：库存商品——A 产品　　400 000
　　　　　　——B 产品　　200 000
　　贷：生产成本——基本生产成本——A 产品　　400 000
　　　　　　　　　　　　　　　　——B 产品　　200 000

注意：完工产品成本的计算涉及成本计算相关方法，本书未对此进行介绍，相关内容请到成本会计课程学习。

二、商品发出的核算

（一）销售商品出库的核算

企业销售商品，确认收入时，应结转其销售成本，借记“主营业务成本”等科目，贷记“库存商品”科目。

例 4.12　核算销售发出商品。

月末，根据商品销售出库单汇总编制的发出商品汇总表显示，当月销售 A 产品 100 件，按先进先出法计算，该批 A 产品的单位成本为 2 200 元。

结转成本时，应编制会计分录如下。

借：主营业务成本——A 产品　　220 000
　　贷：库存商品——A 产品　　220 000

（二）在建工程领用自产商品的核算

企业在建工程领用自产商品时，应借记“在建工程”科目，按成本贷记“库存商品”科目。

例 4.13　核算工程领用自产商品。

根据月末编制的发出商品汇总表记载，极地公司在建房屋工程领用企业自产的 A 商品 10 件，该产品单位售价 4 000 元，单位成本 2 200 元。极地公司为增值税一般纳税人，增值税税率为 17%。

会计人员编制会计分录如下。

借：在建工程　　28 800

　　贷：库存商品——A 产品　　22 000

　　　　应交税费——应交增值税（销项税额）　　6 800

注意：我国增值税暂行条例及其细则规定，将自产或者委托加工的货物用于非增值税应税项目视同销售。企业领用自产库存商品用于建造房屋属于此款所示范围，但不属于企业所得税法规定的视同销售范围。

（三）福利部门领用自产商品的核算

例 4.14　核算福利部门领用自产商品。

发出商品汇总表显示，极地公司福利部门领用自产的 A 商品 5 件，用于奖励有特殊贡献的职工，该商品单位售价 4 000 元，单位成本 2 200 元。

会计人员编制会计分录如下。

借：应付职工薪酬　　14 400

　　贷：库存商品　　11 000

　　　　应交税费——应交增值税（销项税额）　　3 400

注意：企业福利部门领用自产商品发放给职工，按《增值税暂行条例》和《企业所得税法》规定视同销售处理。说明参见模块八相关内容。

关键练习

1. 2013 年 1 月，极地有限责任公司商品入库汇总表记载，已验收入库甲产品1 000台，实际单位成本 5 000 元，计 5 000 000 元；乙产品 2 000 台，实际单位成本 1 000 元，计 2 000 000元。

要求：编制会计分录。

2. 2013 年 1 月，极地有限责任公司月末汇总的发出商品中，当月已实现销售的甲产品有 500 台，乙产品有 1 500 台。按公司库存商品计价方法计算，甲产品发出单位成本 5 000元，乙产品发出单位成本 1 000 元。

要求：编制结转其销售成本时的会计分录。

拓展阅读

商品流通企业库存商品核算

商品流通企业，以商品购销为主要经营活动，其经销的品种一般较多，购销业务发生频繁。针对商品流通企业的经营特点，商业企业通常采用毛利率法和售价金额核算法核算企业的库存商品。

1. 毛利率法

毛利率法是用本期销售净额乘以上期实际（或本月计划）毛利率计算本期销售毛利，并计算发出存货成本的一种方法。计算公式如下。

$$毛利率=\frac{销售毛利}{销售净额}\times100\%$$

销售净额＝商品销售收入－销售退回与折让

销售毛利＝销售净额×上期（或计划）毛利率

销售成本＝销售净额－销售毛利

期末存货成本＝期初存货成本＋本期购货成本－本期销售成本

例如，某批发商场采用毛利率法核算库存商品成本。2013 年 1 月初文具存货 14 600 元，本月购货 85 000 元，销货额 120 000 元，销售退回与折让合计 1 000 元，上月该类商品毛利率为 20%，则本月销售成本和月末存货成本如下。

本月销售净额＝120 000－1 000＝119 000（元）

销售毛利＝119 000×20%＝23 800（元）

销售成本＝119 000－23 800＝95 200（元）

月末存货成本＝14 600＋85 000－95 200＝4 400（元）

用毛利率法计算本期销售成本和期末存货成本，在商业批发企业较为常见。

2. 售价金额核算法

售价金额核算法是指平时商品的购入、加工收回、销售均按售价记账，售价与进价的差额通过“商品进销差价”科目核算，期末计算进销差价率和本期已销商品应分摊的进销差价，并据以调整基本销售成本的一种方法。计算公式如下。

$$商品进销差价率=\frac{期初库存商品进销差价+本期购入商品进销差价}{期初库存商品售价+本期购入商品售价}\times100\%$$

本期销售商品应分摊的商品进销差价＝本期商品销售收入×商品进销差价率

本期销售商品的成本＝本期销售收入－本期销售商品应分摊的商品进销差价

$$期末结存商品的成本=\begin{matrix}期初库存商品\\的进价成本\end{matrix}+\begin{matrix}本期购进商品\\的进价成本\end{matrix}-\begin{matrix}本期销售\\商品成本\end{matrix}$$

例如，某超市采用售价金额核算法核算库存商品成本。2013 年 1 月初服装存货进货成本 10 000 元，售价总额 12 500 元；本期购货成本 45 000 元，售价总额 67 500 元；本期销售收入 64 000 元。计算期末存货成本和本期销货成本。

$$服装类商品的进销差价率=\frac{(12\,500-10\,000)+(67\,500-45\,000)}{12\,500+67\,500}\times100\%=31.25\%$$

本期销售商品应分摊的进销差价＝64 000×31.25%＝20 000（元）

本期销售商品的成本＝64 000－20 000＝44 000（元）

期末结存商品的成本＝10 000＋45 000－44 000＝11 000（元）

对于从事商业零售业务的企业，如百货公司、超市等，由于经营的商品种类、品种、规格繁多，且收发极为频繁，采用其他方法结算成本均很困难，售价金额核算法能大大地降低核算难度，因此，该方法在商业企业被广泛采用。

任务四 核算周转材料

任务目标

通过本任务的学习，你应该能够：

1. 说出周转材料的种类、列述包装物、低值易耗品包括的常见内容。
2. 列出周转材料的摊销方法，根据周转材料业务类型确定应使用的摊销方法。
3. 按摊销方法要求的步骤编制周转材料业务各事项核算的会计分录。

业务认知

周转材料包括包装物、低值易耗品、企业（建筑承包商）的钢模板、木模板、脚手架等。周转材料种类繁多，分布于生产经营的各个环节，具体用途各不相同，会计处理也不尽相同。

一、包装物的范围

包装物是为包装本企业产品而储备的各种包装容器，如桶、箱、瓶、袋等。依据核算要求包装物可以分为4类。

① 生产经营过程中用于包装产品并成为产品组成部分的包装物。

② 随同产品出售而不单独计价的包装物。

③ 随同产品出售单独计价的包装物。

④ 出租或出借给购买单位使用的包装物。

二、低值易耗品的范围

低值易耗品是指不能作为固定资产的各种用具物品，如工具、管理用具、玻璃器皿、劳动保护用品及在经营过程中周转使用的包装容器等。这些用品在经营过程中可以多次使用，价值随磨损程度逐渐转移到有关的成本或费用中去。

周转材料的核算类似于原材料的核算，但使用上与原材料有所不同，周转材料中的低值易耗品、模板和用于出租出借的包装物等，在使用中保持原有实物形态，价值也是逐步转移到耗用对象的成本费用中去的。因此，在核算周转材料发出时，除了可以使用类似于原材料的一次性将其价值转移到耗用对象的方法，还可以根据周转材料的使用特点，使用分次转销法。会计准则规定，核算周转材料的摊销可以使用一次摊销法和五五摊销法。一次转销法是指发出周转材料时，一次性将周转材料的价值转移到耗用对象费用中去的方法；五五摊销法是指在周转材料发出时和报废时分别将发出周转材料的价值的一半转移到耗用对象费用中去的方法。一次转销法适用生产经营过程中用于包装产品并成为产品组成部分的包装物、随同产品出售的包装物和单位价值较小的低值易耗品；五五摊销法适用于出租、出借的包装物和单位价值较高的低值易耗品。

周转材料可以使用计划成本核算，也可以使用实际成本核算。

业务核算

一、包装物的核算

为了核算包装物的计划成本或实际成本，应设置“周转材料——包装物”科目或单独设置“包装物”科目。

（一）包装物入库

购入、自制、委托外单位加工等包装物入库，应当比照原材料入库的核算方法进行。

（二）包装物出库和摊销

1. 生产领用用于包装产品并形成产品组成部分的包装物

在实际成本法下，生产领用包装物，应按照领用包装物的实际成本，借记“生产成本”科目，贷记“周转材料——包装物”科目。

例 4.15　生产领用包装物。

2013 年 1 月 3 日，收到领料单，系生产产品领用包装物 100 000 元。

编制会计分录如下。

借：生产成本　　100 000

　　贷：周转材料——包装物　　100 000

要点提示

用于包装产品并形成产品组成部分的包装物适用于一次摊销法。

2. 随同商品出售不单独计价的包装物

实际成本法下，随同商品出售而不单独计价的包装物，应按实际成本计入销售费用，借记“销售费用”科目，贷记“周转材料——包装物”科目。

例 4.16　发出随同产品出售不单独计价的包装物。

2013 年 1 月 4 日，收到领料单，系销售商品领用不单独计价包装物 50 000 元。

编制会计分录如下。

借：销售费用　　50 000

　　贷：周转材料——包装物　　50 000

3. 随同商品出售且单独计价的包装物

随同商品出售且单独计价的包装物，一方面应反映其销售收入，计入其他业务收入；另一方面应反映其实际销售成本，计入其他业务成本。

例 4.17 发出随同产品出售且单独计价的包装物。

2013 年 1 月 8 日，收到销售出库单、销售发票和有关结算单据。单据表明，企业发出随同产品销售单独计价包装物成本为 80 000 元，销售收入为 100 000 元，增值税税额为 17 000元，款项已存入银行。

编制会计分录如下。

借：银行存款　　117 000

　　贷：其他业务收入　　100 000

　　　　应交税费——应交增值税（销项税额）　　17 000

月末根据包装物发出汇总表等，结转所售单独计价包装物的成本，编制会计分录如下。

借：其他业务成本　　80 000

　　贷：周转材料——包装物　　80 000

4. 出租出借包装物

出租出借的包装物可以周转使用，适宜采用五五摊销法对发出成本进行摊销。

采用五五摊销方法的，应在"周转材料——包装物"科目下设置"在库"、"在用"、"摊销"等科目进行明细核算，领用时按包装物的账面价值，借记"周转材料——包装物（在用）"科目，贷记"周转材料——包装物（在库）"科目；同时进行出库摊销，按出库包装物金额的50% 分配摊销额，借记"生产成本"、"销售费用"等科目，贷记"周转材料——包装物（摊销）"科目；包装物报废时，一方面应补提另外 50% 的摊销额，编制与出库摊销相同的分录，另一方面，还要转销全部已提摊销额和在用包装物，借记"周转材料——包装物（摊销）"科目，贷记"周转材料——包装物（在用）"科目；报废包装物的残料价值，借记"原材料"等科目，贷记"管理费用"、"生产成本"、"其他业务成本"、"销售费用"等科目。

例 4.18 出借包装物及摊销。

2013 年 1 月 9 日，收到包装物出库单，系无偿向客户出借一批全新的包装箱，借其循环使用。包装箱账面价值 50 000 元。采用五五摊销法摊销。

应编制会计分录如下。

借：周转材料——在用　　50 000

　　贷：周转材料——在库　　50 000

同时摊销其账面价值的 50%，编制会计分录如下。

借：销售费用　　25 000

　　贷：周转材料——摊销　　25 000

2013 年 6 月 19 日，收到报废通知单，系上述包装物已经严重破损，无法使用，经本公司有关部门查验证实后予以报废。

摊销其余 50% 的账面价值，编制会计分录如下。

借：销售费用　　25 000

　　贷：周转材料——摊销　　25 000

转销全部已提摊销，编制会计分录如下。

借：周转材料——摊销　　50 000

　　贷：周转材料——在用　　50 000

2013 年 6 月 20 日，收到材料入库单，上项报废的包装箱残料估价 2 000 元作为原材料入库。

应编制会计分录如下。

借：原材料　　2 000

　　贷：销售费用　　2 000

课堂讨论

假定 1 月 9 日出借一批包装物，1 月 15 日该批包装物收回。1 月 15 日至 6 月 19 日，这批包装物反复出借，此期间会计该如何核算和监督？编制记账凭证吗？设置账簿吗？如果设置，设置哪类账簿？

二、低值易耗品的核算

为了反映和监督低值易耗品的增减变化及其结存情况，企业应当设置“周转材料——低值易耗品”科目或“低值易耗品”科目，该科目借方登记低值易耗品的增加，贷方登记低值易耗品的减少和摊销；期末余额在借方，反映企业期末库存低值易耗品的金额。

低值易耗品核算的具体方法与包装物类同——单位价值较低的低值易耗品宜采用一次转销法核算，单位价值较高的低值易耗品宜采用五五摊销法。

关键练习

极地有限责任公司的包装物按实际成本核算，2013 年 1 月，发生的经济业务如下。

1. 1 月 3 日，会计人员收到发票、包装物材料入库单和转账支票存根各一张。单据表明公司以银行存款购进甲包装物，价款 3 000 元，增值税进项税税额 510 元，款项已支付。甲包装物使用五五摊销法核算。

2. 1 月 8 日，会计人员收到领料单，系生产部门领用乙包装物包装产品，包装完成后，包装物成为产品的固定组成部分。本次领用包装物成本为 2 000 元。乙包装物采用一次摊销法核算。

3. 1 月 10 日，会计人员收到销售出库单，系销售部门领用随同产品出售但不单独计价的乙包装物，这批出库包装物成本为 8 200 元。

4. 1月15日，会计人员收到销售出库单、发票及转账支票，销售产品领用单独计价的乙包装物，实际成本4 000元，售价5 000元，增值税税额850元。

5. 1月20日，会计人员收到出库单，系公司向大方公司出借甲包装物一批，包装物的出库成本为2 100元。

6. 1月30日，会计人员收到相关部门转来的包装物报废单，系以前出借给山红公司的甲包装物报废，企业验证后准予核销。该报销包装物原出库成本1 500元。报废包装物无残料入库。

要求：根据以上经济业务，编制相应会计分录。

拓展阅读

企业出租出借包装物收取押金的核算

有包装物出租出借业务的企业，通常会向租入或借入包装物的企业收取包装物押金。企业接受包装物押金时，借记“银行存款”科目，贷记“其他应付款”科目。收回包装物、支付押金时，做相反分录。对于超过退还期限而购货单位仍未退回的包装物，企业可以按合同规定没收其押金。没收押金时，应根据没收的押金数额，借记“其他应付款”科目，根据其中所含的增值税税额，贷记“应交税费——应交增值税（销项税额）”科目，根据全部押金扣除增值税后的余额，贷记“其他业务收入”科目。如果这部分没收的押金收入应交消费税等税费，还应将应交的消费税计入营业税金及附加，即借记“营业税金及附加”科目，贷记“应交税费——应交消费税”等科目。

任务五　核算委托加工物资

任务目标

通过本任务的学习，你应该能够：

1. 概述委托加工物资发出、收回等业务流程和涉及的原始单据。
2. 正确编制委托加工物资业务的会计分录。

业务认知

在企业的现实生产经营活动中，由于受到资金、工艺等条件的限制，或者出于节约成本等考虑，企业将所需要物资委托给外单位进行加工。委托给外单位加工后取得的物资简称委托加工物资。委托加工物资一般包括委托加工材料、委托加工半成品、委托加工商品等。

委托加工物资的业务过程一般如下：委托加工企业根据与受托企业签订的加工合同，发出材料；受托加工单位加工完成，将委托加工品交付委托单位，并开具发票，委托加工企业按发票向受托加工企业支付加工费用；委托加工单位收回委托加工品，办理验收入库手续。

业务核算

会计科目：委托加工物资，核算企业委托外单位加工的各种物资的实际成本。

账簿设置：委托加工物资科目应按加工合同、受托加工单位及加工物资的品种等设置明细账，进行明细核算。

基本账务处理："委托加工物资"账簿，借方登记拨付加工物资的实际成本、支付的加工费、相关税金及往返的运杂费等，贷方登记验收入库委托加工物资的实际成本；期末借方余额表示尚未收回委托加工物资的实际成本。

根据委托加工业务过程，委托加工物资应区分以下步骤核算。

1）拨付委托加工材料。企业根据拨付给受托方的物资的实际成本，借记"委托加工物资"科目，贷记"原材料"、"库存商品"等科目。

2）支付委托加工发生的加工费及增值税、运费。根据委托方开具的增值税专用发票所列加工费和增值税税额，借记"委托加工物资"、"应交税费——应交增值税（进项税额）科目"科目，贷记"银行存款"、"其他货币资金"等科目。支付运费的，按允许计入进项税的金额，借记"应交税费——应交增值税（进项税额）"科目；按支付运费扣除允许计入进项税的金额，借记"委托加工物资"科目；按运费全额，贷记"银行存款"、"应付账款"等科目。

3）支付消费税。如果委托加工物资是属于消费税应税项目，应交消费税应由受托方代收代交。应交的消费税需要区分委托加工物资收回后立即销售还是继续进行加工两种情况分别进行处理。

委托加工收回后立即销售的，由受托方代收代交的消费税计入委托加工物资的实际成本，该委托加工物资销售时不再计算交纳消费税。

委托加工收回后还需进行继续加工的，由受托方代收代缴的消费税先计入"应交税费——应交消费税"科目的借方，留待抵扣未来销售最终消费品应交纳的消费税。

4）委托加工物资及剩余物资收回。委托加工物资收回，应按委托加工物资实际成本，借记"原材料"、"库存商品"等科目，贷记"委托加工物资"科目；剩余物资收回，按剩余物资实际成本借记"原材料"、"低值易耗品"、"包装物"等科目，贷记"委托加工物资"科目。

例 4.19　委托加工物资的核算。

极地公司委托 A 公司加工材料一批。该业务发生如下事项：拨付原材料实际成本80 000元；受托方开具增值税专用发票，票据列示加工费10 000元，增值税税额1 700元；发生委托加工物资运费1 000元，运费符合增值税抵扣条件；委托加工物资已经验收入库。上述款项用开出支票支付。

按步骤编制会计分录如下。

1）拨付原材料时。

借：委托加工物资　　80 000

　　贷：原材料　　80 000

2）支付加工费及税金时。

借：委托加工物资 10 000

　　应交税费——应交增值税（进项税额） 1 700

　　贷：银行存款 11 700

3）支付运费时。

借：委托加工物资 930

　　应交税费——应交增值税（进项税额） 70

　　贷：银行存款 1 000

4）委托加工物资收回验收入库时。

委托加工物资实际成本 =80 000 +10 000 +930 =90 930（元）

借：库存商品 90 930

　　贷：委托加工物资 90 930

关键练习

2013 年 1 月，极地有限责任公司委托丁公司加工商品一批 100 000 件，有关经济业务如下。

1. 1 月 20 日，发出材料一批，实际成本为 6 000 000 元。
2. 2 月 20 日，支付商品加工费 120 000 元（不含税），极地公司和丁公司均为一般纳税人。
3. 3 月 4 日，用银行存款支付往返运杂费 10 000 元。
4. 3 月 5 日，上述商品 100 000 件加工完毕，公司已办理验收入库手续。

要求：根据以上经济业务编制会计分录。

拓展阅读

委托加工物资中有关消费税的核算

委托加工应税消费品是指委托外单位加工应纳消费税的产品。委托加工应税消费品的核算示例如下。

承例 4.19，若加工的材料属于应税消费品，在支付加工费用时，同时向加工方支付其代扣代交的消费税 1 000 元。

若企业收回委托加工材料后直接用于销售，应编制会计分录如下。

借：委托加工物资 1 000

　　贷：银行存款 1 000

若委托加工物资收回后，用于进一步生产，应编制会计分录如下。

借：应交税费——应交消费税 1 000

　　贷：银行存款 1 000

任务六 存货清查及其核算

任务目标

通过本任务的学习，你应该能够：

1. 了解存货清查的意义和种类。
2. 列述存货清查工作步骤，说明各步骤使用的记录单据名称。
3. 编制存货清查业务的相关会计分录。

业务认知

存货是企业资产的重要组成部分，具有较强的流动性，总是处于不断销售、耗用和重置之中。为了加强对存货的控制，保证存货的安全完整，企业应当定期或不定期地对存货进行盘点和抽查，以确定存货的实有数量，并与账面记录进行核对，确保存货账实相符。企业至少应当在编制年度财务会计报告之前，对存货进行一次全面的清查盘点。

存货清查可以按清查的范围不同分为全面清查和局部清查两种。全面清查是指对本单位所有的存货进行清查、盘点和核对。这种清查一般在每年年终进行，一年至少一次。当企业出现关、停、并、转时，也需要进行全面清查。局部清查是指对本企业一部分存货进行清查。这种清查可定期进行，也可不定期进行。

存货清查还可以按清查的时间不同分为定期清查和不定期清查两种：定期清查是在规定的时间内按期对存货进行清查，如年终、季末、月末进行的清查；不定期清查是事前不规定清查日期而临时进行的存货清查，主要是在更换保管人、价格调整、发生事故、临时性清产核资等情况下进行。

存货清查采用实地盘点、账实核对的方法。在每次进行清查盘点前，会计人员应将已收发的存货数量全部登记入账，并准备盘点表（见图4.7），抄列各种存货的编号、名称、规格、账面结存数量和存放地点。盘点时，应在盘点表上逐一登记各种存货的实存数量，并与账面结存数量进行核对。对于账实不符的存货，应编制财产清查报告单，于期末前查明原因，并根据企业的管理权限，报经股东大会或董事会，或经理（厂长）会议或类似机构批准后，在期末结账前按盘盈或盘亏数量调整存货账面数量和金额，同时将盘盈或盘亏金额计入当期损益。

盘点表

存货类别：　　盘点时间 2012 年 12 月 20 日　　盘存地点：

编　号	品　名	规　格	计量单位	数　量		盘　盈	盘　亏	备　注
				账　存	实　存			
	B材料		千克	2680	2600		80	
	S材料		千克	1800	1850	50		
	D材料		件	3250	3250			

盘点人：吴天　　保管员：常浩

图 4.7　盘点表

业务核算

一、存货盘盈的会计处理

存货盘盈是指存货的实存数量超过账面结存数量的差额。存货发生盘盈，应按照同类或类似存货的市场价格作为实际成本及时登记入账，借记“原材料”、“周转材料”、“库存商品”等存货科目，贷记“待处理财产损溢——待处理流动资产损溢”科目。待查明原因，报经批准处理后，冲减当期管理费用。

例 4.20　存货盘盈。

2012 年 12 月 22 日，根据盘点单编制财产清查报告单（见图 4.8），并报经有关领导批准，进行相关会计处理。

财产清查报告单

2012 年 12 月 22 日　　009 号

类　别	财产名称规格	单　位	单　价	数　量		盘　盈		盘　亏		原因及处理意见
				账存	实存	数量	金 额	数量	金额	
	S材料	千克	70	1800	1850	50	3500			S材料系计量错误，转销；B系非常损失，由常浩赔偿 500 元，其余转销。
	B材料	千克	50	2680	2600			80	4000	
合　计						50	3500	80	4000	

财务：孙正峰　　审批：杨功　　主管：严实　　保管员：常浩　　制单：吴天

图 4.8　财产清查报告单

根据财产清查报告单，清查中盘盈的存货应当首先调整存货账面价值，编制会计分录如下。

借：原材料——S 材料　　3 500

　　贷：待处理财产损溢——待处理流动资产损溢　　3 500

其次，根据处理意见对清查盘盈损益进行处理，编制会计分录如下。

借：待处理财产损溢——待处理流动资产损溢　　3 500

　　贷：管理费用　　3 500

二、存货盘亏的会计处理

存货盘亏是指存货的实存数量少于账面结存数量的差额。存货发生盘亏，应将其账面成本及时转销，借记“待处理财产损溢——待处理流动资产损溢”科目，贷记“原材料”、“周转材料”、“库存商品”等存货科目；盘亏存货涉及增值税的，还应进行相应处理。待查明原因，报经批准处理后，根据造成盘亏的原因，分别按以下情况进行会计处理。

① 属于定额内自然损耗造成的短缺，计入管理费用。

② 属于收发计量差错和管理不善等原因造成的短缺或毁损，将扣除可收回的保险公司和过失人赔款及残料价值后的净损失，计入管理费用。

③ 属于自然灾害或意外事故等非常原因造成的毁损，将扣除可收回的保险公司和过失人赔款及残料价值后的净损失，加计需要转出的增值税进项税额，计入营业外支出。

例 4.21　存货盘亏。

承例 4.20，2012 年 12 月 23 日，根据财产清查报告单显示，在存货清查中盘亏一批 B 材料，账面成本为 4 000 元。

1）调整存货账面价值，编制会计分录如下。

借：待处理财产损溢——待处理流动资产损溢　　4 000

　　贷：原材料——B 材料　　4 000

2）根据处理意见处理盘亏损益，编制会计分录如下。

借：其他应收款——常浩　　500

　　营业外支出——非常损失　　3 500

　　贷：待处理财产损溢——待处理流动资产损溢　　4 000

《增值税暂行条例》规定，非正常损失的购进货物的进项税额不得从销项税额中抵扣。因此，在处理非正常损失同时，还应编制会计分录如下。

借：营业外支出——非常损失　　680

　　贷：应交税费——应交增值税（进项税额转出）　　680

关键练习

极地有限责任公司 2012 年 12 月 30 日进行年终存货清查，根据盘点单会计人员编制了财产清查报告单并已经报有关领导批示了处理意见。

要求：请根据处理意见进行相关核算处理。

1. C 材料溢余，同类材料的市场价值 1 000 元。经查该材料溢余属于材料收发计量方面的错误，批准转销。

2. D 种材料盘亏，实际成本 200 元。经查 D 种材料盘亏系定额内损耗，批准转销。

3. E种材料因火灾毁损，实际成本50 000元，增值税进项税额850元。应收保险赔偿3 000元，其余批准转销。

拓展阅读

存货盘点的准备工作

1. 存货盘点组织

盘点前，企业财务部门应制定详细的存货盘点计划，内容应包括盘点时间、盘点分组、盘点人员分配、盘点程序、特殊存货的盘点方法、是否聘请专家进行盘点等。绘制仓库存货分布图，并规划盘点范围、路线；并考虑可能有损失的存货应特别标示。

2. 整理存货

盘点前，企业仓储部门应整理存货。整理存货要严格做好以下区分：①区分原材料、半成品、产成品；②区分不同工序半成品；③区分成品与废品；④区分企业产品与其他公司产品。

存货应按品种、类别、规格分类堆放，有序排列，按数码齐，品种之间应有隔离标志；外包装应写清货物名称、规格、数量，便于清点。盘点日前应将所有待验存货检验完毕并入库。

3. 盘点单据准备

首先，要编制连续编号的存货标签或盘点清单。盘点清单应按存货存放的仓库编号、堆放地点分别列示。

其次，要在盘点单或标签上区分各项存货。对企业代保管和来料加工的材料，以及已办出库手续未提货的存货和委托寄售（存）的商品，在盘点时应在盘点表中明确列示；对委托加工材料、临时寄存它处、异地存放的存货在盘点清单上单独列示；对于残次呆滞物品应单独盘点并单独造册；发出商品应于盘点清单中单独列示，以便与库存存货进行区别。

4. 工具准备

在各盘点现场，应该准备好各种必要的度量衡器具，器具在事前应得到校正，以保证盘点计量的正确性。

5. 账册准备

各部门相关的各项财务账册，应于盘点前登记完毕并结账。如果因特殊情况无法完成，应由财务部门根据有关尚未入账的单据将账面数调整为正确的账面结存数。

任务七　核算存货减值

任务目标

通过本任务的学习，你应该能够：

1. 了解存货跌价准备含义，计算当期应计提的存货跌价准备或应转回的跌价准备数额。

2. 编制存货跌价准备提取、转回的会计分录。

业务认知

为了在资产负债表中更合理地反映期末存货的价值，我国企业会计准则规定，资产负债表日，存货应当按照成本与可变现净值孰低计量。其中，成本是指期末存货的实际成本。可变现净值是指在日常活动中，存货的估计售价减去至完工时估计将要发生的成本、销售费用及相关税费后的金额。

存货成本高于其可变现净值的，存货价值按可变现净值计量；存货成本低于其可变现净值时，存货价值按存货成本计量。实现这一目标的方式是在存货成本高于可变现净值时计提存货跌价准备，计提的存货跌价准备金额计入当期损益。以前存在的存货减值的影响因素已经消失的，减记的金额应当予以恢复，并在原已计提的存货跌价准备金额内转回，转回的金额计入当期损益。

业务核算

会计科目：企业应当设置“存货跌价准备”科目，核算存货跌价准备的计提和转回。

账簿设置：本科目一般设置同名总账和明细账。

基本账务处理：本账簿贷方登记计提的存货跌价准备金额，借方登记实际发生的存货跌价损失金额和冲减的存货跌价准备金额；期末余额一般在贷方，反映企业已计提但尚未转销的存货跌价准备。

当存货成本高于其可变现净值时，企业应当计提存货跌价准备，按照存货成本高于可变现净值的差额减除前期已经提取的存货跌价准备，借记“资产减值损失——计提的存货跌价准备”科目，贷记“存货跌价准备”科目。

转回已计提的存货跌价准备金额时，按恢复增加的金额，借记“存货跌价准备”科目，贷记“资产减值损失——计提的存货跌价准备”科目。

企业结转存货销售成本时，对于已计提存货跌价准备的，借记“存货跌价准备”科目，贷记“主营业务成本”、“其他业务成本”等科目；生产领用已提跌价准备的存货，可不同时结转相应的存货跌价准备，待期末一并计算领用存货的跌价准备，借记“存货跌价准备”科目，贷记“生产成本”科目。

例 4.22　计提和转回存货跌价准备。

2012 年 12 月 31 日，极地公司 A 材料的账面金额 100 000 元，由于市场价格下跌，预计可变现净值为 80 000 元，由此应计提的存货跌价准备为 20 000 元。

应编制会计分录如下。

借：资产减值损失——计提的存货跌价准备　　20 000

　　贷：存货跌价准备　　20 000

假设2013年6月30日，A材料的账面金额为100 000元，由于市场价格有所上升，使得A材料可变现净值为95 000元，应转回的存货跌价准备为15 000元。

应编制会计分录如下。

借：存货跌价准备　　15 000

　　贷：资产减值损失——计提的存货跌价准备　　15 000

关键练习

极地有限责任公司从2012年度开始，对期末存货按成本与可变现净值孰低计量。2012年至2013年，有关B材料期末计量的资料如下。

1. 2012年6月30日，B材料账面成本80 000元，可变现净值70 000元。

2. 2012年12月31日，B材料账面成本96 000元，可变现净值85 000元。

3. 2013年6月30日，B材料账面成本62 000元，可变现净值58 000元。

要求：根据以上资料编制相应的会计分录，并计算出2013年6月末“存货跌价准备”科目余额。

拓展阅读

存货减值迹象的判断

采用成本与可变现净值孰低法计量期末存货，存货成本高于其可变现净值的，应当计提存货跌价准备，计入当期损益。一般来说，存货存在下列情况之一，表明存货的可变现净值低于成本。

① 该存货的市场价格持续下跌，并且在可预见的未来无回升的希望。

② 企业使用该项原材料生产的产品的成本大于产品的销售价格。

③ 企业因产品更新换代，原有库存原材料已不适应新产品的需要，而该原材料的市场价格又低于其账面成本。

④ 因企业所提供的商品或劳务过时或消费者偏好而使市场的需求发生变化，导致市场价格逐渐下跌。

⑤ 其他足以证明该项存货实质上已经发生减值的情形。

存货存在下列情形之一的，表明存货的可变现净值为0。

① 已霉烂变质的存货。

② 已过期且无转让价值的存货。

③ 生产中已不再需要并且已无使用价值和转让价值的存货。

④ 其他足以证明已无使用价值和转让价值的存货。

模块实训索引

《新编企业财务会计实训（第2版）》模块2——实训2.1　材料按实际成本核算演练

《新编企业财务会计实训（第2版）》模块2——实训2.2　材料按计划成本核算演练

《新编企业财务会计实训（第2版）》模块2——实训2.3　周转材料核算演练

《新编企业财务会计实训（第2版）》模块2——实训2.4　拓展训练

《新编企业财务会计实训（第2版）》模块2——实训2.5　商业企业商品存货实训

模块法规依据

1.《企业会计准则——基本准则》（2006年2月15日财政部发布，自2007年1月1日起施行）。

2.《企业会计准则第1号——存货》（2006年2月15日财政部发布，自2007年1月1日起在上市公司范围内施行）。

3.《企业会计准则第8号——资产减值》（2006年2月15日财政部发布，自2007年1月1日起在上市公司范围内施行）。

4.《企业会计准则——应用指南》（2006年10月30日财政部发布，自2007年1月1日起在上市公司范围内施行）。

5.《中华人民共和国增值税暂行条例》（2008年11月5日国务院第34次常务会议修订通过，自2009年1月1日起施行）。

6.《中华人民共和国企业所得税法》（中华人民共和国第十届全国人民代表大会第五次会议于2007年3月16日通过，自2008年1月1日起施行）。

7.《 中华人民共和国消费税暂行条例》（2008年11月5日国务院第34次常务会议修订通过，自2009年1月1日起施行）。

模块五

核算以赚取差价为目的的投资

工作导入

投资是企业为通过分配来增加财富，或为谋求其他利益，而将资产让渡给其他单位所获得的另一项资产，如以现金购买的债券和股票、以固定资产换取其他单位的股权等。从投资对象角度看，投资可以分为股票投资、债券投资和其他投资；从投资的目的来看，投资可以分为以赚取差价为目的的投资、以获取稳定收益为目的的投资、以长期参与被投资企业分配或管理为目的的投资等。

以赚取差价为目的的投资是指企业在流通市场购入的以获取买卖差价为目的的股票、基金、债券等。

以赚取差价为目的的投资的操作主要包括以下环节：在证券交易机构，如证券公司开立证券交易账户；向证券交易账户划入资金；根据对证券市场的分析买入股票、债券等证券；根据证券行情出售证券，获取收益或减少损失；在会计期末，计算持有的证券市值，调整证券的账面价值，以公允地反映企业资产价值等。

根据会计准则规定，以赚取差价为目的的投资及其他为近期出售持有的金融资产，应划分为交易性金融资产，会计人员应在向证券交易资金账户转入资金、买入证券、出售证券、期末调整证券价值等操作时进行相应的会计核算。

任务一　核算股票与基金投资

任务目标

通过本任务的学习，你应该能够：

1. 说明核算交易性金融资产的各个科目及其核算内容。
2. 说明股票、基金投资业务的操作环节，编制股票、基金相关操作环节的会计分录。

业务认知

股票是股份有限公司在筹集资本时向出资人发行的股份凭证，代表持有者（即股东）对股份公司的所有权。股票一般可以通过买卖方式有偿转让，股东能通过股票转让收回投资，但不能要求公司返还出资。对于一般投资者，股票买卖是通过委托证券公司办理的方式实现的。

本任务所指的基金是证券投资基金的简称，是指基金管理公司通过发售基金份额，将众多投资者的资金集中起来，形成独立资产，由基金托管人托管，基金管理人管理，从事股票、债券等金融工具投资的一种利益共享、风险共担的集合投资方式。证券投资基金是一种间接的证券投资方式。基金与股票不同，基金可以赎回。

以赚取差价为目的的股票投资和基金投资应当划分为企业的交易性金融资产管理。

业务核算

一、科目和账簿

会计科目：为了核算交易性金融资产的增减变动，企业应当设置“交易性金融资产”、“公允价值变动损益”、“投资收益”等科目。

1. “交易性金融资产”科目

“交易性金融资产”科目核算企业为交易目的持有的债券、股票、基金等投资的公允价值。企业直接指定为以公允价值计量且其变动计入当期损益的金融资产也在本科目核算。

账簿设置：企业应当按照交易性金融资产的类别和品种，分别“成本”、“公允价值变动”设置明细账，进行明细核算。

基本账务处理：“交易性金融资产”账簿，借方登记交易性金融资产的取得成本、资产负债表日其公允价值高于账面价值的差额等，贷方登记资产负债表日其公允价值低于账面余额的差额，以及出售交易性金融资产时结转的成本和公允价值变动损益。

2. “公允价值变动损益”科目

“公允价值变动损益”科目用于核算企业交易性金融资产、交易性金融负债等项目公允价值变动形成的应计入当期损益的利得或损失。

账簿设置：“公允价值变动损益”科目按交易性金融资产、交易性金融负债等项目设置明细账，进行明细核算。

基本账务处理：“公允价值变动损益”账簿，贷方登记资产负债表日企业持有的交易性金融资产等的公允价值高于账面余额的差额，借方登记资产负债表日企业持有的交易性金融资产等的公允价值低于账面余额的差额。出售某项交易性资产时，该项交易性金融资产对应的公允价值变动损益从本科目中转出至投资收益账簿。

3. “投资收益”科目

“投资收益”科目核算企业持有交易性金融资产、长期股权投资等投资期间取得的投资收益和损失，以及处置交易性金融资产、长期股权投资等投资实现的投资收益或投资损失。

账簿设置：本科目应当按照投资项目设置明细账，进行明细核算。

基本账务处理：“投资收益”账簿，贷方登记企业持有或出售交易性金融资产等投资实现的投资收益，借方登记企业出售交易性金融资产等投资发生的投资损失。

二、账务处理

以赚取差价为目的的股票和基金的核算可按以下方法处理。

1. 向证券公司资金科目划出款项

企业向证券公司划出资金时，根据实际划出的金额，借记“其他货币资金——存出投资款”科目，贷记“银行存款”科目。

2. 购买股票和基金

企业取得股票、基金等交易性金融资产时，应当按照该资产取得时的公允价值计量，记入“交易性金融资产——成本”科目。如果取得时所支付的价值中包含了已宣告但尚未发放的现金股利，应当单独确认为应收项目，记入“应收股利”科目。

取得交易性金融资产所发生的相关交易费用应当在发生时直接计入投资收益。交易费用是指可直接归属于购买、发生或处置金融工具新增的外部费用，包括支付给代理机构、咨询公司、券商等的手续费和佣金及其他必要支出。

要点提示

交易性金融资产的交易费用应当直接计入投资收益。

例 5.1　取得股票和基金。

2012 年 4 月 22 日，在金信证券公司营业部购入包含股利的祥发股份。该股在购买日前宣布每 10 股派 5 元的现金股利，除权日为 4 月 27 日（见图 5.1）。

根据上述业务，应编制会计分录如下。

借：交易性金融资产——成本	133 500	
应收股利	1 500	
投资收益	408	
贷：其他货币资金——存出投资款		135 408

金信证券开发路营业所

2012 年 04 月 22 日	日成交过户交割凭单　　买
公司代码：12345 股东账号：A600775347 资金账号：8868 股东姓名：极地有限责任公司	证券名称：祥发股份 代码：6006888 成交数量：3 000 成交价格：45.00 成交金额：135 000.00
申请编号：763 申请时间：10:10:19 成交时间：10:58:25 上次余额：0 股 本次成交：3 000 股 本次余额：3 000 股	标准佣金：405.00 过户费用：3.00 印　花　税：0.00 附加费用： 其他费用： 实际收付金额：135 408.00
备注：股票买卖	

图 5.1　成交过户交割凭单

3. 持有期间的会计处理

1）收到购入款中包含的现金股利时，应编制会计分录如下。

借：其他货币资金——存出投资款　　　　1 500

　　贷：应收股利　　　　1 500

2）在持有交易性金融资产期间，收到被投资单位宣告发放的现金股利，借记“应收股利”科目，贷记“投资收益”科目。

3）资产负债表日公允价值发生变动时的会计处理。

资产负债表日公允价值发生变动时，一方面调整股票与基金投资账面价值，另一方面将其变动额计入当期损益。资产负债表日，交易性金融资产的公允价值高于其账面余额的差额，借记“交易性金融资产——公允价值变动”科目，贷记“公允价值变动损益”科目；公允价值低于其账面余额的差额，做相反的会计分录。

例 5.2　核算资产负债表日公允价值变动。

2012 年 6 月 30 日，祥发股份每股跌至 42.50 元。编制交易性金融资产公允价值变动计算表（见表 5.1）。

表 5.1　交易性金融资产公允价值变动计算

2012 年 06 月 30 日　　　　单位：元

股票名称	调整前账面价值			期末公允价值④	本期公允价值变动 ⑤=④-(①+②-③)	
	成本①	公允价值变动				
		借方②	贷方③		借方	贷方
祥发股份	133 500			127 500		6 000
合　计	133 500			127 500		6 000

注：⑤计算结果如为正数应记在公允价值变动的借方，反之则记在贷方（后同）。

应编制会计分录如下。

借：公允价值变动损益　　　　6 000

　　贷：交易性金融资产——公允价值变动　　　　6 000

2012 年 12 月 30 日，祥发股份市场价格为每股 46 元。编制交易性金融资产公允价值变动计算表（见表 5.2）。

表 5.2 交易性金融资产公允价值变动计算

2012 年 12 月 30 日　　单位：元

股票名称	调整前账面价值			期末公允价值④	本期公允价值变动 ⑤=④-(①+②-③)	
	成本①	公允价值变动			借方	贷方
		借方②	贷方③			
祥发股份	133 500		6 000	138 500	10 500	
合　计	133 500		6 000	138 500	10 500	

应编制会计分录如下。

借：交易性金融资产——公允价值变动　　10 500

　　贷：公允价值变动损益　　10 500

4. 处置时的会计处理

出售交易性金融资产时，按照实际收到的金额，借记“其他货币资金——存出投资款”等科目；按交易性金融资产的成本，贷记“交易性金融资产——成本”科目；按记录的公允价值变动金额，借记或贷记“交易性金融资产——公允价值变动”科目；按照差额借记或贷记“投资收益”科目。同时，结转该项交易性金融资产的公允价值变动损益，借记“公允价值变动损益”科目，贷记“投资收益”科目。反之，做相反的会计分录。

例 5.3 处置股票或基金。

2013 年 2 月 15 日，将所持有的祥发股份全部卖掉（见图 5.2）。

金信证券开发路营业所

2013 年 02 月 15 日	**日成交过户交割凭单**　　卖
公司代码：12345 股东账号：A600775347 资金账号：8868 股东姓名：极地有限责任公司	证券名称：祥发股份 代码：6006888 成交数量：3 000 成交价格：55.00 成交金额：165 000.00
申请编号：763 申请时间：10:10:19 成交时间：10:58:25 上次余额：3 000 股 本次成交：3 000 股 本次余额：0 股	标准佣金：495.00 过户费用：3.00 印 花 税：165.00 附加费用： 其他费用： 实际收付金额：164 337.00
备注：股票买卖	

图 5.2 成交过户交割凭单

根据明细账中该股票成本和公允价值变动情况，应编制会计分录如下。

借：其他货币资金——存出投资款　　164 337

　　贷：交易性金融资产——成本　　133 500

　　　　交易性金融资产——公允价值变动　　4 500

投资收益 26 337

借：公允价值变动损益 4 500

贷：投资收益 4 500

要点提示

与购入时相同，佣金和手续费直接计入投资收益。

关键练习

极地有限责任公司发生了以下经济业务。

要求：请根据说明进行核算。

1. 2012 年初向证券公司的资金账户转入 1 000 000 元。

2. 2012 年 4 月 22 日，以每股 12 元的价格购入甲股票 40 000 股。该股票在 4 月 19 日宣告每股支付税后现金股利 0. 10 元，除权日为 4 月 28 日。公司将甲股票划分交易性金融资产管理。

3. 2012 年 4 月 30 日，收到甲股票的现金分红。

4. 2012 年 6 月 30 日，股票收盘价为 12. 70 元。

5. 2012 年 9 月 30 日，将甲股票全部售出，每股价格 14 元，印花税税率 0. 3% ，佣金 1 000元，收回资金 558 880 元已经转入公司资金账户。

拓展阅读

会计准则中按照管理层持有投资的意图对投资的分类

1. 交易性金融资产

交易性金融资产是指企业为了近期内出售或短期获利而持有的股票、债券、基金等金融资产。

2. 持有至到期投资

持有至到期投资是指到期日固定，回收金额固定或可确定，且企业有明确意图和能力持有至到期的非衍生金融资产。通常情况下，企业持有的在活跃市场上有公开报价的国债、企业债券、金融债券等可以划分为持有至到期投资。

3. 可供出售金融资产

可供出售金融资产是指初始确认时即被指定为可供出售的非衍生金融资产，以及没有划分为持有至到期投资、贷款和应收款项，以公允价值计量且其变动计入当期损益的金融资产。

4. 长期股权投资

长期股权投资是指在实现对被投资企业的控制、共同控制或重大影响而准备长期拥有的权益性投资。

任务二 核算债券投资

任务目标

通过本任务的学习，你应该能够：

1. 列举作为交易性金融资产核算的债券的核算环节。
2. 编制债券各核算环节的会计分录。

业务认知

债券是一种有价证券，是社会各类经济主体为筹措资金而向债券投资者出具的承诺按一定利率定期支付利息和到期偿还本金的债务凭证。本模块所指债券仅指被企业划分为交易性金融资产的债券。债券交易方式与股票和基金相同。

业务核算

当一项债券被划分为交易性金融资产时，应该按公允价值进行计量，交易费用应计入当期投资收益。划分为交易性金融资产的债券的核算环节与划分为交易性金融资产的股票投资类似。

例 5.4 核算划分为交易性金融资产的债券业务。

2012 年 8 月 28 日，公司支付总价款 400 000 元，购入 3 年期 0580 债券 4 000 份。该债券面值 100 元，票面利率 5%。该债券发行日期为 2011 年 6 月 30 日，每半年付息一次。总价款中包含购买日已宣告尚未发放利息 10 000 元和购买时发生的交易费用 2 000 元，债券利息尚未收到。企业将该项投资划分交易性金融资产管理。

1）2012 年 8 月 28 日，公司购入债券时，编制会计分录如下。

借：交易性金融资产——成本　　388 000
　　应收利息　　10 000
　　投资收益　　2 000
　　贷：其他货币资金——存出投资款　　400 000

2）2012 年 9 月 30 日，收到支付价款中包含的已到期尚未领取的利息时，编制会计分录如下。

借：其他货币资金——存出投资款　　10 000
　　贷：应收利息　　10 000

3）2012 年 12 月 30 日，确认 0580 债券利息收入时，编制会计分录如下。

借：应收利息　　10 000

　　贷：投资收益　　10 000

4）2012 年 12 月 31 日，0580 债券市价 360 000 元，会计人员编制公允价值变动计算表（表略）确认该债券公允价值变动。编制会计分录如下。

借：公允价值变动损益　　28 000

　　贷：交易性金融资产——公允价值变动　　28 000

5）2013 年 1 月 20 日，收到 2012 年下半年的债券利息时，编制会计分录如下。

借：其他货币资金——存出投资款　　10 000

　　贷：应收利息　　10 000

6）2013 年 6 月 30 日，0580 债券市价 399 000 元，会计人员编制公允价值变动计算表（见表 5.3），确认公允价值变动。

表 5.3　交易性金融资产公允价值变动计算

单位：元

股票、债券名称	调整前账面价值			期末公允价值④	本期公允价值变动 ⑤ = ④ − (① + ② − ③)	
	成本①	公允价值变动			借方	贷方
		借方②	贷方③			
0580 债券	388 500		28 000	399 500	39 000	
合计	388 500		28 000	399 500	39 000	

借：交易性金融资产——公允价值变动　　39 000

　　贷：公允价值变动损益　　39 000

2013 年 6 月 30 日确认债券利息收入及收回应收利息处理同第 3）、4）步。

7）2013 年 6 月 15 日，公司售出全部 0580 债券，取得价款 412 000 元。0580 债券交易性金融资产成本明细账余额 388 000 元，公允价值变动明细账余额为借方 11 000 元，应收利息明细账借方余额 10 000 元。编制会计分录如下。

借：银行存款　　412 000

　　贷：交易性金融资产——成本　　388 000

　　　　交易性金融资产——公允价值变动　　11 000

　　　　应收利息　　10 000

　　　　投资收益　　3 000

同时，

借：公允价值变动损益　　11 000

　　贷：投资收益　　11 000

关键练习

2012 年 1 月 1 日，极地公司从二级市场上购入 B 企业 2011 年 1 月 1 日发行的债券，债券面值 1 000 万元，票面年利率 0.3%，按年支付利息。公司将其划分为交易性金融资产。取得时，支付价款 1 003 万元（含已到付息期尚未支付的利息 3 万元），另支付交易费用 2 万。

其他业务情况如下。

1. 2012 年 1 月 5 日，收到最初支付价款中所含利息 3 万元。

2. 2012 年 12 月 31 日，该债券的公允价值为 1 104 万元。

3. 确认 2012 年债券利息。

4. 2013 年 1 月 5 日收到 2012 年利息。

5. 2013 年 10 月 31 日，将该债券出售，所得价款 1 200 万元存入银行。

要求：根据业务编制相应的会计分录。

拓展阅读

公允价值及其确定方法

公允价值（fair value）也称公允市价、公允价格，是熟悉情况的买卖双方在公平交易的条件下所确定的价格，或无关联的双方在公平交易的条件下一项资产可以被买卖的成交价格。公允价值的确定，需要依靠会计人员的职业判断。

我国会计准则体系在公允价值的确定方面设置了前提条件：存在活跃市场的资产或负债，其活跃市场中的报价应被用于确定公允价值；不存在活跃市场的资产或负债，参考熟悉情况并自愿交易的各方最近进行的市场交易中使用的价格，或参照类似资产、负债的当前公允价值；不存在活跃市场的资产或负债，且无参照条件的，应当采用估值技术确定其公允价值。按上述条件，确定公允价值的方法有以下 3 种。

① 市价。市价是指一件商品在市场上的销售价格，是市场对商品的评价。当存在可观察的市场价格时，市场价格是公允价值最理想的选择。因为市场价格是众多的交易者为了各自的利益，遵循市场公平自愿的交易规则，关于某交易对象竞价形成的结果，在绝对公允价值无法获取的情况下，市场价格是最可能公允的价格。

② 类似市价。当某资产或负债不存在活跃的市场，但是与其类似的资产或负债存在活跃市场的，可以参考类似资产或负债的市价来确定公允价值。这符合“尽可能地公允”这一公允价值确定原理。

③ 现值。现值是指某资产或负债预期未来的现金流量按照一定的折现率折合成的现在价值。由于现值计量应该能捕捉到形成市场价格即公允价值的各种要素，因而依据这些因素确定有关资产或负债的现值可以作为公允价值的替代形式。

模块实训索引

《新编企业财务会计实训（第 2 版）》模块 3——实训 3. 1　交易性金融资产核算演练

《新编企业财务会计实训（第 2 版）》模块 3——实训 3. 2　可供出售金融资产、持有至到期金融资产核算演练

《新编企业财务会计实训（第 2 版）》模块 3——实训 3. 3　长期股权投资核算演练

模块法规依据

1.《企业会计准则——基本准则》（2006 年 2 月 15 日财政部发布，自 2007 年 1 月 1 日起实施）。

2.《企业会计准则——应用指南》（2006 年 10 月 30 日财政部发布，自 2007 年 1 月 1 日在上市公司范围内施行）。

3.《企业会计准则第 22 号——金融工具的确认和计量》（2006 年 2 月 15 日财政部发布，自 2007 年 1 月 1 日起实施）。

模块六

核算固定资产

工作导入

固定资产是指同时具有以下特征的有形资产。

① 为生产商品、提供劳务、出租或经营管理而持有。

② 使用寿命超过一个会计年度。

从固定资产的定义看，固定资产具有以下 3 个特征。

① 固定资产是有形资产。固定资产具有实物特征，这一特征将固定资产与无形资产区别开来。有些无形资产可能同时符合固定资产的其他特征，但是由于没有实物形态，所以不属于固定资产。

② 固定资产是为生产商品、提供劳务、出租或经营管理而持有的。企业持有的固定资产是企业的生产工具或手段，而不是用于出售的产品。其中，出租的固定资产是指企业以经营租赁方式出租的机器设备类固定资产，不包括以经营租赁方式出租的建筑物，后者属于企业投资性房地产，不属于固定资产。

③ 固定资产的使用寿命超过一个会计年度。即固定资产是非流动资产，其价值将随着使用和磨损逐步转移到受益对象中去。

固定资产的使用寿命是指企业使用固定资产的预计期间，或者该固定资产所能生产产品或提供劳务的数量。通常情况下，固定资产的使用寿命是指使用固定资产的预计使用期间，如自用房屋建筑物的使用寿命表现为企业对该建筑物预计使用年限。对于某些机器设备或运输设备及同类固定资产，其使用寿命表现为该固定资产所能生产产品或提供劳务的数量，如汽车、飞机等按预计行驶或飞行里程估计使用寿命。

从固定资产使用的生命周期来看，固定资产要经历 3 个阶段：形成、使用和退出。固定资产的形成来源主要有外购、建造和融资租入等；固定资产使用阶段的主要活动有修理维护、更新改造、使用部门调度等；固定资产的退出形式主要有报废、毁损、盘亏、出售等。

对应固定资产生命周期各个阶段，会计人员要做出相应的核算。在形成阶段，会计人员要按形成来源核算取得的固定资产；在使用阶段，会计人员要核算固定资产修理维护、更新改造等后续支出；在固定资产退出阶段，会计人员要核算固定资产的报废、出售等业务。固定资产在从达到预定可使用状态到报废为止的整个使用期限内，一直持续地为使用对象服务，根据权责发生制，固定资产的价值应该在使用期限内分摊。因此，会计人员还要在固定资产的使用过程中采用一定的方法核算其价值分摊。

为了核算和管理方便，企业财务部门通常对固定资产采用综合分类。采用综合分类法，固定资产可以分为以下6类。

① 生产经营用固定资产。

② 非生产经营用固定资产。

③ 租出固定资产。租出固定资产是指在经营租赁方式下出租给外单位使用的设备类固定资产。

④ 未使用固定资产。

⑤ 不需用固定资产。

⑥ 融资租入固定资产。融资租入固定资产是指企业以融资租赁方式租入的固定资产，在租赁期限内视同自有固定资产进行管理。

任务一　核算固定资产的取得

任务目标

通过本任务的学习，你应该能够：

1. 列举固定资产形成的来源，概述不同来源取得固定资产的成本构成。
2. 编制取得固定资产核算的会计分录。

业务认知

在企业实际运营过程中，固定资产取得的方式多种多样，包括外购、自行建造、投资者投入、非货币性资产交换、债务重组、企业合并和融资租赁等。

企业固定资产取得的方式不同，其成本的具体构成内容及确定方法也不尽相同。确定固定资产取得的成本，会计上称为固定资产的初始计量。概括地说，固定资产取得的成本应包括企业为购建某项固定资产，使其达到预定可使用状态前所发生的可归属于该项资产的支出。这些支出既有直接发生的，如购进固定资产的价款、运杂费、包装费和安装成本等，也有间接发生的，如应承担的借款利息、外币借款折算差额及应分担的其他间接费用等，还应当包括企业为取得固定资产而交纳的相关税费。

业务核算

企业在核算固定资产时，一般需要设置“固定资产”、“累计折旧”、“工程物资”、“在建工程”等科目。

1. “固定资产”科目

会计科目：“固定资产”科目用来核算企业固定资产的原始价值。

采用成本模式计量的已出租的建筑物，在“投资性房地产”科目核算，不在本科目核算；未作为固定资产管理的工具、器具等，在“包装物”及“低值易耗品”科目核算。

账簿设置：固定资产应按类别、使用部门和每项固定资产进行明细核算。

① 固定资产卡片。固定资产卡片是按每项固定资产设置的固定资产明细账。固定资产卡片一般一式两份，分别由固定资产使用部门和财务部门分别保管（见图6.1）。

② 固定资产部门类别明细账。固定资产部门类别明细账按使用部门和类别汇总固定资产及累计折旧，为分类计提和记录累计折旧提供汇总数据（见图6.2）。

固定资产使用部门通常还设置固定备查登记簿，反映固定资产增减情况。

③ 固定资产备查簿。固定资产备查簿主要用来登记企业经营租入固定资产的使用和租金支付情况。

固定资产卡片、固定资产部门类别明细账和固定资产总账三者应定期核对，保证满足汇总关系，确保账簿登记的正确性。

课堂讨论

设想当增加、减少一项固定资产，或者月末计提固定资产折旧应该如何登记固定资产部门类别明细账？

固定资产卡片（正面）　　　　第0006647号

资产类别	生产经营用	制造厂名	东风重汽	资金来源	自筹
编　　号	Y25556664	出厂编号	5584455	购置日期	2012. 12. 10
名　　称	重型运输卡车	出厂日期	2012. 12. 01	安装日期	
型　　号		使用部门	运输队	开始使用日期	2012. 12. 30
技术特征		存放地点	运输队	建卡日期	2012. 12. 30

项　目	金　额（元）	折　旧			折　旧		
初始价值	860 000	年份	工作量	折旧额（元）	年份	折旧额（元）	累计额（元）
改装或添置价值							
预计清理残值	60 000						
清理费用							
使用寿命	800 000 公里						
		合计			合计		
单位工作量折旧	1元/公里	原 价 变 动 记 录					
		日期	增加	减少	变动后记录	变动原因	

注：卡片背面略

图6.1　固定资产卡片

固定资产明细账

本账页数:__页
本户页数:__页

使用部门:生产部

年		凭证号	摘要	机械设备		运输工具		房屋建筑		电子设备		工装卡具	
				原值	折旧	原值	折旧	原值	折旧	原值	折旧	原值	折旧
月	日			百十万千百十元角分	百十万千百十元角分	百十万千百十元角分	百十万千百十元角分	百十万千百十元角分	百十万千百十元角分	百十万千百十元角分	百十万千百十元角分	百十万千百十元角分	百十万千百十元角分

注:减少用红字登记

图6.2　固定资产明细账

2.“累计折旧”科目

“累计折旧”科目是“固定资产”科目的调整科目，用来核算企业已提固定资产折旧的累计数额。

账簿设置：“累计折旧”科目应当按照固定资产的类别或项目设置明细账，进行明细核算。“累计折旧”明细账可与固定资产部门类别明细账（见图6.2）并账设置，也可单独设置。

基本账务处理：“累计折旧”账簿借方登记因固定资产减少而转销的折旧额，贷方登记折旧的提取额；期末贷方余额反映累计折旧额。

3.“工程物资”科目

“工程物资”科目核算企业为在建工程准备的各种物资的价值，包括工程用材料、尚未安装的设备及为生产准备的工器具等。

账簿设置：“工程物资”科目应当按照“专用材料”、“专用设备”、“工器具”等设置明细账，进行明细核算。

基本账务处理：“工程物资”账簿的借方登记购入工程物资的实际成本，贷方登记领用工程物资的实际成本；期末借方余额反映企业库存工程物资的实际成本。

4.“在建工程”科目

会计科目：“在建工程”科目核算企业基建、技改等在建工程发生的价值。

企业发生的满足固定资产准则规定的固定资产确认条件的更新改造支出等固定资产后续支出，也在本科目核算；不满足固定资产准则规定的固定资产确认条件的固定资产后续支出，应在“管理费用”、“销售费用”等科目核算，不在本科目核算。

账簿设置：企业采用自营方式建造固定资产时，“在建工程”科目应当按照“建筑工程”、“安装工程”、“在安装设备”等单项工程等设置明细账，进行明细核算；企业采用出包方式建造固定资产时，在建工程应按承包单位和项目名称设置明细账，进行明细核算。

基本账务处理：“在建工程”账簿，借方登记企业各项在建工程的实际支出，贷方登记工程完工转入使用而结转的实际工程成本；期末借方余额反映企业各项尚未完工工程的实际成本。

一、外购固定资产

外购固定资产，按实际支付的买价、进口关税等，以及为使固定资产达到预计可使用状态所支付的相关费用，如运输费、装卸费、安装费等确定初始成本登记入账。

值得注意的是，在实务中若一项业务购入多项固定资产，如果各项固定资产单独标价，则各项固定资产按标价入账；如果各项固定资产没有单独标价，应当按照各项固定资产公允价值占总成本的比重分摊入账。

购入计算机所附带的软件，如果单独计价且金额大，应当作为无形资产入账，否则作为固定资产核算。

外购固定资产可区分不需要安装固定资产和需要安装固定资产两类进行核算。

（一）不需要安装固定资产

企业购入的不需要安装可以直接交付使用的固定资产，应按计入成本的金额借记“固定资产”科目，贷记“银行存款”、“其他应付款”、“应付票据”等科目。

例 6.1 核算取得不需要安装的固定资产。

2012 年 12 月 8 日，企业购买了一台不需安装的设备，设备已经交付有关部门使用。

资产管理处转来采购固定资产增值税专用发票（见图 6.3）、固定资产运费单据（运输费用 10 000 元整，单据略）和固定资产交付使用单据（见图 6.4）各一张，出纳员同时交来全额支付该固定资产价税款和运输费用的转账支票存根（单据略）。

1560000006998

增值税专用发票

发　票　联

№ **00653210**

开票日期：2012 年 12 月 08 日

购货单位	名　　称：极地有限责任公司 纳税人识别号：110106005566099 地 址 、电 话：北京市开发区 228 号 62500188 开户行及账号：中国工商银行北京市长乐分理处 622713200036910001	密码区	75559 加密版本 01 66 +55/◇1248 < − > */ + 255488 ◇? 1255443 + 215444 0 // − −6659999

货物或应税劳务名称	规格型号	单位	数量	单价	金额	税率	税额
LTUS 设备		台	1	200 000. 00	200 000. 00	17%	34 000. 00
合　计					¥200 000. 00		¥34 000. 00
价税合计（大写）	⊗贰拾叁万肆仟元整					（小写）	¥234 000. 00

销货单位	名　　称：河北英豪公司 纳税人识别号：031612587623546 地 址 、电 话：石家庄市北新街 开户行及账号：中国工商银行北新分理处 03039847847	备注	河北英豪公司 031612587623546 发票专用章

收款人：　　复核：　　开票人：贺蓓　　销货单位（章）

第二联　发票联　购货方记账凭证

图 6.3　增值税专用发票

固定资产使用验收单

编号：000031

使用部门：生产车间　　　　交接日期：2012年12月10日

固定资产编号	固定资产名称	出品工厂和日期	型号	原价或自建成本	
				单价	200000.00
				安装费	
TS600105	LTUS设备	河北英豪	ZU206	运费	9300.00
				总值	209300.00
主要规格及说明：					
单位	台	数量	1	来源	购入
月折旧率	1%	开始计提折旧年月	2013.01	预计使用年限	10
月折旧额	2000.00	已提折旧累计		预计净残值率	4.4%

负责人：寒冰　　　　固定资产管理部门：王东梅　　　　固定资产使用部门：李爽

图6.4　固定资产使用验收单

从取得的原始单据可以看出，采购的固定资产不需要安装，已直接交付使用部门使用，会计人员应编制会计分录如下。

借：固定资产　　　　209 300

　　应交税费——应交增值税（进项税额）　　　　34 700

　　贷：银行存款　　　　244 000

（二）需要安装固定资产

当企业购入的固定资产需要安装调试后才能达到预定可使用状态时，企业应通过以下步骤核算。

1）支付的价款、运费、税费等相关费用，借记“在建工程”科目，贷记“银行存款”等科目。

2）安装、调试等安装过程中发生的费用，借记“在建工程”科目，贷记“银行存款”、“原材料”等科目。

3）安装、调试完毕达到预定可使用状态，将“在建工程”科目中归集的全部实际支出转入“固定资产”科目，借记“固定资产”，贷记“在建工程”。

例6.2　核算购进需要安装的固定资产。

假定例6.1中的设备需要安装，除上述费用外，还需要支付安装费用35 000元，款项已经支付（原始单据略）。

1）支付价款、运费、税费时，编制会计分录如下。

借：在建工程　　　　209 300

　　应交税费——应交增值税（进项税额）　　　　34 700

　　贷：银行存款　　　　244 000

2）支付安装费时，编制会计分录如下。

借：在建工程　　35 000

　　贷：银行存款　　35 000

3）安装交付使用时，编制会计分录如下。

借：固定资产　　244 300

　　贷：在建工程　　244 300

二、自行建造的固定资产

自行建造的固定资产，成本由建造该项资产达到预定可使用状态前所发生的必要支出构成，包括工程用物资成本、人工成本、交纳的相关税费、应予资本化的借款费用及应分摊的间接费用等。

企业自行建造固定资产包括自营建造和出包建造两种方式。无论采取何种方式，所建工程都应当按照实际发生的支出确定其工程成本并单独核算。

（一）自营方式建造固定资产

企业以自营方式建造固定资产，意味着企业自行组织工程物资采购、自行组织施工人员从事建筑或安装工程施工。企业以自营方式建造固定资产的，其成本应当按照直接材料、直接人工、直接机械施工费等计量。

企业自营工程主要通过“工程物资”和“在建工程”科目进行核算。

1. 购入工程物资

企业购入为工程准备的物资，应区分工程物资耗用工程的类型分别设置明细账，进行明细核算。为建造不动产购进的工程物资，应按实际成本和增值税专用发票上注明的价款和增值税税额合计数，借记“工程物资”科目，贷记“银行存款”、“应付账款”、“应付票据”等科目；为建造机器设备等动产购进的工程物资则需按购进工程物资的采购成本借记“工程物资”科目，按进项税额借记“应交税费——应交增值税（进项税额），贷记相关科目；不能区分用途的购进工程物资，一律先比照为动产购进工程物资处理，待发出工程物资时，如为建造不动产领用，需要把进项税转出。

2. 领用工程物资

领用工程物资时，应按工程物资的实际成本，借记“在建工程”科目，贷记“工程物资”科目。

3. 领用原材料

在建工程领用原材料应区分建造不动产领用和动产领用核算。建造不动产领用本企业原材料时，应按原材料的实际成本加上不能抵扣的增值税进项税额，借记“在建工程”科目，贷记“原材料”、“应交税费——应交增值税（进项税额转出）”科目；建造设备等动产领用材料不需要将进项税转出。

4. 领用商品

在建工程领用商品应区分建造不动产领用和动产领用核算。建造不动产领用本企业的商品，应借记“在建工程”科目，分别按库存商品成本和按市场销售价格计算的增值税销项税额，贷记“库存商品”、“应交税费——应交增值税（销项税额）”科目；建造动产领用本企业商品不需要将进项税转出。

5. 工程人员工资及福利费

基建工程应负担的职工工资，借记“在建工程”科目，贷记“应付职工薪酬”等科目。

6. 相关税费

基建工程发生的工程管理费、征地费、可行性研究费、临时设施费、公证费、监理费及相关税金等税费，借记“在建工程”科目，贷记“银行存款”、“应交税费”等科目。

7. 工程达到预定可使用状态后剩余的工程物资

工程完工后，剩余的工程物资转为企业存货的，按实际成本进行结转。

8. 工程完工达到预定可使用状态

企业应当计算固定资产的成本，借记“固定资产”科目，贷记“在建工程”科目。

例 6.3 核算自营工程。

本公司采用自营方式建造一座仓库，有关资料如下（原始单据略）。

1）1月8日购入工程物资一批，价款为300 000元，支付的增值税进项税额为51 000元，款项用银行存款支付。

2）2月3日领用生产用原材料一批，价值为32 000元。购进这批原材料时支付的增值税进项税额为5 440元。

3）1月8日至6月30日，工程先后领用工程物资272 500元。

4）工程建设期间辅助生产车间为工程提供的有偿劳务支出为35 000元。

5）工程建设期间发生工程人员职工薪酬65 800元。

6）6月30日，完工并交付使用。

相关的会计处理如下。

1）购入工程物资时，编制会计分录如下。

工程物资的入账价值=300 000+51 000=351 000（元）

借：工程物资——仓库建设用　　351 000

　　贷：银行存款　　351 000

2）领用原材料时，编制会计分录如下。

借：在建工程——仓库　　37 440

　　贷：原材料　　32 000

　　　　应交税费——应交增值税（进项税额转出）　　5 440

3）工程领用物资时，编制会计分录如下。

借：在建工程——仓库　　272 500

　　贷：工程物资——仓库建设用　　272 500

4）辅助生产车间为工程提供劳务支出时，编制会计分录如下。

借：在建工程——仓库 35 000

贷：生产成本——辅助生产成本 35 000

5）计提工程人员职工薪酬时，编制会计分录如下。

借：在建工程——仓库 65 800

贷：应付职工薪酬 65 800

6）工程完工交付使用时，编制会计分录如下。

固定资产的入账价值 =37 440 +272 500 +35 000 +65 800 =410 740（元）

借：固定资产——仓库 410 740

贷：在建工程——仓库 410 740

课堂讨论

如果上述业务是为建造自动生产线发生的，该如何处理?

（二）出包方式建造固定资产

以出包方式建造固定资产是指企业通过招标等方式将工程项目发包给建造承包商，由建造承包商组织固定资产的建筑和安装施工。企业采用出包方式建造的固定资产工程，其工程的具体支出由建造承包商核算。

出包方式下，“在建工程”科目主要用于企业与建造承包商办理工程价款的结算。企业应按合理估计的工程进度和合同规定向工程承包商结算的进度款，借记“在建工程”科目，贷记“银行存款”、“预付账款”等科目；工程完成时，按合同规定补付的工程款，借记“在建工程”科目，贷记“银行存款”等科目；工程达到预定使用状态时，按其成本，借记“固定资产”科目，贷记“在建工程”科目。

例 6.4 核算出包建造工程。

公司于 2012 年 7 月建一座厂房，工程出包给北京科达建筑公司承建，预计工程总造价 200 000 元，开工前先预付 70%，其余部分待工程竣工验收合格后付清。

根据工程出包合同和相关原始凭证，会计部门的处理过程如下。

1）预付工程价款时，编制会计分录如下。

借：在建工程——科达建筑 140 000

贷：银行存款 140 000

2）补付工程款，若企业实际补付工程款 53 422 元时，编制会计分录如下。

借：在建工程——科达建筑 53 422

贷：银行存款 53 422

3）工程完工交付使用（见图 6.5）时，编制会计分录如下。

借：固定资产 193 422

贷：在建工程——科达建筑 193 422

项目竣工验收单

<table>
<tr><td>项目名称</td><td colspan="2">出包厂房扩建工程</td><td colspan="2">批准日期</td><td>2012 年 7 月 8 日</td></tr>
<tr><td>项目性质</td><td colspan="2">自用</td><td colspan="2">完成日期</td><td>2012 年 12 月 20 日</td></tr>
<tr><td>预付金额</td><td colspan="2">¥140000.00</td><td colspan="2">追加金额</td><td>¥53422.00</td></tr>
<tr><td>承包单位</td><td colspan="2">北京科达建筑公司</td><td colspan="2">承包方负责人</td><td>张建</td></tr>
<tr><td>预算价</td><td colspan="2">¥200000.00</td><td colspan="2">决算价</td><td>¥193422.00</td></tr>
<tr><td>结构类型</td><td colspan="2">砖混结构</td><td colspan="2">建筑面积</td><td>200m²</td></tr>
<tr><td>验收意见</td><td colspan="5">经检查，质量达到原设计标准，同意交付使用</td></tr>
<tr><td rowspan="2">验收人员</td><td>资产部门</td><td>使用部门</td><td>企业主管</td><td>安全员</td><td>财务科</td></tr>
<tr><td>申明</td><td>孙庆</td><td>杨功</td><td></td><td>孙正峰</td></tr>
<tr><td>备注</td><td colspan="5"></td></tr>
<tr><td colspan="2">验收单位（盖章）
负责人签章：杨功
财务专用章</td><td colspan="2">施工单位（盖章）
负责人签章：张建
财务专用章</td><td colspan="2">使用单位（盖章）
负责人签章：申明</td></tr>
</table>

图 6.5 项目竣工验收单

三、其他方式取得固定资产的核算

1. 投资者投入的固定资产

投资者投入的固定资产，应当按投资合同或协议约定的价值借记“固定资产”科目，贷记“实收资本”、“资本公积”等科目。

2. 盘盈的固定资产

盘盈的固定资产，作为前期差错处理，在按管理权限报批准处理前，应先通过“以前年度损益调整”科目核算。盘盈的固定资产，应按重置成本确定其入账价值，借记“固定资产”科目，贷记“以前年度损益调整”科目。

通过非货币资产交换、债务重组、企业合并及融资租赁方式取得的固定资产的核算本书从略。

关键练习

极地有限责任公司发生了以下经济业务。

1. 2012 年 11 月 10 日固定资产管理部门交来票据显示，公司购入一台不需安装的设备，价款 500 000 元，增值税税额 85 000 元，运费及装卸费 4 000 元。全部款项均用银行存款支付。该设备已于本月交付生产部门使用。

要求： 编制相应的会计分录。

2. 2011 年 5 月 10 日工程建设部门交来一份合同，该合同显示公司采取招标出包方式建造厂房，工程总预算 2 000 万元，工期 2 年。当年 5 月 20 日开工，开工日支付工程款的

50%，余款于工程结束验收合格后交付。2011 年 5 月 20 日，会计部门以转账支票支付工程款 1 000 万元。2013 年 5 月 19 日，工程建设部门交来工程决算单据和固定资产管理部门接收单据。单据显示总工程款为 1 900 万元，会计部门支付剩余的工程款。

要求：编制相应的会计分录。

拓展阅读

固定资产的弃置费用

对于特殊行业的特定固定资产，可能会存在弃置费用。弃置费用通常是指根据国家法律和行政法规、国际公约等规定，企业承担的环境保护和生态恢复等义务所确定的支出，如核电站核设施等在弃置时，核电站企业所必须承担的核电站设施拆除和环境恢复支出等。在确定存在弃置费用的固定资产的初始成本时，应将预计的弃置费用计入其中。但应注意的是，一般工商企业的固定资产发生的报废清理费用不属于弃置费用，应当在发生时作为固定资产处置费用处理。

任务二　固定资产折旧

任务目标

通过本任务的学习，你应该能够：

1. 概括影响固定资产折旧的要素，计算固定资产的应计折旧额。
2. 说明需要计提折旧的固定资产范围。
3. 熟练运用各种折旧计算方法计算固定资产折旧额。
4. 编制固定资产折旧计算表，编制计提折旧的会计分录。

业务认知

固定资产使用过程中会发生损耗，这些损耗包括有形损耗和无形损耗。有形损耗，如机器设备使用过程发生的磨损、房屋建筑物发生的自然侵蚀等；无形损耗，如设备因技术进步造成的使用效能相对下降等。固定资产的损耗最终会导致固定资产报废或停止使用。从资金运动角度看，固定资产从逐步损耗直至报废的过程，实际上也是固定资产价值逐步转移到各受益对象上的过程。在固定资产使用期限内，固定资产一直持续地为使用对象服务，根据权责发生制，固定资产的价值应该在使用期限内系统地分摊。实际操作上，这种分摊是通过计提折旧的方式进行的。折旧是对固定资产损耗程度的价值描述。

为了能准确对折旧进行会计处理，会计人员应当了解以下几个问题。

一、影响折旧的主要因素

1. 固定资产的原价

固定资产的原价是指固定资产的初始计量成本。

2. 预计净残值

预计净残值是指在企业设想的固定资产使用寿命终了状态下，企业预计的该项资产处置所得扣除预计处置费用后的金额。

3. 应计折旧额

应计折旧额是指固定资产原价和预计净残值、已经提取固定资产减值准备的差额。

4. 固定资产的使用寿命

固定资产的使用寿命指预计固定资产为企业提供服务的期限，或者固定资产能生产产品或提供劳务的数量。固定资产的使用寿命直接影响各会计期间应计提的折旧额。

企业在确定固定资产的使用寿命时，应当考虑下列因素。

① 该资产的预计生产能力或实物数量。

② 该资产的有形损耗。

③ 该资产的无形损耗。

④ 有关资产使用的法律或类似的限制。

固定资产的使用寿命和预计净残值的确定须要报经股东大会或董事会、经理（厂长）等类似机构批准，企业以批准后使用寿命和净残值作为计提折旧的依据，并按照法律、行政法规等的规定报送税务机关等有关各方备案。企业固定资产的寿命、预计净残值一经确定，不得随意变更，除非满足会计准则规定的准予变更的条件。

二、需要计提折旧的固定资产范围

（一）需要计提折旧的固定资产

除下列情况外，企业应对所有的固定资产计提折旧。

① 已提足折旧仍继续使用的固定资产。

② 按照规定单独计价作为固定资产入账的土地。

（二）固定资产计提折旧的起止时间

① 企业一般应当按月计提折旧，当月增加的固定资产，当月不提折旧，从下月起计提折旧；当月减少的固定资产，当月照提折旧，从下月起不提折旧。

② 固定资产提足折旧后，不论能否继续使用，均不再计提折旧；提前报废的固定资产，也不再补提折旧。所谓提足折旧，是指已经提足该项固定资产的应计折旧额。

③ 已达到预定可使用状态但尚未办理竣工结算的固定资产，应当按照估计价值确定其成本，并计提折旧；待办理竣工决算后，再按实际成本调整原来的暂估成本，但不需要调整原已计提的折旧额。

企业至少应当于每年年度终了，对固定资产的使用寿命、预计净残值和折旧方法进行复核。使用寿命预计数与原先估计数有差异的，应当调整固定资产使用寿命。预计净残值与原先估计数有差异的，应当调整预计净残值。与固定资产有关的经济利益预期实现方式有重大改变的，应当改变固定资产折旧方法。固定资产使用寿命、预计净残值和折旧方法的改变应当作为会计估计变更处理。

要点提示

一项固定资产是否计提折旧需要依据固定资产计提折旧范围进行判断。

三、折旧的计算方法

固定资产取得后，企业应该根据固定资产的性质和使用方式，合理地估计固定资产的使用寿命和预计净残值，选择适当的折旧方法计算各会计期间的折旧额，并将折旧额计入到各期相关成本费用中去。根据会计准则的规定，可供选择的折旧计提方法有平均年限法、工作量法、双倍余额递减法和年数总和法。折旧方法一经确定，企业不得随意变更，如需变更，应当在会计报表附注中予以说明。

（一）平均年限法

平均年限法又称为直线法，是将固定资产的应计折旧总额在其预计使用年限内均衡分摊的一种方法。其特点是每期计提的折旧额是相等的。计算公式如下。

$$\text{年折旧率}=\frac{1-\text{预计净残值率}}{\text{预计使用寿命（年限）}}\times 100\%$$

$$\text{月折旧率}=\text{年折旧率}\div 12$$

$$\text{月折旧额}=\text{固定资产原价}\times\text{月折旧率}$$

例 6.5　平均年限法计算折旧。

公司有仓库一幢，原始价值428 740元，预计使用5年，预计净残值率为2%。计算该库房的折旧率和折旧额。

年折旧率＝（1－2%）÷5×100%＝19.6%

月折旧率＝19.6%÷12＝1.63%

月折旧额＝428 740×1.63%＝6 988.46（元）

（二）工作量法

工作量法是根据实际工作量计提折旧额的一种方法。它将应计折旧额按预计的资产可提供的工作总量来平均分配，折旧的分摊按每期资产实际提供的工作量来计算。计算公式如下。

$$单位工作量折旧额=\frac{固定资产原价\times（1-净残值率）}{预计总工作量}$$

$$=\frac{固定资产原价-净残值}{预计总工作量}$$

某项固定资产月折旧额 = 该固定资产当月工作量 × 单位工作量折旧额

例 6.6　工作量法计算折旧。

公司有一辆运货汽车，原始价值 100 000 元，预计可行驶 50 万公里，预计净残值率为 5%，本月行驶 4 500 公里。计算该车的月折旧额。

$$单位工作量折旧额=\frac{100\ 000\times（1-5\%）}{500\ 000}=0.19（元/公里）$$

本月折旧额 =4 500 ×0.19 =855（元）

工作量法假设固定资产的折旧与固定资产的使用程度成正比，即资产的使用程度越高，提供的效益越高，实体磨损程度也就越大，所以价值补偿也应该越大，符合收益与成本之间的因果关系。工作量法克服了平均年限法只注重资产使用年限的不足，同时计算简便。它的缺点是，只强调了固定资产的有形损耗，忽视了无形损耗。此外，在实务中，资产的工作总量往往难以准确预测。工作量法主要适用于使用不均衡且物理磨损是资产贬值的主要因素的固定资产，如运输工作设备、车辆等固定资产。

（三）双倍余额递减法

双倍余额递减法是在不考虑固定资产预计净残值的情况下，根据每年年初固定资产净值乘以双倍的直线折旧率计算年折旧额的一种方法。由于双倍余额递减法未考虑固定资产净残值，所以在计算固定资产折旧额时，应在折旧年限到期前两年内，改用直线法计算折旧额。计算公式如下。

$$年折旧率=\frac{2}{预计使用寿命（年）}\times 100\%$$

年折旧额 = 固定资产账面净值 × 年折旧率

月折旧额 = 年折旧额 ÷12

例 6.7　双倍余额递减法计算折旧。

公司有一生产车间，原始价值 200 000 元，预计使用 5 年，预计净残值率 5%，计算该车间的年折旧率与年折旧额。

年折旧率 =2 ÷5 ×100% =40%

预计净残值 =200 000 ×5% =10 000（元）

第 4 年年折旧额 =（43 200 −10 000）÷2 =16 600（元）

第 5 年年折旧额同第 4 年。

表 6.1　双倍余额递减法折旧计算

年 度	期初账面余额 ①=上期期末④	折旧率②	年折旧额 ③=①×②	期末账面余额 ④=①-③
固定资产原价				200 000
第 1 年折旧额	200 000	40%	80 000	120 000
第 2 年折旧额	120 000	40%	48 000	72 000
第 3 年折旧额	72 000	40%	28 800	43 200
第 4 年折旧额	43 200		16 600	26 600
第 5 年折旧额	26 600		16 600	10 000

注：最后两年改用平均年限法计提折旧。

（四）年数总和法

年数总和法是将固定资产的应计折旧额，乘以逐年递减的折旧率计算折旧额的方法。计算公式如下。

预计使用年数总和 = 预计使用年数 ×（预计使用年数 + 1）÷ 2

$$年折旧率=\frac{预计使用年限-已使用年限}{预计使用年数总和}$$

$$=\frac{尚可使用年限}{预计使用年数总和}$$

$$月折旧率=\frac{年折旧率}{12}$$

月折旧额 = 固定资产原价 × 月折旧率

例 6.8　年数总和法计算折旧。

依上例，采用年数总和法计算折旧额（见表 6.2）。

应计提折旧额 = 200 000 ×(1 - 5%) = 190 000（元）

预计使用年数总和 = 5 ×(5 + 1) ÷ 2 = 15

表 6.2　年数总和法折旧计算

年　度	应计提折旧额①	折旧率②	累计折旧额 ③=①×②	账面余额 ④=上期④-③
固定资产原价				200 000.00
第 1 年折旧额	190 000	5/15	63 333.33	136 666.67
第 2 年折旧额	190 000	4/15	50 666.67	86 000.00
第 3 年折旧额	190 000	3/15	38 000.00	48 000.00
第 4 年折旧额	190 000	2/15	25 333.33	22 666.67
第 5 年折旧额	190 000	1/15	12 666.67	10 000.00

实务中，固定资产采用上述折旧方法，按年计算折旧额，然后平均算出月折旧额。按每月计提的折旧额入账。

业务核算

企业核算固定资产折旧时，通过“累计折旧”科目进行核算。企业应当按月计提折旧，每月计提的折旧额按固定资产的使用对象计入相关费用。生产用的固定资产，其折旧计入生产成本、制造费用；管理部门所使用的固定资产，其折旧计入管理费用；销售部门使用的固定资产，其折旧计入销售费用；以经营租赁方式出租的固定资产，其折旧计入其他业务成本；企业自行建造固定资产过程中使用的固定资产，其计提的折旧应计入在建工程成本。企业计提折旧时，借记“制造费用”、“销售费用”、“管理费用”等科目，贷记“累计折旧”科目。

例 6.9 计提折旧的账务处理。

12 月 30 日，依据上月折旧数据和上月固定资产增减资料，编制固定资产折旧计算表(见表 6.3)，并据此计提折旧。

表 6.3 固定资产折旧计算表

使用部门		上月计提折旧额①	上月增加固定资产应计提折旧②	上月减少固定资产应计提折旧③	本月应计折旧额④=①+②-③
生产车间	甲产品专属固定资产	10 000	3 000	1 000	12 000
	乙产品专属固定资产	5 000			5 000
	共用固定资产	2 500	500		3 000
	小计	17 500	3 500	1 000	20 000
行政管理部门用		5 500	800	300	6 000
出租		2 000			2 000
合计		25 000	4 300	1 300	28 000

借：生产成本——甲　　12 000
　　　　　　——乙　　5 000
　　制造费用　　3 000
　　管理费用　　6 000
　　其他业务成本　　2 000
　　贷：累计折旧　　28 000

要点提示

不同用途的固定资产，其折旧计入不同的费用。

关键练习

下面是极地有限责任公司某月计提折旧的相关情况。

要求：先计算当月各项应计提折旧资产的月折旧额，再编制当月的固定资产折旧计算表，并做相应的账务处理。

本公司上个月计提折旧额20 000元，其中13 000元计入制造费用、5 000元计入管理费用、2 000元计入销售费用。

上个月购置了3台不需要安装的设备，均已于上月交付使用，分别是：

1. 生产车间一台，原值200 000元，预计使用5年，预计净残值率5%，采用双倍余额法计提折旧。

2. 公司办公用一台，原值50 000元，预计使用10年，预计净残值率5%，采用平均年限法计提折旧。

3. 销售部门用一台，原值20 000元，预计使用5年，期满无残值，采用年数总和法计提折旧。

本月出售一台生产车间用的设备，该设备原值50 000元，月折旧额为800元，已提取28 800元。

上月报废管理部门设备一台，设备原值66 000元，预计净残值6 000元，预计使用5年，采用平均年限法计提折旧。

拓展阅读

关于汽车报废的争吵

极地有限责任公司财务部室内，运输部门负责人因财务部不支持其对5年前购入的一台运输汽车的报废更新申请而与财务部负责人发生争吵。

运输部负责人认为该车已经不能用于运输和他用，要求更换。财务部负责人认为，根据财务部提供的资料显示，该车原值20万元，预计使用10年，尚可使用7年，该车也未发生过事故，因而不同意更新请求。双方争持不下，在运输部负责人的要求下，双方对该车的情况进行了实地调研。

调研表明，该车使用率极高，每年都跑十多万公里，累计运输里程已达五十多万公里，且运输线路路况不好，该车磨损严重，维修成本已超出其使用收益，该车确实需要报废。

经过这次争论，财务部门发现以前对车辆采取平均年限法计提折旧，使折旧的计提情况与实际损耗情况不符，在账面上无法反映车辆的真实现状。因此，财务部门决定调整运输车辆的折旧办法，由原平均年限法改为工作量法，这样使提取的折旧额能够反映车辆的使用损耗情况，使车辆账面价值能够与实际价格相符合。

任务三　核算固定资产后续支出

任务目标

通过本任务的学习，你应该能够：

1. 举例说明常见的固定资产后续支出事项。
2. 说出会计上对后续支出的分类，简要概述不同分类的核算差异。
3. 进行费用化后续支出的相关账务处理。

业务认知

固定资产投入使用后，为了维护固定资产的正常运转和使用，充分发挥其使用效能，企业将对固定资产进行必要的维护；为了提高生产能力、适应新技术或生产新产品，需要对固定资产进行改建、扩建和更新改造。与上述内容相关的支出发生在固定资产投入使用后，会计上称为固定资产的后续支出。

业务核算

根据会计准则要求，固定资产的后续支出应区分为资本化后续支出和费用化后续支出进行处理。

一、资本化后续支出

固定资产的改建、扩建又叫固定资产改良。固定资产改良支出一般数额较大，受益期限较长，而且使固定资产的性能、生产产品的质量都有较大的改进。根据会计准则的规定，固定资产改良支出符合条件的应予以资本化，发生的相关支出计入固定资产成本。

固定资产发生可资本化的后续支出时，企业一般应将固定资产的原价、已提折旧和减值准备转销，转入“在建工程”科目，并同时停止计提折旧；在改建、扩建期间，发生的各项后续支出应借记“在建工程”科目，贷记“工程物资”、“应付职工薪酬”等科目；改建、扩建完工并达到预定可使用状态时，将原转入的固定资产价值和发生后续支出，一并由“在建工程”科目转入“固定资产”科目，并重新确定固定资产原价、使用寿命和折旧方法，在此基础上计提折旧。

企业发生的一些固定资产后续支出可能涉及到替换原固定资产的组成部分，当发生的后续支出满足固定资产确认条件时，应将其计入固定资产成本，同时将被替换部分的账面价值扣除。

二、费用化的后续支出

一般情况下，固定资产投入使用之后，固定资产的日常维护和修理只是确保固定资产的正常工作，其发生的费用和支出，一般不会导致固定资产寿命延长，或产出产品质量提高、产量增加，通常不符合固定资产的确认条件，在发生时应直接计入当期损益。

企业生产车间和行政管理部门发生的固定资产修理费用等后续支出计入“管理费用”科目；企业专设销售机构的，其发生的与专设销售机构相关的固定资产修理费用等后续支出，计入“销售费用”科目。对于处于修理、更新改造过程而停止使用的固定资产，如果其修理、更新改造支出不满足固定资产的确认条件的，在发生时也应直接计入当期损益。

例 6.10 费用化后续支出的会计处理。

12 月 30 日，根据当月工程物资出库汇总表和工资费用分配表，当月生产设备修理共发生费用 11 800 元，其中领用工程物资 2 000 元，修理人员工资 9 800 元。

会计人员应编制会计分录如下。

借：管理费用　　11 800

　贷：工程物资　　2 000

　　　应付职工薪酬　　9 800

要点提示

核算固定资产后续支出要根据性质判断发生的后续支出是应资本化的后续支出，还是应费用化的后续支出，再依据后续支出类别进行相应的会计核算。

关键练习

极地有限责任公司发生了以下经济业务。

要求：根据说明进行核算。

1. 公司 2012 年 5 月购入一台不需安装的生产设备，价款 100 000 元，增值税税额 17 000元，运输费 10 000 元，支付装卸费 5 000 元。款项均用银行存款支付。

2. 2013 年 5 月，材料出库汇总表显示上述设备日常修理费，发生材料费 1 000 元。不考虑相关税费。

3. 2013 年 5 月底，工资汇总分配表显示，本月为日常维修设备支付员工工资 800 元。

拓展阅读

会计准则中规定的固定资产后续支出资本化条件

企业为固定资产发生的支出符合下列条件之一者，应确认为固定资产改良支出。

① 使固定资产的使用年限延长。

② 使固定资产的生产能力提高。

③ 使产品质量提高。

④ 使生产成本降低。

⑤ 使产品品种、性能、规格等发生良好的变化。

⑥ 使企业经营管理环境或条件改善。

任务四　核算固定资产的处置和减值

任务目标

通过本任务的学习，你应该能够：

1. 概述固定资产终止确认的范围。
2. 说明固定资产处置步骤、熟练进行各步骤的会计处理。
3. 编制固定资产减值核算分录。

业务认知

企业生产经营过程中，固定资产管理部门应定期检查固定资产的使用状况，对不适用、不需用的固定资产进行更新、置换，并及时处置替换下来的固定资产；对因磨损、技术进步和自然灾害等原因造成的无法使用且不具有处置价值的固定资产进行报废。出于经营需要，企业可能还会使用固定资产对外投资、进行非货币交换和债务重组等。这些活动会导致固定资产终止使用，使企业的固定资产减少。

会计人员应根据固定资产管理部门提供的相应资料，结合固定资产准则规定的终止确认条件，对固定资产予以终止确认。

固定资产准则规定，固定资产满足下列条件之一时，应当予以终止确认。

① 该固定资产处于处置状态。固定资产处置包括固定资产的出售、转让、报废或毁损、对外投资、非货币性资产交换、债务重组等。处于处置状态的固定资产不再用于生产商品、提供劳务、出租或经营管理，所以不再符合固定资产的定义，应予终止确认。

② 该固定资产预期通过使用或处置不能产生经济利益。如果一项固定资产预期通过使用或处置不能产生经济利益，那么它就不再符合固定资产的定义和确认条件，应予终止确认。

固定资产持有期间，企业应当根据会计信息质量的可靠性和谨慎性要求，检查固定资产使用和处置产生的经济利益，并与固定资产账面价值比较，当预期企业资产因使用或处置产生的经济利益低于资产的账面价值时，企业应当确认资产已经减值。当发生固定资产减值时，应当做出相应的会计处理。

业务核算

一、核算固定资产的减值

实务中，企业应当在资产负债表日，检查资产是否存在减值的迹象，如果存在，则应计算资产的可收回金额，可收回金额小于资产账面价值的，应当计提资产减值准备。

1. “固定资产减值准备”科目

会计科目：固定资产减值准备，核算企业固定资产发生减值时计提的减值准备。

账簿设置：本科目一般设置同名明细账，进行明细核算。

基本账务处理：在资产负债表日，企业根据资产减值准则确定固定资产发生减值的，按应减记的金额，借记“资产减值损失——固定资产减值损失”科目，贷记“固定资产减值准备”科目。处置固定资产时，应同时结转已计提的固定资产减值准备。期末贷方余额反映企业已计提但尚未转销的固定资产减值准备。

固定资产减值损失一经确认，在以后的会计期间不得转回。

2.“资产减值损失”科目

会计科目：资产减值损失，核算企业根据资产减值等准则计提各项资产减值准备形成的损失。

账簿设置：本科目应当按照资产减值损失的项目进行明细核算。

基本账务处理：企业根据资产减值等准则确定资产发生减值的，按应减记的金额，借记“资产减值损失”科目，贷记“坏账准备”、“存货跌价准备”、“固定资产减值准备”、“无形资产减值准备”等科目。

企业计提坏账准备、存货跌价准备等后，相关资产的价值又恢复的，应在原已计提的减值准备金额内，按恢复增加的金额，借记“坏账准备”、“存货跌价准备”等科目，贷记“资产减值损失”科目。

期末，应将本科目余额转入“本年利润”科目，结转后本科目无余额。

例 6.11　计提资产减值准备。

公司有一台2011年12月10日购入的生产设备，其固定资产原价为50 000元，已提折旧额为10 000元。2012年12月31日，由于市场需求发生不利变化，致使该项固定资产发生减值，估计其可收回金额为36 000元。

2012年12月31日，公司应当做如下会计处理。

2012年12月31日固定资产账面价值＝50 000－10 000＝40 000（元）

当期可收回金额36 000元，小于账面价值40 000元，企业应当计提减值准备。

当期应计提减值准备＝账面价值－预计可收回金额

＝40 000－36 000＝4 000（元）

编制会计分录如下。

借：资产减值损失——固定资产减值损失　　4 000

　　贷：固定资产减值准备　　4 000

资产减值损失确定后，减值资产的折旧或者摊销费用应当在未来期间做相应的调整，以使该资产在剩余使用寿命内，系统地分摊调整后的资产账面价值（扣除预计净残值）。

二、核算处置固定资产

企业因出售、报废、毁损等原因减少的固定资产，会计上应通过“固定资产清理”科目核算。

会计科目：固定资产清理，核算企业因出售、报废和毁损、对外投资、非货币性资产交换、债务重组等原因转入清理的固定资产价值及在清理过程中所发生的清理费用和清理收入等。

账簿设置：本科目应当按照被清理的固定资产项目进行明细核算。

主要账务处理：

① 企业因出售、转让、报废和毁损、对外投资、融资租赁、非货币性资产交换、债务重组等处置固定资产，按该项固定资产账面净额，借记“固定资产清理”科目，按已计提的累计折旧，借记“累计折旧”科目，已计提减值准备的，借记“固定资产减值准备”科目；按其账面余额，贷记“固定资产”科目。

② 清理过程中发生的其他费用及应支付的相关税费，借记“固定资产清理”科目，贷记“银行存款”、“应交税费——应交营业税”等科目；收回出售固定资产的价款、残料价值和变价收入等，借记“银行存款”、“原材料”等科目，贷记“固定资产清理”科目；应由保险公司或过失人赔偿的损失，借记“其他应收款”等科目，贷记“固定资产清理”科目。

③ 固定资产清理完成后，本科目的借方余额，属于筹建期间的，借记“管理费用”科目，贷记“固定资产清理”科目；属于生产经营期间由于自然灾害等非正常原因造成的损失，借记“营业外支出——非常损失”科目，贷记“固定资产清理”科目；属于生产经营期间正常的处理损失，借记“营业外支出——处置非流动资产损失”科目，贷记“固定资产清理”科目。

固定资产清理完成后，本科目的贷方余额，属于筹建期间的，借记“固定资产清理”科目，贷记“管理费用”科目；属于生产经营期间的，借记“固定资产清理”科目，贷记“营业外收入——处置非流动资产利得”科目。

本科目期末余额，反映企业尚未清理完毕固定资产的价值及清理净损益（清理收入减去清理费用）。

例 6.12 核算固定资产报废。

固定资产管理部门交来固定资产清理报废单（见图 6.6）。单据表明生产部门一台设备报废，同时出纳员转来处理该项资产的变价收入结算凭证和支付清理费用的结算凭证（结算凭证略）。

固定资产清理报废单

2012 年 12 月 10 日

编号：002

<table>
<tr><td colspan="4">主管部门：固定资产管理部门</td><td colspan="7">使用单位：生产加工车间</td></tr>
<tr><td>名称型号</td><td>单位</td><td>数量</td><td>原始价值</td><td>已提折旧</td><td>减值准备</td><td>净值</td><td>预计使用年限</td><td>实际使用年限</td><td>支付清理费用</td><td>收回变价收入</td></tr>
<tr><td>XD设备</td><td>台</td><td>1</td><td>100000</td><td>95000</td><td>0</td><td>5000</td><td>5</td><td>5</td><td>3000</td><td>4000</td></tr>
<tr><td>建造单位</td><td colspan="3"></td><td colspan="3">报废原因</td><td colspan="4">处理意见</td></tr>
<tr><td>建造年份</td><td colspan="3">2008 年 11 月 20 日</td><td colspan="3" rowspan="2">磨损严重，无法使用</td><td colspan="2" rowspan="2">同意
杨功</td><td colspan="2" rowspan="2">同意
孙正峰</td></tr>
<tr><td>出厂号</td><td colspan="3">NO. 451-9</td></tr>
</table>

负责人：寒冰　　固定资产管理部门：王东梅　　固定资产使用部门：李爽

图 6.6 固定资产清理报废单

根据有关原始凭证，会计人员对报废固定资产的相关事项处理如下。

1）转销报废固定资产的账面价值时，编制会计分录如下。

借：固定资产清理	5 000	
累计折旧	95 000	
贷：固定资产		100 000

2）支付清理费用时，编制会计分录如下。

借：固定资产清理	3 000	
贷：银行存款		3 000

3）取得残料变价收入时，编制会计分录如下。

借：银行存款	4 000	
贷：固定资产清理		4 000

4）结转清理净损失时，编制会计分录如下。

借：营业外支出——非流动资产处置损失	4 000	
贷：固定资产清理		4 000

例 6.13 核算意外报废固定资产。

根据固定资产管理处提供资料显示，公司一辆运输车在一次交通事故中毁损。该汽车原价 150 000 元，已提折旧 70 000 元，毁损汽车残料变价收入 5 000 元（清理报废单据和结算凭证略）。经谈判与肇事责任人达成协议，由其赔偿 30 000 元，根据公司与保险公司的保险合同，保险公司确定保险赔偿金额为 35 000 元（见图 6.7），赔偿款均未收到。

本例中，固定资产的报废关键在于所收到的保险赔偿或责任人赔偿的处理，根据规定应做如下会计处理。

1）转销毁损汽车的账面价值时，编制会计分录如下。

借：固定资产清理	80 000	
累计折旧	70 000	
贷：固定资产		150 000

2）取得变价收入时，编制会计分录如下。

借：银行存款	5 000	
贷：固定资产清理		5 000

3）核算个人和保险赔偿款时，编制会计分录如下。

借：其他应收款——责任人	30 000	
——保险公司	35 000	
贷：固定资产清理		65 000

4）结转清理净损失时，编制会计分录如下。

借：营业外支出——非常损失	10 000	
贷：固定资产清理		10 000

中国人民保险公司北京分公司
出险损失计算书

赔案编号	200015896	被保险人	极地有限责任公司
保险单号码	010056	通知单号	
批单号次		保品	汽车
理赔金额	¥35 000.00	承保条件	
保险期限	2012 年 01 月 01 日至 2012 年 12 月	运输工具	号
出险日期	2012 年 12 月 05 日 10 时 25 分	起讫地点	自　　经　　到
出险地点	昌平公路		
赔款原因：根据《中华人民共和国财产保险合同条例》有关规定及事故单位 010056 号投保单，我公司调查后支付保险金 35 000 元，其余由事故单位自行负责。			
共计（大写）：叁万伍仟元整		证明文件 中国人民保险公司章 2012 年 12 月 08 日	

核定：王建国　　审核：刘云　　编制：李琳

图 6.7　出险损失计算书

三、核算盘亏固定资产

对于管理规范的企业而言，在清查中发现盘亏的固定资产是比较少见的，也是不正常的。企业应当健全制度，加强管理，定期或者至少于每年年末对固定资产进行清查盘点，以保证固定资产核算的真实性和完整性。如果发现固定资产盘亏，应及时查明原因，在期末结账前处理完毕。

对于盘亏的固定资产，在查明原因前先通过“待处理财产损溢”科目核算。发生盘亏时，按盘亏固定资产的账面价值，借记“待处理财产损溢”科目，按已经计提的累计折旧，借记“累计折旧”科目，按已经计提的减值准备，借记“固定资产减值准备”科目，按固定资产的原价贷记“固定资产”科目；按管理权限报经批准处理后，按可收回的保险赔偿金额和过失人赔偿金额，借记“其他应收款”科目，按应计入损失的金额，借记“营业外支出——盘亏损失”科目，贷记“待处理财产损溢”科目。

例 6.14　核算盘亏固定资产。

2012 年末公司进行盘点时发现生产车间短缺一台辅助设备，该设备原值为 50 000 元，已提取折旧 26 000 元。

公司应编制会计分录如下。

1）批准前。

借：待处理财产损溢——待处理固定资产损溢　　24 000
　　累计折旧　　26 000
　　贷：固定资产　　50 000

2）批准后。

借：营业外支出——盘亏损失　　24 000

贷：待处理财产损溢——待处理固定资产损溢　　　　24 000

关键练习

极地有限责任公司生产部门所使用的一台机床，因其生产的产品单位成本过高，超过市价，已无使用价值，遂填写一份报废申请单交给资产管理部门。经过资产管理部门批准，对该机床进行清理，发生如下业务。

1. 用银行存款支付清理费 2 000 元。
2. 取得该设备变价收入为 5 000 元。

该机床原值 200 000 元，已提取 150 000 元折旧，未提减值准备。

要求： 编写该设备清理全过程的会计分录。

拓展阅读

固定资产不见了

2012 年末，极地有限责任公司固定资产管理部门和财务部门联合对生产部门使用的全部设备进行实地盘点，发现一台在财务明细账和资产管理部门台账上都存在的生产设备不见了。该设备原值 200 000 元，预计使用年限 10 年，预计净残值率 10%，已使用 4 年。生产部门解释说，因产品结构调整，该设备于 2012 年 6 月 20 日开始不再使用，该设备其他车间也不需要。故此，生产部门决定将其以 80 000 元价格出售给外地一家公司，该设备已于 2012 年 6 月 28 日运走，出售价款尚未收到，所以未将有关票据送交财务部。

请你说明生产部门的做法是否合理，并提供一个建议来改进极地有限责任公司的固定资产管理。

模块实训索引

《新编企业财务会计实训（第 2 版）》模块 4——实训 4. 1　固定资产增加、减少、盘存核算演练

《新编企业财务会计实训（第 2 版）》模块 4——实训 4. 2　固定资产折旧核算演练

《新编企业财务会计实训（第 2 版）》模块 4——实训 4. 3　在建工程核算演练

《新编企业财务会计实训（第 2 版）》模块 4——实训 4. 4　拓展训练

模块法规依据

1.《企业会计准则第 4 号——固定资产》（2006 年 2 月 15 日财政部发布，自 2007 年 1 月 1 日起在上市公司范围内施行）。

2.《企业会计准则第 8 号——资产减值》（2006 年 2 月 15 日财政部发布，自 2007 年 1 月 1 日起在上市公司范围内施行）。

3.《企业会计准则——应用指南》（2006 年 10 月 30 日财政部发布，自 2007 年 1 月 1 日起在上市公司范围内施行）。

模块七

核算无形资产及长期待摊费用

工作导入

在前面各模块中我们带领大家认识了各种常见的资产，学习了这些资产的核算。企业除了前面介绍的各种资产外，还有无形资产和其他非流动资产。这里带领大家学习无形资产和长期待摊费用的核算。

任务一　核算无形资产

任务目标

通过本任务的学习，你应该能够：

1. 说出无形资产的定义和特征，列举无形资产常见种类。
2. 进行常见无形资产业务的核算。

业务认知

一、认识无形资产

无形资产是指企业拥有或控制的没有实物形态的可辨认的非货币性资产。

（一）无形资产的特征

1. 不具有实物形态

无形资产是不具有实物形态的非货币性资产，它不像固定资产、存货等有形资产具有实物形体。

2. 可辨认性

资产满足下列条件之一时，符合无形资产定义中的可辨认性标准。

① 能够从企业中分离或者划分出来，并能单独或者与相关合同、资产或负债一起，用于出售、转移、授予许可、租赁或交换。

② 源自合同性权利或其他法定权利，无论这些权利是否可以从企业或其他权利和义务中转移或者分离。

商誉的存在无法与企业自身分离，不具有可辨认性，不能确认为无形资产。

3. 属于非货币性长期资产

无形资产属于非货币性资产却能够在多个会计期间为企业带来经济利益。无形资产的使用年限在一年以上，其价值将在各个受益期间逐渐摊销。

（二）无形资产的内容

无形资产一般包括专利权、商标权、著作权、非专利技术、土地使用权和特许权等。

1. 专利权

专利权，是指国家专利主管机关依法授予专利申请人对其发明创造在法定的有效期限内所享有的专有权利，包括发明专利权、外观设计专利权及实用新型专利权。

2. 商标权

商标是商品的标记。商标权即商标专用权，是指商标注册人对其注册商标的专用权，包括文字商标权、图形商标权、记号商标权和组合商标权等。

3. 著作权

著作权又称版权，是指著作权人对其著述和创作的文学、艺术及科学技术作品所享有的专有权利，包括作者的人身权和财产权。

4. 非专利技术

非专利技术也称技术秘密和技术诀窍，是指非专利权人对其发现、发明和其他科技成果所享有的专有权，包括发现权、发明权和其他科技成果权。企业从外部购入的专有技术可予以资本化，并享有转让权等。

5. 土地使用权

土地使用权，是指国家批准某一企业或单位在一定期间内对国有土地所享有的使用权，包括开发权、利用权和经营权。

要点提示

企业取得的土地使用权通常应确认为无形资产，但改变土地使用权用途，用于赚取租金或资本增值的，应当将其转为投资性房地产。

6. 特许权

特许权，又称特许经营权、专营权，指企业在某一地区经营或销售某种特定商品的权利，或是企业得到的可以使用另一家企业的商标、商号、技术秘密等的权利。前者一般是指政府机关授权、准许企业使用或在一定地区享有经营某种业务的特权，如水、电、邮电通信等专营权、烟草专卖权等；后者指企业间依照签订的合同，有期限或无期限使用另一家企业的某些权利，如连锁分店使用总店的名称等。

二、无形资产的确认条件

无形资产应在同时满足以下条件时才能加以确认。

① 与该无形资产有关的经济利益很可能流入企业。

② 该无形资产的成本能够可靠计量。

业务核算

为了核算各种无形资产的取得、摊销和处置等情况，企业应设置“无形资产”、“累计摊销”、“无形资产减值准备”等科目。

1. “无形资产”科目

会计科目：无形资产，核算企业持有的无形资产，包括专利权、非专利技术、商标权、著作权、土地使用权等。

采用成本模式计量的已出租的土地使用权和持有并准备增值后转让的土地使用权，在“投资性房地产”科目核算，不在本科目核算。

账簿设置：企业应当按照无形资产项目设置明细账，进行明细核算。

基本账务处理：“无形资产”账簿，借方登记公司按规定取得的无形资产实际成本，贷方登记公司向外单位投资转出的或出售的无形资产账面余额；期末借方余额表示企业已入账的无形资产的成本。

2. “累计摊销”科目

会计科目：累计摊销，核算企业对使用寿命有限的无形资产计提的累计摊销。

账簿设置：本科目应按无形资产项目设置明细账，进行明细核算。

基本账务处理：“累计摊销”账簿，贷方登记计提的无形资产摊销，借方登记处置无形资产转出的累计摊销；期末贷方余额，反映公司无形资产的累计摊销额。

一、无形资产增加的核算

无形资产应当按照成本进行初始计量。无形资产的取得方式主要有外购、投资者投入、自行开发、非货币性资产交换、债务重组和政府补助等。取得的方式不同，其会计处理也有所差别。

（一）外购无形资产的核算

外购无形资产的成本包括购买价款、相关税费及直接归属于使该项资产达到预定用途所发生的其他支出。

公司购入无形资产时，按实际支付的价款作为实际成本，借记“无形资产”科目，贷记“银行存款”等科目。

外购无形资产所涉及的原始凭证包括对方提供的发票及相关的支付结算凭证，如支票存根等。

例 7.1　核算购入无形资产。

收到转让无形资产专用发票（见图 7.1）和相关银行结算凭证（单据略），系公司从技术市场购入某一专利技术，款项 84 000 元用银行存款支付。

转让无形资产专用发票

发票代码：011012000057101
发票号码：7778888

全国统一发票监制章 发票联 北京市 国家税务局监制

客户名称：极地有限责任公司　　　　2012 年 03 月 02 日

转让项目	技术合同号	数　量	单　价	金　额							
				十	万	千	百	十	元	角	分
某专利技术		1			8	4	0	0	0	0	0
金额合计（大写）	捌万肆仟元整			¥	8	4	0	0	0	0	0

长城技术公司 532002672451685 发票专用章

单位盖章：　　　　复核：　　　　制单：刘风

图 7.1　转让无形资产专用发票

编制会计分录如下。

借：无形资产——专利权　　　　84 000

　　贷：银行存款　　　　84 000

（二）投资者投入无形资产的核算

接受投资者投入无形资产时所涉及的原始凭证包括接受投资时的协议书或验资报告。

例 7.2　核算接受投资者投入无形资产。

收到验资报告一份，系公司接受皖西公司投入的某项非专利技术，双方商定的价值为 60 万元，已办妥相关手续。

编制会计分录如下。

借：无形资产——非专利技术　　　　600 000

　　贷：实收资本——皖西公司　　　　600 000

（三）自行开发无形资产的核算

对于企业自行进行的研究开发项目，应当区分研究阶段与开发阶段分别进行核算。研究阶段发生的各项支出应予以费用化，计入当期损益；开发阶段发生的支出，符合资本化条件的，可以资本化，确认为无形资产。

会计科目：研发支出，核算企业进行研究与开发无形资产过程中发生的各项支出。

账簿设置：本科目应当按照研究开发项目，分别“费用化支出”与“资本化支出”设置明细账，进行明细核算。其中“研发支出——资本化支出”科目登记企业发生的满足资本化条件的无形资产研究开发支出；“研发支出——费用化支出”科目核算不符合资本化条件的无形资产研究开发支出。

基本账务处理：企业自行开发无形资产发生的研发支出，不满足资本化条件的，借记“研发支出——费用化支出”科目；满足资本化条件的，借记“研发支出——资本化支出”科目，贷记“原材料”、“银行存款”、“应付职工薪酬”等科目。期末，应将“研发支出——费用化支出”科目归集的金额转入“管理费用”科目，借记“管理费用”科目，贷记“研发支出——费用化支出”科目。

企业研究开发项目达到预定用途形成无形资产的，应按“研发支出——资本化支出”科目归集的发生额，借记“无形资产”科目，贷记“研发支出——资本化支出”科目。

要点提示

企业内部研究开发项目所发生的支出应区分研究阶段支出和开发阶段支出。

例 7.3 核算无形资产研究开发支出。

公司从2012年2月6日开始自行研发一项新专利技术，至2012年7月1日，该无形资产通过可行性论证，进入开发试制阶段。到2012年9月15日，该项无形资产达到预定可使用状态。2012年2月到6月每月发生各种研发费用400 000元，工资费用200 000元。2012年7月至9月，每月发生各项研发支出200 000元，工资费用1 000 000元，2012年7月至9月发生的支出全部符合资本化条件。

2012年2月至6月发生各项费用时，应编制会计分录如下。

借：研发支出——费用化支出	600 000	
贷：银行存款		400 000
应付职工薪酬		200 000

2012年2月到6月，月末结转研发费用时，应编制会计分录如下。

借：管理费用	600 000	
贷：研发支出——费用化支出		600 000

2012年7月至9月发生各项费用时，应编制会计分录如下。

借：研发支出——资本化支出	1 200 000	
贷：银行存款		200 000
应付职工薪酬		1 000 000

2012年9月15日无形资产达到预定使用状态时，应编制会计分录如下。

借：无形资产	3 600 000	
贷：研发支出——资本化支出		3 600 000

（四）其他方式取得的无形资产

企业无形资产的取得除了上述所介绍的3种形式外，还可以通过债务重组、非货币性资产交换和政府补助等形式取得。

二、无形资产摊销的核算

企业应当于取得无形资产时分析判断其使用寿命。使用寿命有限的无形资产，应在其预计的使用寿命内采用合理的方法对应摊销金额进行摊销；使用寿命不确定的无形资产，企业不予摊销。这里的应摊销金额是指无形资产的成本扣除残值后的金额。使用寿命有限的无形资产残值一般应当视为0。

无形资产摊销方法包括直线法、生产总量法等。企业选择的无形资产的摊销方法，应当反映与该项无形资产有关的经济利益的预期实现方式，并一致运用于不同会计期间；无法可靠确定预期实现方式的，应当采取直线法摊销。

无形资产应按月摊销。无形资产的摊销期自可供使用时开始至终止确认时止，处置当月不再摊销。

无形资产的摊销一般应计入当期损益。企业自用的无形资产，摊销金额计入管理费用；出租的无形资产，摊销金额计入其他业务成本。但如果某项无形资产是专门用于生产某种产品的，其所包含的经济利益是通过所生产的产品实现的，无形资产的摊销金额应当计入产品成本。

例 7.4 计算无形资产摊销额。

承例7.1，公司从技术市场购入一项84 000元的专利技术，预计使用年限为10年，当月末对其进行摊销。

该项无形资产的月摊销额＝84 000 ÷10 ÷12 ＝700（元）

例 7.5 计算无形资产摊销额。

公司将自行开发的非专利技术出租给长江公司，该项非专利技术成本为1 800 000元，双方约定的租赁期限为10年，月末对其进行摊销。

该项无形资产的月摊销额＝1 800 000 ÷10 ÷12 ＝15 000（元）

例 7.6 核算无形资产的摊销。

月末根据公司无形资产明细账，编制无形资产摊销计算表（见表7.1）对其进行摊销的会计处理。

表7.1 无形资产摊销计算表

2012年12月31日　　　　编号：000062

项 目	价 值		入账时间	摊销期限（月）	月摊销额
	现摊余价值	原入账价值			
专 利	84 000	84 000	2012.03	120	700
非专利技术（出租）	1 800 000	1 800 000	2012.12	120	15 000
合 计					¥15 700

负责人：寒冰　　　　复核：吴天　　　　制表：方倩

编制会计分录如下。

借：管理费用——无形资产摊销　　700
　　其他业务成本　　15 000
　　贷：累计摊销　　15 700

三、无形资产处置的核算

无形资产的处置主要是指出售、对外出租、对外捐赠和转销无形资产等。

（一）无形资产的出售

企业将无形资产出售，即放弃对无形资产的所有权。此时，应将所取得的价款与该无形资产的账面价值（原值减去累计摊销和已计提的减值准备）的差额计入当期损益。

按实际取得的转让收入，借记“银行存款”科目；按已计提的累计摊销额，借记“累计摊销”科目。按无形资产的账面金额，贷记“无形资产”科目；按应支付的相关税费，贷记“银行存款”、“应交税费”等科目；按其差额，贷记“营业外收入——非流动资产处置利得”科目或借记“营业外支出——非流动资产处置损失”科目。已计提减值准备的，还应同时结转减值准备。

例7.7　核算出售无形资产。

公司将所拥有的某专利权以800 000元价格出售给华皖技术公司，价款已收存银行；为出售该专利权，以银行存款支付有关费用2 000元，同时还应承担5%的营业税40 000元；该项专利权的账面价值为900 000元，已摊销300 000元。（各项原始单据略）

应编制会计分录如下。

借：银行存款	800 000	
累计摊销	300 000	
贷：无形资产——某专利权		900 000
银行存款		2 000
应交税费——应交营业税		40 000
营业外收入——非流动资产处置利得		158 000

（二）无形资产的出租

企业将无形资产出租是指将其拥有的无形资产的使用权让渡给他人，企业仍保留对该项无形资产的所有权并收取租金的行为。此时应确认相关的收入及成本。

出租无形资产时，按取得的租金收入，借记“银行存款”等科目，贷记“其他业务收入”科目；按出租无形资产的摊销额和发生的相关税费，借记“其他业务成本”科目，贷记“累计摊销”、“银行存款”等科目。

要点提示

对于出租的无形资产，企业应按月进行摊销。（见本任务例7.5）

例7.8　核算出租无形资产。

我公司将自行开发完成的非专利技术出租给长江技术公司，该项非专利技术成本为

1 800 000元，月摊销额 18 000 元。双方约定的租赁期限为 10 年，每月租金 40 000 元，按租金收入的 5% 计提应交纳的营业税 2 000 元。（单据略）

① 每月收取租金存入银行，编制会计分录如下。

借：银行存款	40 000	
贷：其他业务收入		40 000

② 每月计提应交纳的营业税，编制会计分录如下。

借：营业税金及附加	2 000	
贷：应交税费——应交营业税		2 000

③ 每月计提累计摊销，编制会计分录如下。

借：其他业务成本	18 000	
贷：累计摊销		18 000

（三）无形资产的报废

无形资产的报废是指企业的无形资产预期不能为企业带来经济利益，不再符合无形资产的定义，应将其转销。例如，某项无形资产已经被其他新技术替代，不能为企业带来经济利益；或某项无形资产法律保护期已过，其产品没有了市场，即证明不能为企业带来经济利益。

当企业对无形资产进行报废时，应按已预提的累计摊销额，借记“累计摊销”科目；按其账面余额，贷记“无形资产”科目；按其差额，借记“营业外支出——非流动资产处理损失”科目。已计提减值准备的，还应同时结转减值准备。

例 7.9　核算报废无形资产。

公司 6 年前购入的一套技术软件经有关专家鉴定已无使用价值，不能再为公司带来经济利益。该软件原值 400 000 元，累计摊销 360 000 元，已提减值准备 30 000 元。

编制会计分录如下。

借：累计摊销	360 000	
无形资产减值准备	30 000	
营业外支出——非流动资产处理损失	10 000	
贷：无形资产		400 000

关键练习

极地有限责任公司发生了以下经济业务，请根据说明进行核算。

1. 2012 年 6 月 10 日有关部门交来票据显示，公司购入了一项商标权，支付价款 2 000 000元，款项已用银行存款支付。该商标权的使用寿命为 10 年，不考虑残值。请编制相应的会计分录。

（1）购入时的分录。

（2）按月摊销时的分录。

2. 2012 年 7 月 12 日将拥有的一项非专利技术出售，取得收入 9 000 000 元，应交纳 5% 的营业税。该项非专利技术账面金额为 8 000 000 元，累计摊销额为 480 000 元。收入款项已经存入银行，税金尚未支付。请编制相应的会计分录。

拓展阅读

如何区分自行开发无形资产的研究阶段与开发阶段

《企业会计准则》将无形资产研究开发项目区分为研究阶段和开发阶段。企业应当根据研究与开发的实际情况加以判断。

1. 研究阶段的特征

研究阶段是探索性的，为进一步开发活动进行资料及相关方面的准备，已进行的研究活动将来是否会转入开发、开发后是否会形成无形资产等，均具有较大的不确定性。

2. 开发阶段的特征

相对于研究阶段而言，开发阶段应当是已完成研究阶段的工作，在很大程度上具备了形成一项新产品或新技术的基本条件。

任务二　核算长期待摊费用

任务目标

通过本任务学习，你应该能够：

1. 说明长期待摊费用的内容。
2. 理解长期待摊费用的性质并能进行正确核算。

业务认知

长期待摊费用是指企业已经发生但应由本期和以后各期负担的分摊期限在一年以上的各项费用，如以经营租赁方式租入固定资产发生的改良支出，以及摊销期限在一年以上的其他待摊费用。

业务核算

会计科目：长期待摊费用，核算企业已经发生但应由本期和以后各期负担的分摊期限在一年以上的各项费用。

账簿设置：本科目应按费用项目设置明细账，进行明细核算。

基本账务处理：企业发生的长期待摊费用，借记“长期待摊费用”科目，贷记有关科目；摊销长期待摊费用时，借记“管理费用”、“销售费用”等科目，贷记“长期待摊费用”科目。本科目期末借方余额，反映企业尚未摊销完毕的长期待摊费用的摊余价值。

例 7.10　核算长期待摊费用。

公司对以经营租赁方式新租入的办公楼进行装修，发生以下有关支出：从仓库领用生产用原材料 400 000 元，购进该批原材料时支付的增值税进项税额为 68 000 元，发生有关人员工资等职工薪酬 432 000 元。到 12 月 1 日该办公楼装修完工，达到预定可使用状态并交付使用，并按租赁期 5 年开始进行摊销（假定不考虑其他因素）。

编制会计分录如下。

1）装修领用原材料时。

借：长期待摊费用　　468 000

　　贷：原材料　　400 000

　　　　应交税费——应交增值税（进项税额转出）　　68 000

2）确认工程人员薪酬时。

借：长期待摊费用　　432 000

　　贷：应付职工薪酬　　432 000

3）年底摊销当月费用时。

该项长期待摊费用的月摊销额 =(468 000 +432 000) ÷60 =15 000（元）

借：管理费用　　15 000

　　贷：长期待摊费用　　15 000

关键练习

极地有限责任公司于 3 月 1 日起对新租入的一台设备进行维修。当日从仓库领用原材料 216 200 元，购进该批原材料时支付的增值税进项税额为 36 754 元，发生有关人员工资 292 600 元。10 月该设备维修完工交付使用，预计使用年限为 4 年。请编制相应的会计分录。

（1）从仓库领取材料时的分录。

（2）发生职工薪酬时的分录。

（3）完工当月摊销时的分录。

拓展阅读

关于其他资产

极地公司刚来的实习会计小林年底学习编制资产负债表时，发现报表中货币资金项目与自己的师父——会计吴天所列示的金额不一致，于是他就前来请教师父。原来公司有个临时科目因涉及税款诉讼问题遭到人民法院的冻结，自己将此项冻结款项计入了货币资金项目，而师父却将此款项计入其他资产项目。经过师父的指导和自己的认真学习思考，他明白了关于“银行冻结存款”的性质——银行冻结存款是指因某种原因被银行冻结不能正常支取的存款。由于这部分存款被冻结，不再具有货币资金的支付手段功能，所以应将其确认为其他资产。

其他资产是指除了货币资金、交易性金融资产、应收及预付款项、存货、长期股权投资、固定资产、无形资产等以外的资产，除了本节中介绍的长期待摊费用外，还包括银行冻结存款、冻结物资、特准储备物资等。

其他资产在会计核算中是一种特殊的资产项目，这些项目不一定每个企业都存在。对于它的核算，国家有关会计准则制度并没有设置专门的会计科目。企业可以根据实际情况设置“其他资产”科目进行记录，并根据时间长短在资产负债表中分别以“其他流动资产”或“其他非流动资产”进行报告。

模块实训索引

《新编企业财务会计实训（第2版）》模块5——无形资产增加、摊销、转让核算演练

模块法规依据

1.《企业会计准则第6号——无形资产》（2006年2月15日财政部发布，自2007年1月1日起在上市公司范围内施行）。

2.《企业会计准则第8号——资产减值》（2006年2月15日财政部发布，自2007年1月1日起在上市公司范围内施行）。

3.《企业会计准则——应用指南》（2006年10月30日财政部发布，自2007年1月1日起在上市公司范围内施行）。

模块八

核算应付及预收款项

工作导入

负债按流动性分类，可分为流动负债和非流动负债。流动负债主要包括短期借款、应付票据、应付账款、预收账款、应付职工薪酬、应交税费、应付利息、应付股利、其他应付款等。本模块主要介绍除短期借款以外的流动负债的会计核算。短期借款将在模块九中介绍。

任务一　核算应付及预收账款

任务目标

通过本任务的学习，你应该能够：

1. 说出应付及预收款的概念、包括的种类和核算的会计科目。
2. 根据经济业务单据，编制应付及预收款发生、偿还或结清、转销时的会计分录。

业务认知

一、应付账款

应付账款指因购买材料、商品或接受劳务等经营活动应支付的款项。

应付账款入账时间的确定，应以与所购买物资所有权有关的风险和报酬已经转移或劳务已经接受为标志。在实际工作中，应区别以下情况处理。

① 未付款，先收到发票，后收到货物，或者同时收到发票和货物的情况。此时应以货物到达验收入库为应付账款的挂账时间。这主要是为了确认所购物资是否在质量、数量和品种上都和合同上订明的条件相符，以免因先入账而在验收入库时发现购入物资错、漏、破损等问题时再行调账。

② 未付款，先收到货物，后收到发票的情况。此时发票等单据未到达，会计人员无法准确确定所购物资的入账价值，所以不能记账。后续处理分两种情况：一是当前会计期内，发票到达，则发票到达时为应付账款的入账时间；二是直到当前会计期末，发票也未到达，由于所购货物的主要风险和报酬已经转移到购买方，负债已经成立，在资产负债表日，会计报表上应当反映已收到的货物和相应负债，此时应当做暂估入库处理。

课堂讨论

暂估入库业务如何进行核算?

二、预收账款

预收账款是企业按照合同约定向购货单位预收的款项。与应付账款不同，预收账款所形成的负债不是以货币偿付，而是以货物偿付。有些购销合同规定，销货企业可以向购货企业预先收取一部分货款，待向对方发货后再收取其余货款。

预收账款一般是在3种情况下产生的：一是企业的产品或劳务在市场上供不应求；二是购货单位的信用不佳；三是生产周期长的企业（如建筑业、造船业等）为解决生产资金不足而向购货单位收取订金。

预收账款入账时间是企业收到购货单位预付款项时。

业务核算

一、核算应付账款

会计科目：应付账款，核算应付账款的发生、偿还、转销等情况。

账簿设置：本科目一般应按照债权人设置明细账，进行明细核算。

基本账务处理：“应付账款”账簿，贷方登记企业购买材料、商品和接受劳务等发生的应付账款；借方登记偿还的应付账款，或开出商业汇票抵付应付账款的款项，或已冲销的无法支付的应付账款。余额一般在贷方，表示企业尚未支付的应付账款余额。

企业购入材料、商品或接受劳务所产生的应付账款，按应付金额入账。购入材料、商品等验收入库，但货款尚未支付，根据有关凭证，借记“原材料”等科目，按可抵扣的增值税额，借记“应交税费——应交增值税（进项税额）”科目，按应付的价款，贷记“应付账款”科目；企业接受供应单位提供劳务而发生的应付未付款项，根据供应单位的发票，借记“生产成本”、“管理费用”等科目，贷记“应付账款”科目。

应付账款附有现金折扣的，应按照扣除现金折扣前的应付款总额入账。因在折扣期限内付款而获得现金折扣，应在偿付应付账款时冲减财务费用。

企业偿还应付账款或开出商业汇票抵付应付账款时，借记“应付账款”科目，贷记“银行存款”、“应付票据”科目。

企业转销确实无法支付的应付账款，应按其账面余额计入营业外收入，借记“应付账款”科目，贷记“营业外收入”科目。

例8.1　核算赊购电子器件。

2012年12月2日，收到增值税专用发票和收料单各一张。单据表明，企业从达非乐公司采购电子器件一批，价款200 000元，增值税税额34 000元，已办理入库，但货款尚未结算。

根据原始凭证，应编制会计分录如下。

借：原材料——电子器件　　200 000

　　应交税费——应交增值税（进项税额）　　34 000

　　贷：应付账款——达非乐　　234 000

例8.2　核算现金付款折扣。

接例8.1，与达非乐公司的合同规定：付款条件为“2/10，1/20，N/30”，按价款计算现金折扣。本公司在12月10日开出转账支票付款。

收到所购商品时的核算处理与例8.1的处理相同。

12月10日，支付货款时，应做如下会计处理。

应享有的现金折扣=200 000×2%=4 000（元）

编制会计分录如下。

借：应付账款——达非乐　　234 000

　　贷：银行存款　　230 000

　　　　财务费用　　4 000

如果公司在12月23日支付货款，则应编制会计分录如下。

借：应付账款——达非乐　　234 000

　　贷：银行存款　　234 000

要点提示

“2/10，1/20，0/30”表示购货方需要在30天内付款，在10日内付款可以享受2%的现金折扣，20日内付款可以享受1%的现金折扣。

二、核算预收账款

会计科目：预收账款，核算企业按照合同规定向购货单位预收的款项。预收账款情况不多的，也可将“预收账款”科目并入“应收账款”科目核算。

账簿设置：“预收账款”科目应当按照购货单位设置明细账，进行明细核算。

基本账务处理：“预收账款”账簿，贷方登记发生的预收账款的数额和购货单位补付账款的数额，借方登记企业向购货方发货后冲销的预收账款数额和退回购货方多付账款的数额。余额一般在贷方，反映企业向购货单位预收款项但尚未向购货方发货的数额；如果为借方余额，反映企业发出货物价税款大于预收款但尚未转销的数额。

企业向购货单位预收和补收款项时，借记“银行存款”科目，贷记“预收账款”科目；销售实现时，按照实现的收入和应交的增值税销项税额，借记“预收账款”科目，按照实现的营业收入，贷记“主营业务收入”科目，按照增值税专用发票上注明的增值税税额，贷记“应交税费——应交增值税（销项税额）”等科目；企业向购货单位退回其多付的款项时，借记“预收账款”科目，贷记“银行存款”科目。

例 8.3　预收销货款。

2012 年 12 月 10 日，收到北京东兴公司转账支票一张，转账支票注明该款系东兴公司根据购销合同交来的采购订金 120 000 元。转账支票已经交存银行，取得银行盖章的进账单回单。

根据银行进账单，应编制会计分录如下。

借：银行存款　　120 000

　　贷：预收账款——东兴公司　　120 000

例 8.4　发出已预收货款的商品。

接例 8.3，12 月 24 日，收到销售部门开具的增值税专用发票、产品发货单和销售出库单。单据表明前东兴公司预付货款的商品已经发出，价款 200 000 元，增值税税款 34 000 元。12 月 26 日，收到东兴公司汇来补付款项的进账通知单，余款全部转入本企业银行存款户。

根据与东兴公司的往来业务，应编制会计分录如下。

1）12 月 24 日，根据发票等确认收入时。

借：预收账款——东兴公司　　234 000

　　贷：主营业务收入　　200 000

　　　　应交税费——应交增值税（销项税额）　　34 000

2）12 月 26 日，根据进账通知单，进行补付货款处理时。

借：银行存款　　114 000

　　贷：预收账款——东兴公司　　114 000

关键练习

1. 2013 年 8 月 8 日，长江公司从黄河公司购入原材料一批，增值税专用发票上注明：价款为 60 000 元，增值税税额为 10 200 元，共计 70 200 元。原材料已验收入库，款项尚未支付。合同规定该批材料价税款的付款条件为“2/10，1/20，N/30”（按采购价款计算）。请编制长江公司 8 月 8 日购入及于 15 日付款、于 20 日付款、于 30 日付款时的会计分录。

2. 2013 年 6 月 5 日，长江公司根据销货合同规定，预收黄河公司货款 320 000 元。6 月 10 日，长江公司按合同规定发出本公司产品一批给黄河公司，增值税专用发票注明的价款为300 000元，销项税额为51 000元。16日，黄河公司补付货款31 000万元，款项收存银行。

要求：请分别编制长江公司预收货款、发出商品和补收货款时的会计分录。

拓展阅读

利用商业信用的形式

商业信用是指商品交易中延期付款或延期交货所形成的借贷关系，是企业之间的一种直接信用关系。

可利用的商业信用的形式主要有以下几种形式。

1. 赊购商品

赊购商品是一种最典型、最常见的商业信用形式。赊购商品时，买卖双方发生商品交易，买方收到商品后并不立即支付现金，而是延期一段时间以后付款。对于买方来说，企业既取得了所需物资或劳务，又可使资金在短期内停留在企业断续周转使用，提高了资金使用效率。

2. 预收账款

在这种形式下，卖方要先向买方收取货款，但要延期到一定时期以后交货，这等于卖方向买方先借一笔资金，是另外一种典型的商业信用形式。通常，购买单位对于紧俏商品乐意采用这种形式。另外，生产周期长、售价高的商品，如轮船、飞机等，生产企业也经常向订货者分次预收货款，以缓解资金占用过多的矛盾。

3. 商业汇票

商业汇票是指单位之间根据购销合同进行延期付款的商品交易时，开出的反映债权债务关系的票据。对于买方来说，它是一种短期融资方式，形成应付票据。详见本模块任务二。

任务二　核算应付票据

任务目标

通过本任务的学习，你应该能够：

1. 说出应付票据的种类，叙述应付票据的核算步骤。
2. 编制应付票据承兑、偿还、转让业务的核算分录。

业务认知

应付票据是指企业购买材料、商品和接受劳务等开出、承兑的商业汇票。商业汇票的使用见模块二。

业务核算

会计科目：应付票据，核算企业购买材料、商品和接受劳务供应等而开出、承兑的商业汇票，包括银行承兑汇票和商业承兑汇票。

账簿设置："应付票据"科目应当设置应付票据备查簿（见图8.1）逐项登记发出票据的种类、交易合同号、票据编号、签发日期、到期日期、收款单位及汇票金额等内容。应付票据到期结清时，应当在备查簿内逐笔注销。

应付票据备查登记簿

票据种类　　　　　　　　　　　　　　　　　　　　　　　　　　　　总第　页
　　　　　　　　　　　　　　　　　　　　　　　　　　　　　　　　分第　页

年		凭证		摘要	合同字号	票据基本情况					到期付款		延期付款	
月	日	字	号			号码	承兑日期	到期日期	收款人	金额	日期	金额	日期	金额

图8.1　应付票据备查登记簿

基本账务处理：应付票据账簿贷方登记开出、承兑汇票的面值及带息票据的预提利息，借方登记支付票据的本金和利息。余额在贷方，表示企业尚未到期的商业汇票的票面金额和利息。

一、发生应付票据

企业因购买材料、商品和接受劳务等承兑的商业汇票，应当按其票面金额作为应付票据的入账金额，借记"材料采购"、"库存商品"、"应付账款"、"应交税费——应交增值税（进项税额）"等科目，贷记"应付票据"科目。

企业支付的银行承兑汇票手续费应当计入当期财务费用，借记"财务费用"科目，贷记"银行存款"科目。

例8.5　用商业汇票抵付货款。

2012年12月31日，收到银行收费凭证（见图8.2）、银行承兑汇票存根（见图8.3）、增值税专用发票（单据略）、收料单（单据略）等原始单据。单据表明企业购进材料一批，价款200 000元，增值税进项税额34 000元，材料已经验收入库，以银行承兑商业汇票结算货款。

中国工商银行收费凭证

2012 年 12 月 31 日　　　　第 001 号

户名	极地有限责任公司		开户银行	中国工商银行北京市长乐分理处							
账号	01093378911		收费种类	手续费							
1. 客户购买凭证时在“收费种类”栏填写工本费，在“凭证种类”栏填写所购凭证名称。 2. 客户在办理结算业务时，在“收费种类”栏分别填写手续费或邮电费，在“结算种类”栏填写办理的结算方式。	凭证(结算)种 类	单价	数　量	金　额							
				万	千	百	十	元	角	分	
	银行承兑汇票					1	1	7	0	0	
	人民币（大写）	壹佰壹拾柒元整			¥	1	1	7	0	0	

第一联　回单

（印章：中国工商银行北京市长乐分理处 2012.12.31 结算专用章）

复核：　　　　记账：

图 8.2　中国工商银行收费凭证

注意：办理中国工商银行的银行承兑汇票按票面金额的 0.5‰收取手续费及代税务部门收取 0.05‰印花税。本例未考虑印花税。

银行承兑汇票（存根）3

№ 1490242

签发日期（大写）　贰零壹贰年壹拾贰月叁拾壹日　　　　第 4 号

收款人	全　称	北京群实公司		付款人	全　称	极地有限责任公司								
	账　号	45623356			账　号	622713200036910001								
	开户银行	中国工商银行兴安分理处	行号 32111		开户银行	中国工商银行北京市长乐分理处	行号 3289							
汇票金额	人民币（大写）贰拾叁万肆仟元整					千	百	十	万	千	百	十	元	角	分
							¥	2	3	4	0	0	0	0
汇款到期日	2013 年 03 月 31 日		承兑协议编号	345678	交易合同号码	00015								
本汇票由你行承兑到期无条件付款。 （印章：极地有限责任公司 财务专用章）			本汇票已经承兑，到期日由本行付款。 承兑行签章 承兑日期　年　月　日 （印章：中国工商银行兴安分理处 汇票专用章）											
			备注：		复核　　记账									

此联由承兑申请人存查

图 8.3　银行承兑汇票

根据上述原始凭证，应编制会计分录如下。

1）付款单位按规定向银行支付手续费时。

借：财务费用　　117

　　贷：银行存款　　117

2）材料验收入库，向付款单位寄交汇票时。

借：原材料——电子器件　　200 000

　　应交税费——应交增值税（进项税额）　　34 000

　　贷：应付票据——群实公司　　234 000

二、偿还应付票据

应付票据到期支付票款时，应按账面余额予以结转，借记“应付票据”科目，贷记“银行存款”科目。

例 8.6　偿还应付票据票款。

接例 8.5，2013 年 3 月 31 日，银行承兑汇票到期，收到银行付款通知（见图 8.4）。

工行特种转账贷方传票

总字第 10668 号
汇　字第 265 号

2013 年 03 月 31 日

付款单位	全称	极地有限责任公司			收款单位	全称	北京群实公司		
	账号或地址	6222713200036910001				账号或地址	45623356		
	开户银行	长乐分理处	行号	3289		开户银行	兴安分理处	行号	32111

金额	亿	千	百	十	万	千	百	十	元	角	分
人民币（大写）贰拾叁万肆仟元整			¥	2	3	4	0	0	0	0	0

附件 1 张

原凭证金额		赔偿金		科　目（借）________
原凭证名称		号码		对方科目（贷）________
转账原因	根据×号汇款划转票款		银行盖章	会计
				复核　　记账　　制票

中国工商银行北京市长乐分理处 2013.03.31 转讫

图 8.4　工行特种转账贷方传票

根据上述原始凭证，应编制会计分录如下。

借：应付票据——群实公司　　234 000

　　贷：银行存款　　234 000

三、转销应付票据

应付票据到期，如期支付款项的，应如数转销应付票据。如果应付票据到期企业无力支付，属于银行承兑汇票的，应将应付票据的账面余额转作短期借款，借记“应付票据”科目，贷记“短期借款”科目；属于商业承兑汇票的，应将应付票据的账面余额转作应付账款。

例8.7 转销应付票据。

假定，2013年3月31日，例8.5中的银行承兑汇票到期，企业无力支付票款，应付票据款转作银行短期借款。

应编制会计分录如下。

借：应付票据 234 000

贷：短期借款 234 000

同时在应付票据备查簿中加以记录。

商业承兑汇票的核算与银行承兑汇票核算除以下两点外其他大体相同。

① 不用支付银行承兑手续费。

② 如果企业无力支付票款，应按应付票据的账面余额，借记“应付票据”科目，贷记“应付账款”科目。

关键练习

长江公司采用银行承兑汇票向黄河公司购入原材料一批，价款160 000元，增值税税额27 200元。原材料验收入库，按实际成本进行核算。该银行承兑汇票的期限为3个月。并以银行存款支付承兑手续费93.60元。

要求：请编制长江公司以下时点的核算分录。

（1）支付银行承兑手续费时。

（2）以银行承兑汇票采购时。

（3）票据到期，支付银行存款时。

（4）若票据到期无力支付银行存款时。

拓展阅读

商业汇票的特点

商业汇票结算与其他银行结算方式相比，具有如下特点。

第一，与银行汇票等相比，商业汇票的适用范围相对较窄。各企业、事业单位之间须具有真实的交易关系和债权债务关系，才能使用商业汇票。

第二，与银行汇票等结算方式相比，商业汇票的使用对象也相对较少。商业汇票的使用对象是在银行开立账户的法人。使用商业汇票的收款人、付款人及背书人、被背书人等必须同时具备两个条件：一是在银行开立账户，二是具有法人资格。个体工商户、农村承包户、个人、法人的附属单位等不具有法人资格的单位或个人及虽具有法人资格但没有在银行开立账户的单位都不能使用商业汇票。

第三，商业汇票可以由付款人签发，也可以由收款人签发，但都必须经过承兑。只有经过承兑的商业汇票才具有法律效力，承兑人负有到期无条件付款的责任。商业汇票到期，因承兑人无款支付或其他合法原因，债务人不能获得付款时，可以按照汇票背书转让的顺序，向前手行使追索权，依法追索票面金额；该汇票上的所有关系人都应负连带责任。商业汇票的承兑期限由交易双方商定，一般为3个月至6个月，最长不得超过6

个月。

第四，未到期的商业汇票可以到银行办理贴现，从而使结算和银行资金融通相结合，有利于企业及时地补充流动资金，维持生产经营的正常进行。

第五，商业汇票在同城、异地都可以使用，而且没有结算起点的限制。

第六，商业汇票一律记名并允许背书转让。商业汇票到期后，一律通过银行办理转账结算，银行不支付现金。商业汇票的提示付款期限自汇票到期日起10日内。

任务三　核算应付职工薪酬

任务目标

通过本任务的学习，你应该能够：

1. 说出应付职工薪酬的概念，概述应付职工薪酬包含的项目。
2. 概述各类职工薪酬的计算分配、发放交纳过程及相关原始凭证。
3. 根据应付职工薪酬的原始凭证，正确地编制出会计分录。

业务认知

一、职工薪酬的概念和分类

职工薪酬是指企业为获得职工提供的服务而给予职工的各种形式的报酬及其他相关支出。

职工薪酬主要包括以下内容。

① 职工工资、奖金、津贴和补贴。工资是指按照一定标准发放给职工的计时工资、计件工资。企业按规定支付给职工的加班加点工资，以及根据国家法律、法规和政策规定，企业在职工因病、工伤、产假、计划生育假、婚丧假、事假、探亲假、定期休假、停工学习、执行国家或社会义务等特殊情况下，按照计时工资或计件工资标准的一定比例支付的工资，也属于职工工资范畴。奖金是指企业支付给职工的超额劳动报酬和增收节支的劳动报酬。津贴是指企业根据有关规定，为了补偿职工特殊或额外的劳动消耗和因其他特殊原因支付给职工的津贴。补贴是指企业为了保证职工工资水平不受物价影响支付给职工的物价补贴等。

② 职工福利费。职工福利费是指企业为职工集体提供福利发生的支出，如内设医务室、职工浴室、理发室、托儿所等集体福利机构人员的工资、医务经费，职工因公负伤赴外地就医路费、职工生活困难补助，以及按照国家规定开支的其他职工福利支出等。

③ 医疗保险费、养老保险费、失业保险费、工伤保险费和生育保险费等社会保险费，

是指企业按照国务院、各地方政府或企业年金计划规定的基准和比例计算，向社会保险经办机构交纳的医疗保险费、养老保险费（包括向社会保险经办机构交纳的基本养老保险费和向企业年金基金账户管理人交纳的补充养老保险费）、失业保险费、工伤保险费和生育保险费。企业以购买商业保险形式提供给职工的各种保险待遇也属于企业提供的职工薪酬，应当按照职工薪酬的原则进行确认、计量和披露。

④ 住房公积金。住房公积金是指企业按照国务院《住房公积金管理条例》规定的基准和比例计算并向住房公积金管理机构交存的住房公积金。

⑤ 工会经费和职工教育经费。工会经费和职工教育经费是指企业为了改善职工文化生活、学习先进技术，提高文化水平和业务素质，按工资总额一定比例计算的用于开展工会活动和职工教育培训等支付的费用。

⑥ 非货币性福利。非货币性福利包括企业以自己的产品或其他有形资产发放给职工作为福利发生的支出、企业提供自己拥有的资产或租赁资产供职工无偿使用发生的支出、免费为职工提供诸如医疗保健服务发生的支出等。

⑦ 因解除与职工的劳动关系给予的补偿。解除与职工的劳动关系给予的补偿是指因各种原因，企业在职工劳动合同尚未到期之前解除与职工的劳动关系，而给予职工的经济补偿。

⑧ 其他与获得职工提供的服务相关的支出。其他与获得职工提供的服务相关的支出是指除上述7种薪酬以外的其他为获得职工提供的服务而给予的薪酬。

要点提示

职工薪酬的内容不仅有工资奖金、还有职工福利、五险一金、工会经费和职工教育经费及解除劳动关系补偿等。

业务核算

会计科目：应付职工薪酬，核算应付职工薪酬的提取、结算、使用等情况。

账簿设置：“应付职工薪酬”科目应当按照“工资”、“职工福利”、“社会保险”、“住房公积金”、“工会经费”、“职工教育经费”、“非货币性福利”等应付职工薪酬项目设置明细账。

基本账务处理：“应付职工薪酬”账簿，贷方登记已分配计入有关成本费用的职工薪酬的数额，借方登记实际发放职工薪酬的数额。期末贷方余额，反映企业应付未付的职工薪酬。

一、确认应付职工薪酬

（一）确认应付职工薪酬的总原则

企业应当在职工为其提供服务的会计期间，将应付的职工薪酬确认为负债，除因解除与职工的劳动关系给予的补偿外，应当根据职工提供服务的受益对象，分别按下列情况处理。

① 为生产产品、提供劳务发生的职工薪酬，记入“生产成本”、“制造费用”、“劳务成本”等科目。

② 为在建工程、开发无形资产发生的职工薪酬，记入“在建工程”、“研发支出”科目。

③ 除上述两项之外的其他职工薪酬，计入当期损益。例如，管理人员工资记入“管理费用”科目、销售人员工资记入“销售费用”科目等。

难以认定受益对象的，直接计入当期损益，并确认应付职工薪酬。

（二）货币性职工薪酬的核算

1. 工资

企业应合理地确定工资，根据自身薪酬制度确定工资、津贴、奖金。

2. 五险一金

医疗保险费、养老保险费、失业保险费、工伤保险费、生育保险费和住房公积金，企业应当按照国务院、所在地政府或企业年金计划规定的标准计量应付职工薪酬金额和相应的成本费用金额。

3. 工会经费和职工教育经费

企业应当合理计量工会经费和职工教育经费金额及相应的成本费用金额。企业确定工会经费和职工教育经费时应考虑税法等相关法律规范的规定。按照国家相关规定，拨付工会经费和发生职工教育经费不超过职工工资总额的2%和1.5%（对符合要求的企业，可根据有关规定按2.5%）的部分允许在所得税前扣除。

4. 职工福利费

企业应根据自身的职工福利需要安排支出职工福利费，但应该考虑国家税法等的相关规定。企业所得税法规定企业实际发生的职工福利费低于工资总额的14%部分允许税前扣除。

例8.8 计算分配本月工资、奖金、津贴和补贴、计提五险一金、职工教育经费和工会经费。

2012年12月30日，根据人事部门传来的工资明细表和工资汇总表，编制工资费用分配表（见表8.1）、职工福利费分配表（见表8.2）、社会保险费及住房公积金汇总分配表（见表8.3）、工会经费及职工教育经费计算分配表（见表8.4），并据此进行职工薪酬分配。

注意：根据所在地政府规定，公司按照职工工资总额的10%、12%、2%、1%、0.8%和10.5%计提医疗保险费、养老保险费、失业保险费、工伤保险、生育保险和住房公积金，交纳给所在地政府的社会保险经办机构和住房公积金管理机构。本例假定当地确定的社会保险和住房公积金交费基数与当月工资相同（社会保险和住房公积金交费基数标准由各省、自治区、直辖市规定）。公司内设医务室，当月实际发生各项支出4 000元，职工福利的受益对象为企业所有人员。公司分别按照职工工资总额的2%和1.5%计提工会经费和职工教育经费。假定公司研发项目已处于开发阶段并符合《企业会计准则第6

号——无形资产》资本化为无形资产的条件。

表 8.1 工资费用分配表

2012 年 12 月 30 日 单位：元

应借科目		生产工人工资额分配			直接工资	合 计
		生产工时	分配率	分配金额		
生产成本	A 产品	30000	2%	60000	60000	60000
	B 产品	20000	2%	40000	40000	40000
	小计				100000	100000
制造费用					20000	20000
管理费用					36000	36000
销售费用					10000	10000
在建工程					22000	22000
研发支出——资本化支出					12000	12000
合 计					200000	200000

财务主管：孙正峰 制单：吴天

分配工资费用时，应编制会计分录如下。

借：生产成本——A 产品 60 000
　　　　　　——B 产品 40 000
　　制造费用 20 000
　　管理费用 36 000
　　销售费用 10 000
　　在建工程 22 000
　　研发支出——资本化支出 12 000
　　贷：应付职工薪酬——工资 200 000

表 8.2 职工福利费分配表

2012 年 12 月 30 日 单位：元

应借科目		计提基数	应付福利费	
			计提比例	计提金额
生产成本	A 产品	60000	2%	1200
	B 产品	40000	2%	800
	小计	100000	2%	2000
制造费用		20000	2%	400
管理费用		36000	2%	720
销售费用		10000	2%	200
在建工程		22000	2%	440
研发支出——资本化支出		12000	2%	240
合 计		200000	2%	4000

财务主管：孙正峰 制单：吴天

分配职工福利费时，应编制会计分录如下。

借：生产成本——A 产品 1 200
　　　　　　——B 产品 800

制造费用　　400
管理费用　　720
销售费用　　200
在建工程　　440
研发支出——资本化支出　　240
贷：应付职工薪酬——职工福利费　　4 000

表 8.3 社会保险、住房公积金汇总分配表

2013年01月10日

单位：元

类别	社会保险						住房公积	合计
	医疗保险	失业保险	养老保险	工伤保险	生育保险	社保合计		
生产人员	10000	2000	12000	1000	130	25130	10500	35630
生产管理	2000	400	2400	200	80	5080	2100	7180
行政管理	3600	720	4320	360	150	9150	3780	12930
销售人员	1000	200	1200	100	640	3140	1050	4190
工程人员	2200	440	2640	220	100	5600	2310	7910
研发人员	1200	240	1440	120	90	3090	1260	4350
总计	20000	4000	21000	1000	1190	51190	21000	72190

财务主管：孙正峰　　制单：吴天

注意：生产人员社会保险和住房公积金假定按生产工人工资比例分配，此处应编制生产人员社会保险和住房公积金分配表（本表略），将生产人员社会保险和住房公积金分配至A产品生产成本和B产品生产成本。本例计算结果为A产品应分摊社会保险15 078元、住房公积金6 300元，B产品应分配社会保险10 052元、住房公积金4 200元。

课堂讨论

"生产人员社会保险和住房公积金分配表"该如何编制？请尝试绘制表格并编制此表。

分配社会保险和住房公积金时，应编制会计分录如下。

借：生产成本——A产品　　21 378
　　　　　　——B产品　　14 252
制造费用　　7 180
管理费用　　12 930
销售费用　　4 190
在建工程　　7 910
研发支出——资本化支出　　4 350
贷：应付职工薪酬——社会保险　　51 190
　　　　　　　　——住房公积金　　21 000

表 8.4 工会经费及职工教育经费计提分配表

2012 年 12 月 30 日

单位：元

应借科目		计提基数	工会经费		职工教育经费	
			计提比例	计提金额	计提比例	计提金额
生产成本	A 产品	60000	2%	1200	1.5%	900
	B 产品	40000	2%	800	1.5%	600
	合计	100000	2%	2000	1.5%	1500
制造费用		20000	2%	400	1.5%	300
管理费用		36000	2%	720	1.5%	540
销售费用		10000	2%	200	1.5%	150
在建工程		22000	2%	440	1.5%	330
研发支出——资本化		12000	2%	240	1.5%	180
合　计		200000		4000		3000

财务主管：孙正峰　　　　制单：吴天

分配职工教育经费和工会经费时，应编制会计分录如下。

借：生产成本——A 产品　　2 100

　　　　　　——B 产品　　1 400

　　制造费用　　700

　　管理费用　　1 260

　　销售费用　　350

　　在建工程　　770

　　研发支出——资本化支出　　420

　　贷：应付职工薪酬——工会经费　　4 000

　　　　　　　　　　——职工教育经费　　3 000

二、发放职工薪酬

(一) 支付职工工资、奖金、津贴和补贴

企业按照有关规定向职工支付工资、奖金、津贴等，借记“应付职工薪酬——工资”科目，贷记“银行存款”、“库存现金”等科目；企业从应付职工薪酬中代扣的各种款项，借记“应付职工薪酬”科目，贷记“银行存款”、“库存现金”、“其他应收款”、“应交税费——应交个人所得税”等科目。

例 8.9 发放工资。

2013 年 1 月 10 日，收到现金支票存根、工资发放明细表（已经领取人签收）等原始单据，编制工资结算汇总表（见表 8.5）。

表 8.5　工资结算明细表

2013 年 01 月 10 日

单位:元

类别	姓名	岗位工资	奖金	……	缺勤扣款	应付工资	代扣代交						实发工资	企业支付						
							个人所得税	医疗保险	失业保险	养老保险	住房公积金	小计		医疗保险	失业保险	养老保险	工伤保险	生育保险	社保合计	住房公积金
生产人员	张政	2 000	1 000			3 600	175	72	18	72	144	481	3 119	360	72	432	36		900	378
……																				
生产人员小计		80 000	13 030		500	100 000	7 000	2 000	500	2 000	4 000	15 500	84 500	10 000	2 000	12 000	1 000	130	25130	10 500
生产管理	李东风	25 000	1 500		50	4 300	280	86	21.5	86	172	645.5	3 654.5	430	86	516	43		1 075	451.5
……																				
生产管理小计		17 750	2 690		170	20 000	1 400	400	100	400	800	3 100	16 900	2 000	400	2 400	200	80	5 080	2 100
行政管理	王东海	2 000	600			2 800	95	56	14	56	112	333	2 467	250	56	336	28		700	294
……																				
行政管理小计		31 200	3 125			36 000	1 700	720	180	720	1 440	4 760	31 240	3 600	720	4 320	360	150	9 150	3 780
销售人员	刘小梅	300	2 200			3 600	175	72	18	72	144	481	3 119	360	72	432	36	28.8	928.3	378
……																				
销售人员小计		4 000	5 565			10 000	850	200	50	200	400	1 700	8 300	1 000	200	1 200	100	640	3 140	1 050
工程人员	张国柱	2 000	300		50	2 500	65	50	12.5	50	100	277.5	2 222.5	250	50	300	25		625	262.5
……																				
工程人员小计		14 680	4 340		120	22 000	455	440	110	440	880	2 325	19 675	2 200	440	2 640	220	100	5 600	2 310
研发人员	郑飞扬	2 000	600			2 800	95	56	14	56	112	333	2 467	280	56	336	28		700	294
……																				
研发人员小计		6 550	3 330			12 000	300	240	60	240	480	1 320	10 680	1 200	240	1 440	120	90	3 090	1 260
总计		154 180	32 080		790	200 000	11 705	4 000	1 000	4 000	8 000	28 705	171 295	20 000	4 000	24 000	2 000	1 190	51 190	21 000

1）向银行提取现金时，根据现金支票存根，编制会计分录如下。

借：库存现金　　171 295

　　贷：银行存款　　171 295

2）发放实发工资，根据工资发放明细表，编制会计分录如下。

借：应付职工薪酬——工资　　171 295

　　贷：库存现金　　171 295

采用银行卡形式发放工资的，可以根据开出的转账支票存根等凭证，直接借记“应付职工薪酬”科目，贷记“银行存款”科目。

3）根据工资结算汇总表核算代扣款项，编制会计分录如下。

借：应付职工薪酬——工资　　28 705

　　贷：其他应收款——个人医疗保险　　4 000

　　　　　　　　——个人失业保险　　1 000

　　　　　　　　——个人养老保险　　4 000

　　　　　　　　——个人住房公积金　　8 000

　　　　应交税费——应交个人所得税　　11 705

（二）支付职工福利费

企业向职工食堂、职工医院、生活困难职工等支付职工福利费时，借记“应付职工薪酬——职工福利”科目，贷记“银行存款”、“库存现金”等科目。

例 8.10 医务所分配前发生福利费用的处理。

2012 年 12 月 25 日，收到发票等单据，支付医务所相关费用。

编制会计分录如下。

借：应付职工薪酬——职工福利　　4 000

　　贷：库存现金　　4 000

（三）支付工会经费、职工教育经费和交纳社会保险金、住房公积金

企业支付工会经费和职工教育经费用于工会事务和职工培训，或按照国家有关规定交纳社会保险费或住房公积金时，借记“应付职工薪酬——工会经费（或职工教育经费、社会保险费、住房公积金）”科目，贷记“银行存款”、“库存现金”等科目。

例 8.11 拨付工会经费。

2013 年 1 月 10 日，收到支票存根，系公司向市工会和本企业工会拨付工会经费4 000 元。

编制会计分录如下。

借：应付职工薪酬——工会经费　　4 000

　　贷：库存现金　　4 000

例 8.12 支付职工培训费。

2012 年 12 月 25 日，收到支票存根和培训发票，系公司为组织新上岗生产人员技术培训，用银行存款支付职工教育经费现金 10 000 元。

编制会计分录如下。

借：应付职工薪酬——职工教育经费　　10 000

　　贷：银行存款　　10 000

例 8.13 交纳社会保险费和住房公积金。

2013 年 1 月 10 日，收到转账支票存根和缴款收据，系公司以银行存款交纳公司负担和代扣代交的社会保险费和住房公积金。

应编制会计分录如下。

借：应付职工薪酬——社会保险费　　51 190

　　　　　　　　——住房公积金　　21 000

　　其他应收款——个人医疗保险　　4 000

　　　　　　　——个人失业保险　　1 000

　　　　　　　——个人养老保险　　4 000

　　　　　　　——个人住房公积金　　8 000

　　贷：银行存款　　89 190

注意：个人负担的社会保险费和住房公积金，在发放工资时可不转入“其他应收款”科目，交纳社会保险和住房公积金时直接从“应付职工薪酬——工资”科目中转出。

三、非货币性职工薪酬的核算

企业向职工提供的非货币性职工薪酬，应当分别情况处理。

（一）以自产产品发放给职工作为福利

例 8.14 以自产产品作为福利发放给职工。

某企业会计人员收到相关审批表和产品出库单等单据。单据表明，经理办公会议决议，公司将本公司生产的电磁炉作为元旦福利发放给全体职工，每人一台。本公司共有职工 2 000 名，其中 1 900 名为直接参加生产的职工，100 名为总部管理人员。电磁炉每台成本为 200 元。该型号的电磁炉市场售价为每台 300 元。公司适用的增值税税率为 17% 。有关会计处理如下。

1）公司决定发放电磁炉时，根据相关审批表编制会计分录如下。

借：生产成本　　666 900

　　管理费用　　35 100

　　贷：应付职工薪酬——非货币性福利　　502 000

其中，应确认的应付职工薪酬 =2 000 ×200 +2 000 ×300 ×17% =502 000（元）

应记入“生产成本”科目的金额 =502 000 ×1 900 ÷2 000 =476 900（元）

应记入“管理费用”科目的金额 =502 000 ×100 ÷2 000 =25 100（元）

注意：实际工作中，上述计算是通过编制分配表的形式完成的，请同学们自己试编些表。

2）实际发放电磁炉时，根据产品出库单编制会计分录如下。

借：应付职工薪酬——非货币性福利　　502 000
　　贷：库存商品　　400 000
　　　　应交税费——应交增值税（销项税额）　　102 000

应交增值税销项税额 =2 000 ×300 ×17% =102 000（元）

注意：以自产产品作为福利发放给职工，《增值税暂行条例》和《企业所得法》均规定应视同销售处理。本业务在申报企业所得税时需要按销售商品售价与库存商品出库成本之间的差额调整应纳税所得额。

（二）以外购商品发放给职工作为福利

以外购商品作为非货币福利提供给职工的，应当按照该商品的公允价值和相关税费计量应计入成本费用和职工薪酬金额。

例 8.15　外购商品作为福利发放给职工。

某公司会计人员收到采购发票、发放明细表等原始单据，单据表明公司将外购大米、豆油和鸡蛋作为元旦福利发放给全体职工。外购大米、豆油和鸡蛋共计 35 100 元（含增值税）。

有关会计处理如下。

1）外购大米、豆油和鸡蛋一并发放时，编制会计分录如下。

借：应付职工薪酬——非货币性福利　　35 100
　　贷：银行存款等　　35 100

2）分配实际发放的大米、豆油和鸡蛋时，编制会计分录如下。

借：生产成本　　33 345
　　管理费用　　1 755
　　贷：应付职工薪酬——非货币性福利　　35 100

其中，应确认的应付职工薪酬 =35 100（元）

应记入“生产成本”科目的金额 =35 100 ×1 900 ÷2 000 =33 345（元）

应记入“管理费用”科目的金额 =35 100 ×100 ÷2 000 =1 755（元）

要点提示

企业将外购的商品用于个人福利的，增值税进项税额不允许抵扣，应直接计入相关费用。

（三）将拥有的房屋等资产提供给职工使用，或租赁住房等资产给职工无偿使用

企业将拥有的房屋等资产无偿提供给职工使用的，应当根据受益对象，将住房每期应计提的折旧计入相关成本或费用，同时确认应付职工薪酬。

租赁住房等资产给职工无偿使用的，应当根据受益对象，将住房每期应付的租金计入相关成本或费用，同时确认应付职工薪酬。

例 8.16 公司自有资产和租用资产无偿提供给职工使用。

根据经理办公会议决议，公司为管理人员租赁公寓两套，月租金为每套 2 400 元；将自有房屋作为集体宿舍免费提供给企业职工使用，每月计提折旧为 5 000 元。

有关会计处理如下。

（1）租用住房给职工使用

1）计算公寓应付租金时，编制会计分录如下。

借：管理费用	4 800	
贷：应付职工薪酬——非货币性福利		4 800

2）支付房屋租金时，根据支付租金结算单据，编制会计分录如下。

借：应付职工薪酬——非货币性福利	4 800	
贷：银行存款等		4 800

（2）将公司自有住房给职工使用

1）自有房屋计提折旧时，根据计提折旧明细表等，编制会计分录如下。

借：应付职工薪酬——非货币性福利	5 000	
贷：累计折旧		5 000

2）分配职工薪酬时，根据职工薪酬分配表，编制会计分录如下。

借：生产成本	5 000	
贷：应付职工薪酬——非货币性福利		5 000

关键练习

1. 长江公司本月应付工资总额 500 000 元，工资费用分配汇总表中列示的产品生产人员工资为 300 000 元，车间管理人员工资为 70 000 元，企业行政管理人员工资为 60 000 元，销售人员工资为 70 000 元。请做长江公司分配工资的会计分录。

2. 长江公司下设一所职工食堂，企业在岗职工共计 1 000 人，其中管理部门 20 人，生产车间 980 人。根据长江公司政策，公司每月给每个职工 120 元伙食补助，公司每月初将该款直接用转账支票转给食堂。请做长江公司月初计算伙食补助款和将伙食补助款转给食堂时的有关会计分录。

3. 根据国家规定的计提标准计算，长江公司本月应向社保交纳职工基本养老保险金共计 60 000 元，应计入基本生产车间生产成本的金额为 40 000 元，应计入制造费用的金额为 18 800 元，应计入管理费用的金额为 1 200 元。请做长江公司计算分配保险金、支付保险金的有关会计分录。

拓展阅读

计时工资和计件工资

1. 计时工资

计时工资是按工作时间计算发放的工资。计时工资计算的主要依据是基本工资和工作时间。基本工资按其计算的时间不同，有按年计算的年薪制、按月计算的月薪制、按日计算的日薪制和按小时计算的小时工资。目前我国大多数企业的工资都采用月薪制。

2. 计件工资

计件工资是按职工生产产量及相应的单位产量工资来计算发放的工资。

3. 计时工资和计件工资的计算

计件工资的计算比较简单，按统计的工作量乘以每单位工作量工资定额即可得出个人应发工资数。

采用计时工资制时，由于我国目前大多数企业都采用月薪制，按月计算应付工资额，所以计算月应付工资额是计时工资计算的主要内容。

月应付工资额＝月基本工资额－（日工资率×缺勤天数）

其中：

日工资率＝月基本工资额÷月平均法定工作日数

月平均法定工作日数确定的方法有两种：一种是不论大月、小月、平月，每月固定按30日计算；另一种是每月按平均法定工作日数20.83日计算。20.83日为年日历日数365日减去104个双休日和11个法定节假日，再除以12个月算出的平均数。

在采用固定按30日计算的日工资率方法计算日工资率时，由于月全部工作日都计工资，所以计算缺勤天数时，应包括病事假缺勤期间的节假日。事假缺勤期间工资全额扣发，病假缺勤期间工资按其工龄长短的扣发比例计算。

在采用按平均法定的20.83日计算的日工资率方法计算日工资率时，由于节假日不计工资，所以计算缺勤天数时，不应包括缺勤期间的节假日。

若职工当月出满勤，月应付计时工资额就等于其月基本工资额。

任务四　核算应交税费

任务目标

通过本任务的学习，你应该能够：

1. 列述企业常见应纳税费，以及各种常见税费的课税对象、税率、纳税环节等。
2. 根据有关原始凭证，正确地编制确认税款和交纳税款核算的会计分录。

业务认知

税收是国家为了行使其职能而取得财政收入的一种方式，它具有强制性、无偿性和固定性的特征。

税法是税收的法律形式，国家在征税之前，要以法的形式预先规定征税的具体内容。税法规定的具体内容一般包括：什么公司、企业和自然人纳税（纳税义务人）；对什么对象征税（征税对象和税目），如是对行为或经营所得征税，还是对取得的收入额或增值额征税，征税对象的不同是划分税种的依据，如企业所得税、消费税、营业税、增值税、印花税等；以什么比例或额度征税（税率）；在什么环节征税（纳税环节）；在什么时间和地点纳税（纳税期限和地点），等等。对于纳税义务人而言，当税法规定的征税对象发生，纳税义务人即产生按规定税率交纳税款的现时义务，即形成企业负债，纳税义务人必须按税法规定的时间和地点交纳税款以偿清税务负债。

根据税法规定，企业应交纳的各种税费包括：增值税、消费税、营业税、城市维护建设税、资源税、企业所得税、土地增值税、房产税、车船使用税、土地使用税、教育费附加、矿产资源补偿费、印花税、耕地占用税等。

要点提示

税法具体规定各税种的纳税人、征税对象、征税范围、税目、税率、纳税期限、纳税地点等。

业务核算

会计科目：应交税费，核算企业按照税法规定计算应交纳的各种税费，包括增值税、消费税、营业税、所得税、资源税、土地增值税、城市维护建设税、房产税、土地使用税、车船使用税、教育费附加、矿产资源补偿费等。

企业代扣代交的个人所得税等，也通过本科目核算。

企业不需要预计应交数所交纳的税金，如印花税、耕地占用税等，不在本科目核算。

账簿设置：本科目应当按照应交税费的税种设置明细账，进行明细核算。

一、应交增值税

增值税是指对我国境内销售货物、进口货物或提供加工、修理修配劳务的增值额征收的一种流转税。增值税的纳税人是在我国境内销售货物、进口货物或提供加工、修理修配劳务的单位和个人。

按照纳税人的经营规模及会计核算的健全程度，经税收机关认定，增值税纳税人分为一般纳税人和小规模纳税人。

增值税是对销售货物、提供加工、修理修配劳务行为发生的增值额征税，对一般纳税人，计税的基本原理是：当纳税人购入货物或接受应税劳务时，将取得的增值税专用发票上注明的增值税税额，随同货物或接受应税劳务的价款支付给出售货物方或提供劳务方，纳税人购进货物支付的增值税额称为增值税的进项税额；当纳税人销售货物或提供劳务时，依据有关票据向购买货物或接受劳务一方收取价款时一并收取增值税，销售货物或提供劳务时向购货方收到的增值税称为增值税的销项税额。增值税销项税额抵扣进项税额的差额即是按应税对象增值额计算的增值税数额，该数额即为纳税人应向税务机关交纳的应纳增值税额。一般纳税人应纳增值税额的基本计税公式如下。

应纳增值税额 = 当期销项税额 − 当期进项税额

公式当中的当期销项税额是以纳税人依据当期销售货物或提供应税劳务实现的应税销售额乘以适用的增值税税率计算的。其中应税销售额是指纳税人销售货物或提供应税劳务从购买方收取的全部价款和价外费用。价外费用包括向购买方收取的手续费、补贴、基金、集资费、返还利润、奖励费、违约金、包装费、包装物租金、储备费、优质费、运输装卸费、代收款项、代垫款项及其各种性质的价外费用。增值税税率有基本税率17%，低税率13%和零税率3档。

进项税额是指企业购进货物和接受应税劳务取得的合法凭证上注明的或依据合法凭证按规定计算的增值税额。

小规模纳税人应纳增值税额，按照简化方法计算征收，用不含税销售额乘以规定的征收率计算确定。

要点提示

增值税是对增值额纳税，具体操作原理是用销项税额抵扣进项税额计算应交增值税额。

（一）科目设置

会计科目：为了核算企业应交增值税的发生、抵扣、交纳、退税及转出等情况，应在“应交税费”科目下设置“应交增值税”明细科目进行核算。

账簿设置：“应交增值税”明细账应采用多栏账格式，设置“进项税额”、“已交税金”、“销项税额”、“出口退税”、“进项税额转出”等专栏。其中“进项税额”、“已交税金”等为借方栏目；“销项税额”、“出口货物退税”、“进项税转出”等为贷方栏目。发生的增值税事项应按栏目登记。格式如表8.6所示。

表8.6　应交增值税明细账

年		凭证		摘要	借方					贷方					借或贷	余额
月	日	字	号		进项税额	减免税额	已交税金	转出未交增值税	合计	销项税额	出口退税	进项税额转出	转出多交增值税	合计		

（二）一般纳税企业的会计处理

1. 采购货物和接受劳务

根据《增值税暂行条例》规定，准予从销项税额中抵扣的进项税额，限于下列增值税扣税凭证上注明的增值税额和按规定的扣除率计算的进项税税额。

① 从销售方取得的增值税专用发票上注明的增值税税额和从海关取得的完税凭证上注明的增值税税额。

但下列项目的进项税额不得从销项税额中抵扣。

- 用于免税项目的购进货物或者应税劳务。免税项目是指农业生产者销售的自产农产品，避孕药品和用具，古旧图书，直接用于科学研究、科学试验和教学的进口仪器、设备，外国政府、国际组织无偿援助的进口物资和设备，由残疾人的组织直接进口供残疾人专用的物品，销售自己使用过的物品。
- 用于非应税项目的购进货物或者应税劳务。非应税项目是指提供非增值税应税劳务、转让无形资产、销售不动产和不动产在建工程。
- 用于集体福利或者个人消费的购进货物或者应税劳务。
- 非正常损失的购进货物。
- 非正常损失的在产品、产成品所耗用的购进货物或者应税劳务。
- 上述5项规定的货物的运输费用和销售免税货物的运输费用。
- 国务院、国家税务总局规定的纳税人自用的消费品。

纳税人购进货物或者应税劳务，未按规定取得并保存增值税扣税凭证（增值税专用发票抵扣联），或者增值税扣税凭证上未按规定注明增值税税额及其他有关事项的，其进项税额不得从销项税额中抵扣。

② 增值税一般纳税人从农业生产者或小规模纳税人购进农产品，按规定的专用凭证上记载的买价和13%的扣除率计算的增值税税额。

③ 增值税一般纳税人外购货物所支付的运输费用和建设基金，以及一般纳税人销售货物所支付的运输费用和建设基金，根据规定的运费结算单据所列运费与建设基金金额和7%扣除率计算的增值税税额。但随同运费支付的装卸费、保险费等其他杂费不得计算扣除进项税额。

④ 生产企业一般纳税人购入废旧物资、回收经营单位的免税废旧物资，可按废旧物资回收经营单位开具的税务机关监制的普通发票上注明的金额，按10%的扣除率计算的增值税税额。

具体会计处理如下。

（1）核算取得扣税凭证且允许抵扣进项税的货物采购或接受劳务

企业采购货物或接受劳务等，根据增值税专用发票上记载的应计入采购成本或应计入加工、修理修配成本的金额，借记“材料采购”、“在途物资”、“原材料”、“库存商品”或“生产成本”、“制造费用”、“委托加工物资”、“管理费用”等科目；根据增值税专用发票上注明的可抵扣的增值税税额，借记“应交税费——应交增值税（进项税额）”科目；按照应付或实际支付的金额，贷记“应付账款”、“应付票据”、“银行存款”等科目。购入货物发生退货，做相反的会计分录。

例 8.17　核算增值税进项税额。

2012 年 12 月 8 日，收到增值税专用发票（原始凭证略，下同）和转账支票存根各一张。系公司购入原材料一批，价款 600 000 元，按规定应支付增值税税额 102 000 元。收到相关入库单据。

编制会计分录如下。

借：原材料　　600 000

　　应交税费——应交增值税（进项税额）　　102 000

　　贷：银行存款　　702 000

（2）核算取得扣税凭证但不允许抵扣进项税的货物采购

按照增值税暂行条例及其实施细则的规定不准抵扣项目发生的进项税额，属于购入货物时即能认定其进项税额不能抵扣的，如购进的货物直接用于免税项目、直接用于非应税项目，或者直接用于集体福利和个人消费的，进行会计处理时，其增值税专用发票上注明的增值税税额，计入购入货物及接受劳务的成本。

例 8.18　核算不允许抵扣进项税额的购进业务。

2012 年 12 月 8 日，收到增值税专用发票和转账支票存根各一张。系公司购入游艇一条，游艇为国家税务总局规定的不允许抵扣的纳税人自用消费品，价款及运输保险等费用合计 1 000 000 元，增值税专用发票上注明的增值税税额为 170 000 元。

编制会计分录如下。

借：固定资产　　1 170 000

　　贷：银行存款　　1 170 000

例 8.19　核算工程物资的增值税进项税额。

2012 年 12 月 8 日，收到增值税专用发票和转账支票存根各一张。系公司购入房屋建设工程用物资一批，价款及运输保险等费用总计 300 000 元，增值税专用发票上注明的增值税税额为 51 000 元，物资已验收入库。

编制会计分录如下。

借：工程物资　　351 000

　　贷：银行存款　　351 000

（3）核算未取得增值税发票的物资购入

原则上，未取得增值税专用发票和海关完税凭证的购进货物不允许抵扣增值税税额，但企业从农业生产者购入农产品、从废旧物资回收单位购入废旧物资除外，此两者不能取得增值税专用发票，但是此类购入按照增值税暂行条例规定，可以按相应的扣除率计算进项税额，并从销项税额中抵扣。企业购入免税的农产品、回收废旧物资，按照买价和规定扣除率计算进项税额，借记“应交税费——应交增值税（进项税额）”科目；按买价扣除按规定计算的进项税额后的差额，借记“材料采购”、“在途物资”、“原材料”、“库存商品”或“生产成本”、“制造费用”、“委托加工物资”、“管理费用”等科目；按照应付或实际支付的金额，贷记“应付账款”、“应付票据”、“银行存款”等科目。

例 8.20　核算免税农产品增值税进项税额。

2012 年 12 月 8 日，收到农产品收购发票等单据。系公司购入免税农产品一批，价款 100 000 元，规定的扣除率为 13%，收购的农业产品的款项已经支付，相关农产品已入库。

做如下会计处理。

进项税额＝购买价款×扣除率＝100 000×13%＝13 000（元）

编制会计分录如下。

借：原材料　87 000
　　应交税费——应交增值税（进项税额）　13 000
　　贷：库存现金　100 000

2. 进项税额转出

购入货物发生非常损失，以及将购入货物改变用途，用于按规定不得抵扣进项税额项目的（如用于非应税项目、集体福利或个人消费等），应将原已计入进项税额的增值税额转出，借记“在建工程”、“应付职工薪酬——职工福利”、“待处理财产损溢”等科目，贷记“应交税费——应交增值税（进项税额转出）”科目。

例 8.21　核算增值税进项税额转出。

2012 年 12 月 8 日，收到原材料领料单一张。系公司将该批材料用于房屋工程建设项目，该批材料价款 100 000 元。

编制会计分录如下。

借：在建工程　117 000
　　贷：原材料　100 000
　　　　应交税费——应交增值税（进项税额转出）　17 000

3. 销售物资或者提供应税劳务

企业销售货物或者提供应税劳务，按照营业收入和应收取的增值税税额，借记“应收账款”、“应收票据”、“银行存款”科目；按照增值税专用发票上注明的增值税税额，贷记“应交税费——应交增值税（销项税额）”科目；按照实现的营业收入，贷记“主营业务收入”、“其他业务收入”等科目。发生的销售退回，做相反的会计分录。

例 8.22　核算增值税销项税额。

2012 年 12 月 10 日，收到产品出库单、产品发货单和增值税专用发票记账联各一张。系公司以交款提货方式销售产品一批，价款 600 000 元，应收取增值税税额 102 000 元，提货单、增值税专用发票的发票联和抵扣联已交给买方，款项尚未收到。该批产品的销售成本为 500 000 元。

编制会计分录如下。

借：应收账款　702 000
　　贷：主营业务收入　600 000

应交税费——应交增值税（销项税额）　　102 000

注意：销售成本的结转参见模块四。

4．视同销售行为

按照增值税暂行条例实施细则的规定，单位和个体经营者的下列行为，视同销售货物计算增值税。

① 将货物交付他人代销。

② 销售代销货物。

③ 设有两个以上机构并实行统一核算的纳税人，将货物从一个机构移送至其他机构用于销售，但相关机构设在同一县（市）的除外。

④ 将自产或委托加工的货物用于非应税项目。

⑤ 将自产、委托加工或购买的货物作为投资，提供给其他单位或个体经营者。

⑥ 将自产、委托加工或购买的货物分配给股东投资者。

⑦ 将自产、委托加工的货物用于集体福利或个人消费。

⑧ 将自产、委托加工或购买的货物无偿赠送他人。

例 8.23　核算增值税视同销售业务。

2012 年 12 月 10 日，收到产品出库单一张。系公司在厂房建工程领用本企业生产的产品一批，该批产品计税价款为 600 000 元，按规定计算的增值税税额为 102 000 元，该批产品的销售成本为 500 000 元。

根据增值税条例和企业所得税法，编制会计分录如下。

借：在建工程　　702 000

　　贷：库存商品　　600 000

　　　　应交税费——应交增值税（销项税额）　　102 000

5．月末多交或未交增值税的结转

账簿设置：为了满足增值税的管理要求，企业应在“应交税费”科目下设置“未交增值税”明细账，核算企业月份终了从“应交税费——应交增值税”科目转入的当月未交或多交增值税。

基本账务处理：月末，当月多交的增值税，借记“应交税费——未交增值税”科目，贷记“应交税费——应交增值税（转出多交增值税）”科目；当月未交的增值税，借记“应交税费——应交增值税（转出未交增值税）”科目，贷记“应交税费——未交增值税”科目。

6．交纳增值税

企业交纳增值税时，应编制增值税纳税申报表，由税务机关核准，税务机关根据核准的纳税申报表，打印出具《中华人民共和国通用税收缴款书》，企业持《通用税收缴款书》到有关银行办理税款的解缴（若企业签订银行、企业、国库三方自动划转税款协议，税收缴款书由开户银行直接提供）。交纳税款后，根据银行盖章退回的税收缴款书上注明的应交增值税金额，借记“应交税费——未交增值税”科目，贷记“银行存款”科目。

（三）小规模纳税人的会计处理

小规模纳税企业销售货物或提供应税劳务时，只能开具普通发票，不能开具增值税专用发票。小规模纳税企业应当按照不含税销售额和规定的增值税征收率（3%）计算交纳增值税。小规模纳税人开具的增值税普通发票上的金额为价税合计数，计算应交增值税时应进行价税分离，方法参见例8.24。小规模纳税企业不享有进项税额的抵扣权，其购进货物或接受应税劳务支付的增值税直接计入有关货物或劳务的成本，不再计入进项税进行税额抵扣。

账簿设置：小规模纳税企业只需在“应交税费”科目下设置“应交增值税”三栏明细账，不需要在“应交增值税”明细账中设置专栏。

基本账务处理：“应交税费——应交增值税”明细账，贷方登记应交纳的增值税，借方登记已交纳的增值税。期末贷方余额为尚未交纳的增值税，借方余额为多交纳的增值税。

小规模纳税企业购进货物和接受应税劳务时，支付的增值税直接计入有关货物和劳务的成本，借记“材料采购”、“在途物资”等科目，贷记“银行存款”等科目。

例 8.24 核算小规模纳税人增值税。

2012年12月10日，某小规模纳税人的会计人员收到外单位开来的增值税专用发票和本企业开出的转账支票存根联，系该小规模企业购入材料一批，价款60 000元，增值税税额10 200元，该批材料尚未入库，款项以银行存款支付。

作为小规模纳税人，购入货物进项税不能抵扣销项税，编制会计分录如下。

借：在途物资　　70 200

　　贷：银行存款　　70 200

同日，该小规模纳税人的会计人员收到本企业开出的普通发票和银行存款进账通知单，系本企业销售产品一批，货款92 700元已经收存银行。小规模纳税人增值税征收率为3%。

作为小规模纳税人，该企业应做如下会计处理。

不含税销售额＝含税销售额÷（1＋征收率）＝92 700÷(1＋3%)＝90 000（元）

应纳增值税＝不含税销售额×征收率＝90 000×3%＝2 700（元）

编制会计分录如下。

借：银行存款　　92 700

　　贷：主营业务收入　　90 000

　　　　应交税费——应交增值税　　2 700

二、核算应交消费税

根据《中华人民共和国消费税暂行条例》规定，消费税是指在我国境内生产、委托加工和进口应税消费品的单位和个人，按其流转额交纳的一种税。应税消费品包括烟、酒及酒精、化妆品、鞭炮、焰火、成品油、汽车轮胎、小汽车、摩托车等。

消费税采取从价定率和从量定额两种方法征收：实行从价定率办法计征的，应纳税额按应税消费品的销售额乘以适用税率计算；实行从量定额办法计征的，应纳税额按应税销售品的销售数量（重量或体积）乘以单位税额计算。销售数量是指应税消费品的数量，属于销售应税消费品的，为应税消费品的销售数量；属于自产自用应税消费品的，为应税消费品的移送使用数量；属于委托加工应税消费品的，为纳税人收回的应税消费品数量；属于进口应税消费品的，为海关核定的应税消费品进口征税数量。

账簿设置：企业按规定应交的消费税，在“应交税费”总账下设置“应交消费税”明细账核算。

基本账务处理：“应交消费税”明细账的借方发生额，反映实际交纳的消费税和待扣的消费税；贷方发生额，反映按规定应交纳的消费税。期末贷方余额，反映尚未交纳的消费税；期末借方余额，反映多交或待扣的消费税。

要点提示

消费税采取从价定率或从量定额两种方法计算应纳税额。

1. 销售应税消费品的会计处理

企业将生产的应税消费品直接对外销售的，应交纳的消费税通过“营业税金及附加”科目计入当期损益；企业按规定计算出应交的消费税，借记“营业税金及附加”科目，贷记“应交税费——应交消费税”科目。

例 8.25　核算销售应税消费品。

2012 年 12 月 25 日，收到银行进账单、增值税专用发票、销售产品发货单、产品出库单等单据。单据表明，公司销售应税消费品汽油 50 000 升，单价 6 元，价款 300 000 元，增值税税额为 51 000 元，款项已经收存银行。

根据上述原始凭证，编制会计分录如下。

借：银行存款　　351 000

　　贷：主营业务收入　　300 000

　　　　应交税费——应交增值税（销项税额）　　51 000

例 8.26　计算应纳消费税额。

承例 8.25，2012 年 12 月 31 日，编制应交消费税计算表（见表 8.7）。成品油采用从量定额方法征收，汽油单位税额为每升 0.2 元。

表 8.7　应交消费税计算表

2012 年 12 月 01 日至 12 月 31 日　　单位：元

项　目	计税数量（升）	单位税额	税额	备　注
无铅汽油	50000	0.2	10000	
合　计	50000	0.2	10000	

会计主管：孙正峰　　制表：吴天

根据上述原始凭证，编制会计分录如下。

借：营业税金及附加　　10 000

　　贷：应交税费——应交消费税　　10 000

例 8.27　核算交纳税款。

2013 年 1 月 5 日，收到银行盖章退回的税收缴款书（见图 8.5）。

中华人民共和国税收缴款书　　　　№ 7689436

隶属关系：其他单位

经济性质：有限责任公司　填发日期：2013 年 01 月 05 日　征收机关：北京市国税局开发区分局

缴款单位（人）	代码	6607891　电话 62500188	预算科目	编码　101010106
	全称	极地有限责任公司		名称　有限责任公司消费税
	开户银行	中国工商银行北京市长乐分理处		级次　中央级
	账号	6227132000369180 1		收缴国库　195 建行开发区支库

税款所属时期 2012 年 12 月 01 日至 2012 年 12 月 31 日　　税款限缴日期 2013 年 01 月 15 日

品目名称	课税数量	计税金额或销售收入	税率或单位税额	已缴或扣除额	亿	千	百	十	万	千	百	十	元	角	分
无铅汽油		50000	0.2						1	0	0	0	0	0	0
金额合计（大写）⊗仟⊗佰⊗壹万零仟零佰零拾零元零角零分								¥	1	0	0	0	0	0	0
缴款单位（人）（盖章）经办人（章）	税务机关（盖章）经办人（章）	上列款项已收妥并划转收款单位账户　国库（银行）盖章　年　月　日		备注：											

（无银行收讫章无效）　　逾期不缴 按税法规定加收滞纳金

第一联（收据）国库（经收处）收款盖章后退缴款单位（人）作完税凭证也是申报纳税留存依据

（印章：极地有限责任公司 财务专用章；北京市开发区国家税务局 业务专用章；中国工商银行北京市长乐分理处 2013.01.05 转讫）

图 8.5　中华人民共和国税收缴款书

税收缴款书表明，公司当月的消费税已经由银行转账交纳，应编制会计分录如下。

借：应交税费——应交消费税　　10 000

　　贷：银行存款　　10 000

2. 自产自用应税消费品

企业将生产的应税消费品用于在建工程等非生产机构时，按规定应交纳的消费税，借记“在建工程”等科目，贷记“应交税费——应交消费税”科目。

例 8.28　核算自产自用应税消费品。

2012 年 12 月 25 日，收到材料出库单等相关凭证。单据表明不动产在建工程领用自产产品一批，计税价格为 100 000 元，销售成本为 50 000 元。该批产品的增值税税率为 17%，消费税税率为 10%。

应做如下会计处理。

① 应交增值税额 =100 000×17% =17 000（元）

② 应交的消费税 =100 000×10% =10 000（元）

借：在建工程　　77 000

　　贷：库存商品　　50 000

应交税费——应交增值税（销项税额）　　17 000
应交税费——应交消费税　　10 000

3. 进口应税消费品

需要交纳消费税的进口消费品，其交纳的消费税应计入该进口消费品的成本，借记“固定资产”、“材料采购”等科目，贷记“银行存款”等科目。

例 8.29 核算进口消费税。

2012 年 12 月 31 日，收到海关完税凭证，系从美国进口一批应纳消费税的商品，商品价值 1 000 000 元，该批商品适用 40% 的消费税税率，进口环节需要交纳的消费税为 400 000 元，采购的商品已验收入库，货款尚未支付，税款已经用银行存款支付。该产品的增值税税率为 17% 。

根据海关完税凭证，应编制会计分录如下。

借：库存商品　　1 400 000
　　应交税费——应交增值税（进项税额）　　170 000
　贷：应付账款　　1 000 000
　　　银行存款　　570 000

4. 委托加工应税消费品

委托加工应税消费品核算参见模块四相关内容。

三、核算应交营业税

营业税是对在我国境内提供应税劳务、转让无形资产或销售不动产的单位和个人征收的流转税。其中，应税劳务是指属于交通运输业、建筑业、金融保险业、邮电通信业、文化体育业、娱乐业、服务业税目征收范围的劳务，不包括加工、修理修配等劳务；转让无形资产是指转让无形资产的所有权或使用权的行为；销售不动产是指有偿转让不动产的所有权，转让不动产的有限产权或永久使用权，以及单位将不动产无偿赠与他人等视同销售不动产的行为。

营业税以营业额作为计税依据。营业额是指纳税人提供应税劳务、转让无形资产和销售不动产而向对方收取的全部价款和价外费用。税率从 3% 到 20% 不等。

账簿设置：企业应在“应交税费”总账下设置“应交营业税”明细账，核算应交营业税的发生、交纳情况。

基本账务处理：本账簿贷方登记应交纳的营业税，借方登记已交纳的营业税。期末贷方余额为尚未交纳的营业税。

企业提供应税劳务，应按照营业额及其适用的税率，计算应交的营业税。借记“营业税金及附加”科目，贷记“应交税费——应交营业税”科目；企业出售不动产时，计算应交的营业税，借记“固定资产清理”等科目，贷记“应交税费——应交营业税”科目；实际交纳营业税时，借记“应交税费——应交营业税”科目，贷记“银行存款”科目。

要点提示

营业税征收范围的劳务，不包括加工、修理修配等劳务。

例 8.30　计算应交营业税。

2012 年 12 月 31 日，编制应交营业税计算表（见表 8.8）。

表 8.8　应交营业税计算表

2012 年 12 月 01 日至 12 月 31 日

单位：元

项　目	计税金额	单位税额	税额	备　注
运输劳务	400000	3%	12000	
合　计	400000		12000	

会计主管：孙正峰　　　　制表：吴天

根据上述原始凭证，编制会计分录如下。

借：营业税金及附加　　12 000

　　贷：应交税费——应交营业税　　12 000

例 8.31　交纳应交营业税。

2013 年 1 月 5 日，收到银行盖章退回的税收缴款书。

根据税收缴款书，编制会计分录如下。

借：应交税费——应交营业税　　12 000

　　贷：银行存款　　12 000

四、其他应交税费

其他应交税费是指上述应交税费以外的应交税费，包括应交资源税、应交城市维护建设税、应交土地增值税、应交企业所得税、应交房产税、应交土地使用税、应交车船使用税、应交教育费附加、应交矿产资源补偿费、应交个人所得税等。企业应当在“应交税费”科目下设置相应的明细科目进行核算，贷方登记应交纳的有关税费，借方登记已交纳的有关税费，期末贷方余额表示尚未交纳的有关税费。

（一）资源税

资源税是国家对在我国境内开采矿产品或者生产盐的单位和个人征收的一种税。资源税的应纳税额计算公式如下。

资源税的应纳税额 = 课税数量 × 单位税额

这里的课税数量为：开采或者生产应税产品销售的，以销售数量为课税数量；开采或者生产应税产品自用的，以自用数量为课税数量。

账簿设置：企业按规定应交的资源税，在“应交税费”总账下设置“应交资源税”明细账核算。

基本账务处理：“应交资源税”明细账的借方发生额反映企业已交的或按规定允许抵扣的资源税，贷方发生额反映应交的资源税。期末借方余额反映多交或尚未抵扣的资源税，期末贷方余额反映尚未交纳的资源税。

企业按规定计算出销售应税产品应交纳的资源税，借记“营业税金及附加”科目，贷记“应交税费——应交资源税”科目；企业计算出自产自用的应税产品应交纳的资源税，借记“生产成本”、“制造费用”等科目，贷记“应交税费——应交资源税”科目。

例 8.32 计算应交资源税。

2012 年 12 月 25 日，某企业会计人员收到增值税专用发票等单据。单据表明，该企业将自产的煤炭 2 000 吨对外销售，根据规定每吨应交资源税 5 元。

该企业会计人员应做如下会计处理（收入和增值税确认略）。

对外销售煤炭应交的资源税 = 2 000 × 5 = 10 000（元）

编制会计分录如下。

借：营业税金及附加　　10 000
　　贷：应交税费——应交资源税　　10 000

例 8.33 将自产的煤炭用于生产。

2012 年 12 月 25 日，某企业会计人员收到领料单等原始单据，系将自产的煤炭 2 000 吨用于产品生产，煤炭每吨应交资源税 5 元。

该企业会计人员应做如下会计处理。

自产自用煤炭应交的资源税 = 2 000 × 5 = 10 000（元）

编制会计分录如下。

借：生产成本　　10 000
　　贷：应交税费——应交资源税　　10 000

例 8.34 交纳应交资源税。

2013 年 1 月 5 日，收到资源税税收缴款书，系用银行存款上交资源税。

编制会计分录如下。

借：应交税费——应交资源税　　10 000
　　贷：银行存款　　10 000

（二）应交城市维护建设税

城市维护建设税是以增值税、消费税、营业税为计税依据征收的一种税。其纳税人为交纳增值税、消费税、营业税的单位和个人。税率因纳税人所在地不同从 1% 到 7% 不等。

计算公式如下。

应纳城市维护建设税额 =（实交增值税额 + 实交消费税额 + 实交营业税额）×适用税率

企业计算应交城市维护建设税时，借记“营业税金及附加”等科目，贷记“应交税费——应交城市维护建设税”科目。

例 8.35　计算应交城市维护建设税。

2012 年 12 月 25 日，收到应交城市维护建设税计算表，本期实际应上交增值税 500 000 元，消费税 200 000 元，营业税 150 000 元。该企业适用的城市维护建设税为 7%。

编制会计分录如下。

应交的城市维护建设税 =（500 000 +200 000 +150 000）×7% =59 500（元）

借：营业税金及附加　　59 500

　　贷：应交税费——应交城市维护建设税　　59 500

例 8.36　交纳应交城市维护建设税。

2013 年 1 月 5 日，收到银行盖章退回的税收缴款书，系用银行存款上交城市维护建设税。

编制会计分录如下。

借：应交税费——应交城市维护建设税　　59 500

　　贷：银行存款　　59 500

（三）应交土地增值税

国家从 1994 年起开征了土地增值税。转让国有土地使用权、地上建筑物及其附着物并取得收入的单位和个人，均应交纳土地增值税。土地增值税按照转让房地产所取得的增值额和规定的税率计算征收。这里的增值额是指转让房地产所取得的收入减除规定扣除项目金额后的余额。企业转让房地产所取得的收入，包括货币收入、实物收入和其他收入。计算土地增值额的主要扣除项目有：①取得土地使用权所支付的金额；②开发土地的成本、费用；③新建房屋及配套设施的成本、费用，或者旧房及建筑物的评估价格；④与转让房地产有关的税金。

转让的国有土地使用权、地上建筑物及其附着物一并在“固定资产”或“在建工程”科目核算的，转让时应交纳的土地增值税，借记“固定资产清理”、“在建工程”科目，贷记“应交税费——应交土地增值税”科目；土地使用权在“无形资产”科目核算的，按实际收到金额借记“银行存款”科目，按应交的土地增值税贷记“应交税费——应交土地增值税”科目，同时冲销土地使用权的账面价值贷记“无形资产”科目，按其差额借记“营业外支出”科目或贷记“营业外收入”科目。

兼营房地产业务的企业应由当期收入负担的土地增值税借记“其他业务成本”科目，贷记“应交税费——应交土地增值税”科目。

(四) 应交教育费附加

教育费附加是为了发展教育事业而向企业征收的附加费用，其纳税人为交纳增值税、消费税、营业税的单位和个人。当前税率为3%。其计算公式为：

应交教育费附加 =（实交增值税税额 + 实交消费税税额 + 实交营业税税额）×适用税率

企业计算应交教育费附加时，应借记“营业税金及附加”等科目，贷记“应交税费——应交教育费附加”科目。

例8.37 计算应交教育费附加。

2012年12月25日，编制应交教育费附加计算表，本期实际应上交增值税500 000元，消费税200 000元，营业税150 000元。该企业适用的教育费附加率为3%。

应做如下会计处理。

应交的教育费附加 =(500 000 +200 000 +150 000)×3% =25 500（元）

编制会计分录如下。

借：营业税金及附加　　25 500

　　贷：应交税费——应交教育费附加　　25 500

例8.38 交纳应交教育费附加。

2013年1月5日，收到缴款书等相关原始凭证，系用银行存款上交教育费附加。

借：应交税费——应交教育费附加　　25 500

　　贷：银行存款　　25 500

(五) 应交房产税、土地使用税、车船使用税和矿产资源补偿费

房产税是国家对在城市、县城、建制镇和工矿区征收的由产权所有人缴纳的一种税。房产税依照房产原值一次减除10% ~30%后的余额计算交纳。没有房产原值作为依据的，由房产所在地税务机关参考同类房产核定；房产出租的，以房产租金收入为房产税的计税依据。

土地使用税是国家为了合理利用城镇土地，调节土地级差收入，提高土地使用效益，加强土地管理而开征的一种税。它以纳税人实际占用的土地面积为计税依据，依照规定税额计算征收。

车船使用税由拥有并且使用车船的单位和个人交纳。车船使用税按照适用税额计算交纳。

矿产资源补偿费是对在我国领域和管辖海域开采矿产资源而征收的费用。矿产资源补偿费按照矿产产品销售收入的一定比例计征，由采矿人交纳。

企业应交的房产税、土地使用税、车船使用税、矿产资源补偿费，借记“管理费用”科目，贷记“应交税费——应交房产税（或应交土地使用税、应交车船使用税、应交矿产资源补偿费）”等科目。

（六）应交个人所得税

企业按规定代扣代交的职工个人所得税，借记“应付职工薪酬——工资”科目，贷记“应交税费——应交个人所得税”科目；企业交纳个所得税时，借记“应交税费——应交个人所得税”科目，贷记“银行存款”等科目。

（七）印花税

印花税是对书立、领受购销合同等凭证行为征收的税款。应纳税凭证包括购销、加工承揽、建设工程承包、财产租赁、货物运输、仓储保管、借款、财产保险、技术合同或者具有合同性质的凭证；产权转移书据；营业账簿；权利、许可证照等。纳税人根据应纳税凭证的性质，分别按比例税率或者按件定额计算应纳税额。

印花税由纳税人根据规定自行计算应纳税额，以购买并一次贴足印花税票的方法交纳的税款。一般情况下，企业需要预先购买印花税票，待发生应税行为时，再根据凭证的性质和规定的比例税率或者按件计算应纳税额，将已购买的印花税票粘贴在应纳税凭证上，并在每枚税票的骑缝处盖戳注销或者划销，办理完税手续。

企业交纳的印花税，不会发生应付未付税款的情况，不需要预计应纳税金额，同时也不存在与税务机关结算或清算的问题。因此，企业交纳的印花税不需要通过“应交税费”科目核算，于购买印花税票时，直接借记“管理费用”科目，贷记“银行存款”科目。

要点提示

企业交纳的印花税、耕地占用税等不需要预计应交数的税金，不通过“应交税费”科目核算。

关键练习

你是长江公司的一名会计人员，长江公司某月发生下列经济业务，请根据经济业务编制相关会计分录。

1. 购入原材料一批，增值税专用发票上注明货款60 000元，增值税税额10 200元，货物尚未到达，货款和进项税款已用银行存款支付。

2. 购入用途生产材料的免税农产品一批，价款10 000元，规定的扣除率为13%，货物验收入库，货款已用现金支付。

3. 购入不需要安装设备一台，价款及运输保险等费用合计200 000元，增值税专用发票上注明的增值税税额为34 000元，款项尚未支付。

4. 委托外单位修理机器设备，对方开来的专用发票上注明修理费用10 000元，增值税税额1 700元，款项已用银行存款支付。该次维修不符合资本化条件。

5. 仓库因意外火灾毁损原材料一批，毁损材料的实际成本为10 000元，增值税税额1 700元。

6. 采用销售自提方式销售产品一批，价款50 000元，增值税税额8 500元。提货单和增值税发票已交给买方，款项尚未收到。

拓展阅读

国税和地税的区别

国家税务局简称“国税”，地方税务局简称“地税”。它们的不同主要体现在两者负责征收的税种不同。前者征收的主要是维护国家权益、实施宏观调控所必需的税种和关乎国计民生的主要税种；后者则主要负责适合地方征管以增加地方财政收入的税种。

① 国税征收的项目有：增值税，消费税，车辆购置税，中央企业所得税，铁道部门、各银行总行、各保险总公司集中缴纳的营业税、所得税、城市维护建设税，中央与地方所属企业、事业单位组成的联营企业、股份制企业交纳的所得税，地方银行及非银行金融企业交纳的所得税，证券交易税（未开征前暂征收证券交易印花税），储蓄存款利息所得税。

② 地税征收的项目有：营业税、城市维护建设税、个人所得税（不包括国税局征收的部分）、地方企业所得税、资源税、城镇土地使用税、耕地占用税、土地增值税、房产税、城市房地产税、车辆使用税、印花税、契税等。

《税收通用缴款书》

《税收通用缴款书》是纳税人直接向银行缴纳、扣缴义务人代扣代收后向银行汇总缴纳税款、费用、滞纳金和罚款等各项收入和税务机关直接向银行汇总交纳费用时使用的一种通用交款凭证。

除固定资产投资方向调节税和出口货物税收外，凡是由税务机关组织征收的其他税款、基金、费用及滞纳金和罚款等各项预算收入，只要该交款人在任何一家银行开有结算存款账户（交纳各项预算收入的交款人的结算存款账户的开户银行，都是经收国家预算收入的国库经收处），都应使用税收通用缴款书交纳各项收入。对于交款人持现金自行到各银行交纳各项收入的，不管是否在银行开有结算存款账户，也应使用税收通用缴款书。但交款人持现金直接向税务机关交纳各项收入时，不能使用此缴款书，应使用税收完税证或罚款收据。

《税收通用缴款书》一式六联，第一联（收据）国库（银行）收款盖章后退交款单位（人）作完税凭证；第二联（付款凭证）交款单位（人）的支付凭证，开户银行作借方传票；第三联（收款凭证）收款国库作贷方传票；第四联（回执）国库收款盖章后退税务机关作税收会计凭证；第五联（报查）国库（银行）收款盖章后退基层税务机关作税收会计凭证；原规定“第六联（存根）基层税务机关留存。自行开票的，由交款单位（人）送基层税务机关”，实行“先申报、后交税”税款征缴方式后，纳税人不再送交税务机关，由纳税人自行妥善保存，以备税务机关核查。

任务五　核算其他应付项目

任务目标

通过本任务的学习，你应该能够：

1. 说出应付利息、应付股利、其他应付款的概念及核算内容。
2. 编制应付股利、其他应付款核算的会计分录。

业务认知

应付利息是指企业按照合同约定应支付的利息，包括分期付息到期还本的长期借款、企业债券等应支付的利息。

应付股利是指企业经股东大会或类似机构审议批准的利润分配方案确定分配给投资者的现金股利或利润。经企业股东大会或类似机构审议批准、宣告分派的现金股利或利润，在实际支付前，形成企业的负债。企业董事会或类似机构通过的利润分配方案中拟分配的现金股利或利润，不应确认负债。但应在附注中披露。

其他应付款是指企业除应付票据、应付账款、预收账款、应付职工薪酬、应付利息、应付股利、应交税费、长期应付款等以外的其他各项应付、暂收的款项。

业务核算

一、应付利息

会计科目：应付利息，核算企业按照合同约定应支付的利息，包括分期付息到期还本的长期借款、企业债券等应支付的利息。

账簿设置：本科目应当按照存款人或债权人进行明细核算。该科目期末贷方余额反映企业按照合同约定应支付但尚未支付的利息。

核算请参见本书模块九中的任务二。

二、应付股利

会计科目：应付股利，核算企业确定或宣告支付但尚未实际支付的现金股利或利润。

账簿设置：本科目应按照投资者设置明细账，进行明细核算。

基本账务处理：该账簿贷方登记应支付的现金股利或利润，借方登记实际支付的现金股利或利润。期末贷方余额反映企业应付未付的现金股利或利润。企业董事会或类似机构通过的利润分配方案中拟分配的现金股利或利润，不做账务处理，不作为应付股利核算，但应在附注中披露。企业分配的股票股利不通过本科目核算。

根据经股东大会或类似机构审议批准的利润分配方案，计算应支付的现金股利或利润时，借记“利润分配——应付现金股利或利润”科目，贷记“应付股利”科目；实际支付现金股利或利润时，借记“应付股利”科目，贷记“银行存款”等科目。

例 8.39 分配股利。

2013 年 4 月 25 日，收到股东大会会议纪要，经全体股东大会批准，决定 2012 年度分配股利 1 000 000 元。

编制会计分录如下。

借：利润分配——应付现金股利或利润　　1 000 000

　　贷：应付股利　　1 000 000

例 8.40 支付股利。

2013 年 6 月 25 日，收到中国工商银行转账支票存根一张，系以银行存款支付 2012 年现金股利。

编制会计分录如下。

借：应付股利　　1 000 000

　　贷：银行存款　　1 000 000

三、其他应付款

会计科目：其他应付款，核算其他应付款的增减变动及其结存情况。

账簿设置：本科目按照其他应付款的项目和对方单位（或个人）设置明细账，进行明细核算。

基本账务处理：本账簿贷方登记发生的各种应付、暂收款项，借方登记偿还或转销的企业发生的其他各种应付、暂收款项。该科目期末贷方余额，反映企业应付未付的其他应付款项。

企业发生其他各种应付、暂收款项时，借记“管理费用”等科目，贷记“其他应付款”科目；支付或退回的其他各种应付、暂收款项时，借记“其他应付款”科目，贷记“银行存款”等科目。

例 8.41 核算其他应付款。

12 月 1 日，收到租赁合同及相关手续，系总经理办公室以经营租赁方式租入办公设备彩色复印机一台，每月租金 500 元，按季支付，租期为 3 个月。

1）12 月 31 日计提应付经营租入设备租金时，编制会计分录如下。

借：管理费用　　500

　　贷：其他应付款　　500

2013 年 1 月 31 日计提应付经营租入设备租金的会计处理同上。

2）2 月底支付租金时，编制会计分录如下。

借：其他应付款　　1 000

　　管理费用　　500

　　贷：银行存款　　1 500

关键练习

假定你是天同大宇公司的会计，2013 年 4 月 7 日，收到股东会会议纪要，经全体股东批准，决定 2012 年度分配现金股利 600 000 元。天同大宇公司股东有同人公司、大发公司、共富公司三家，执股比例分别为 55%、25%、20%。

2013 年 5 月 8 日，公司以汇总方式支付了现金股利。

请根据上述资料，编制会计分录。

拓展阅读

股　利

股息、红利合称为股利。股份公司通常在年终结算后，将盈利的一部分作为股息按持股比例分配给股东。股利的主要发放形式有现金股利、股票股利、财产股利等。

现金股利也称派现，是股份公司以货币形式发放给股东的股利。股票股利也称为送红股，是指股份公司以增发本公司股票的方式来代替现金向股东派息，通常是按股票的比例分发给股东。股东得到的股票股利，实际上是向公司增加投资。新建或正在扩展中的公司，往往会借助于分派股票股利而少发现金股利。财产股利是股份公司以实物或有价证券的形式向股东发放的股利。

股利的发放一般是在期末结算后，在股东大会通过结算方案和利润分配方案之后进行。股利的派发权属于股东大会，但派发股利的具体方案则由董事会提出，一经股东大会认可，即可确定执行。

模块实训索引

《新编企业财务会计实训（第 2 版）》模块 6——实训 6.2　应付职工薪酬核算演练

《新编企业财务会计实训（第 2 版）》模块 6——实训 6.3　应付及预收账款核算演练

模块法规依据

1.《企业会计准则（2006）》（2006 年 2 月 15 日财政部发布，自 2007 年 1 月 1 日起施行）。

2.《企业会计准则——应用指南（2006）》（2006 年 10 月 30 日财政部发布，自 2007 年 1 月 1 日起施行）。

3.《企业会计准则第 9 号——职工薪酬》（2006 年 2 月 15 日财政部发布，自 2007 年 1 月 1 日起施行）。

4.《企业会计准则第 22 号——金融工具确认和计量》（2006 年 2 月 15 日财政部发布，

自 2007 年 1 月 1 日起施行)。

5.《中华人民共和国增值税暂行条例》(2008 年 11 月 5 日国务院第 34 次常务会议修订通过，自 2009 年 1 月 1 日起施行)。

6.《中华人民共和国营业税暂行条例》(2008 年 11 月 5 日国务院第 34 次常务会议修订通过，自 2009 年 1 月 1 日起施行)。

7.《中华人民共和国消费税暂行条例》(2008 年 11 月 5 日国务院第 34 次常务会议修订通过，自 2009 年 1 月 1 日起施行)。

8. 其他法律法规:《中华人民共和国资源税暂行条例》、《中华人民共和国城市维护建设税暂行条例》、《征收教育费附加的暂行规定》、《中华人民共和国土地增值税暂行条例》等。

模块九

核算银行借款

工作导入

企业在生产经营活动过程中，可能会因为某些因素导致投资者投入的资本金不能满足生产经营需要，这就需要向银行或其他金融机构借入一定数额的款项。这种向银行或其他金融机构借入的款项称为银行借款。

银行借款根据偿还期限长短，可以分为两种：短期借款和长期借款。两者区分的主要标志是以一年为界限，偿还期限在一年以内（含一年）的属于短期借款；偿还期限在一年以上的为长期借款。

银行借款的使用并不是无偿的，需要根据借贷双方约定向银行支付借款利息。借款利息的支付方式通常有分期支付利息、到期一次支付利息等。

任务一　核算短期借款

任务目标

通过本任务的学习，你应该能够：

1. 界定短期借款和长期借款。
2. 准确地认读短期借款取得、计息和归还的原始凭证，并据此编制出核算的会计分录。

业务认知

短期借款是指企业向银行或其他金融机构等借入的期限在一年以下（含一年）的各种借款。

企业的短期借款，主要是为满足客户在生产经营过程中临时性、季节性的资金需求，保证生产经营活动的正常进行而从银行借入的资金。

企业从银行或其他金融机构借入资金，必须向银行或其他金融机构提出申请，填写借款申请书并提供相关资料，银行接到企业的申请后，要对企业的申请进行审查，以决定是否对企业提供贷款。银行或其他金融机构审查同意贷款后，企业与银行或其他金融机构签订流动资金贷款合同。贷款合同生效后，贷款银行要按合同的规定按期发放贷款，并通知企业。企业应按借款合同的规定按时足额归还借款本息。一般而言，贷款银行或其他金融机构会在短期借款到期一个星期之前，向借款企业发出还本付息通知单。企业在接到还本付息通知单后，要及时筹备资金，按期还本付息。如果企业不能按期归还借款，应在借款到期之前，向银行或其他金融机构申请贷款展期，但是否展期，由贷款银行或其他金融机构根据具体情况决定。

要点提示

贷款展期是指贷款人在向贷款银行申请并获得批准的情况下，延期偿还贷款的行为。

业务核算

1.“短期借款”科目

会计科目：短期借款，核算短期借款的取得及偿还情况。

账簿设置：“短期借款”科目按借款种类、贷款人和币种进行明细核算。

基本账务处理：“短期借款”账簿贷方登记取得借款的本金数额，借方登记偿还借款的本金数额；余额在贷方，表示尚未偿还的短期借款。

2.“应付利息”科目

会计科目：应付利息，核算企业按照合同约定应支付的利息，包括吸收存款、分期付息到期还本的长期借款、企业债券等应支付的利息。

账簿设置：科目应当按照存款人或债权人设置明细账，进行明细核算。

企业从银行或其他金融机构取得短期借款时，借记“银行存款”科目，贷记“短期借款”科目。

银行一般于每季度末收取短期借款利息，为此，企业的短期借款利息一般采用月末预提的方式进行核算。短期借款利息属于筹资费用，应记入“财务费用”科目。企业应当在资产负债表日，按照计算确定的短期借款利息费用，借记“财务费用”科目，贷记“应付利息”科目；实际支付利息时，根据已预提的利息，借记“应付利息”科目，根据应计利息总额减去已预提的利息的余额，借记“财务费用”科目，根据应付利息总额，贷记“银行存款”科目。

企业短期借款到期偿还本金时，借记“短期借款”科目，贷记“银行存款”科目。

要点提示

“短期借款”科目仅核算借款的本金，借款利息在“应付利息”科目中核算。

例 9.1　核算借入短期借款。

2012 年 1 月 1 日，收到出纳员从银行取回的盖有银行转讫章的银行借款凭证，如图 9.1所示。

企业借款借据（收账通知）

借款单位：极地有限责任公司　　　　2012 年 01 月 01 日

贷款种类	生产经营借款	贷款账号	201145488	存款账号	6227132000369100001
借款金额	人民币（大写）叁万陆仟元整			千 百 十 万 千 百 十 元 角 分	¥ 3 6 0 0 0 0 0
借款用途	生产经营借款				
约定还款期限：	期限 3 个月	于 2012 年 03 月 31 日到期			
上列借款已批准发放，转入你单位存款账户。此致 中国工商银行北京市长乐分理处 2012.01.01 转讫 2012 年 01 月 01 日（银行签章）		（借） （贷） 主管　会计　复核　记账 年　月　日			

图 9.1　企业借款借据

应编制会计分录如下。

借：银行存款　　　　36 000

　　贷：短期借款　　　　36 000

例 9.2　接前例，计算借款利息。

2012 年 1 月 31 日，会计人员编制借款利息计算表（见表 9.1）。该笔借款的年利率 7.2%。

表 9.1　借款利息计算表

借款期间：2012 年 01 月 01 日 ～2012 年 01 月 31 日

借款性质	借款证号	借款金额	借款利率	借款利息	已提利息	合 计
短期借款	004	36000.00	7.2%	216.00	0.00	216.00

审核：孙正峰　　　　制单：吴天

根据借款利息计算表，应编制会计分录如下。

借：财务费用　　　　216

　　贷：应付利息　　　　216

2012 年 2 月借款利息计算表和会计处理与此相同。

课堂讨论

2012年2月借款利息计算表该怎么填？

例 9.3 偿还借款本金及利息。

接例9.2，2012年3月31日，会计人员收到银行计算利息清单（见图9.2）和贷款还款凭证（见图9.3）。

中国工商银行计算利息清单

2012年03月31日

户　名	极地有限责任公司													账　号	6227132000369100 01								
开户银行	中国工商银行北京市长乐分理处																						
起息日期	结息日期	天数	积数										利率	利息									
			千	百	十	万	千	百	十	元	角	分		百	十	万	千	百	十	元	角	分	
2012.01.01	2013.03.31	90			¥	3	6	0	0	0	0	0	7.2%				¥	6	4	8	0	0	
上述贷款利息，已从你单位6227132000369100 01存款户中支付。 银行盖章													科目 对方科目 复核员：　　记账员：										

（印章：中国工商银行北京市长乐分理处　2012.03.31　转讫）

注：本表计算基数的计算方法和利息的计算方法与银行现行计算方法不同。

图9.2　中国工商银行计算利息清单

中国工商银行贷款还款凭证

收款日期 2012年03月31日　　　　号码：089456

借款单位名称	极地有限责任公司	贷款账号	201145488	结算账号	6227132000369100 01									
还款金额（大写）	叁万陆仟元整				千	百	十	万	千	百	十	元	角	分
							¥	3	6	0	0	0	0	0
贷款种类	流动资金借款	借出日期			原约定还款日期									
		2012年01月01日			2013年03月31日									
上述借款已从本单位6227132000369100 01存款户中支付。 借款单位盖章					会计分录： 收： 付：									

（印章：极地有限责任公司　财务专用章；中国工商银行北京市长乐分理处　2012.03.31　转讫）

图9.3　中国工商银行贷款还款凭证

根据利息计算清单和银行贷款还款凭证。

1）偿还利息时，编制会计分录如下。

借：应付利息　　　　　　　　　　　　432

　　财务费用　　　　　　　　　　　　　　　　　　　216
　　　贷：银行存款　　　　　　　　　　　　　　　　　　648

2）偿还本金时，编制会计分录如下。

借：短期借款　　　　　　　　　　　　　　　　　36 000
　　贷：银行存款　　　　　　　　　　　　　　　　　36 000

关键练习

某企业2013年1月1日向银行借入120 000元，期限9个月，年利率8%。该项借款利息分月预提，按季支付利息，到期归还本金。

要求： 请分别编制借入款项、按月预提利息、按季支付利息和到期归还本金的会计分录。

拓展阅读

银行借款的种类

银行借款除按借款期限可以分为长期借款和短期借款外，还可以按以下方式分类。

1. 按借款的条件分类

按借款是否需要担保，银行借款可以分为信用借款、担保借款和票据贴现。

信用借款是指以借款人的信誉为依据而获得的借款，企业取得这种借款，无须以财产做抵押；担保借款是指以一定的财产做抵押或以一定的保证人做担保为条件所取得的借款；票据贴现是指企业以持有的未到期的商业票据向银行贴付一定的利息而取得的借款。

2. 按提供贷款的机构分类

按提供贷款的机构，可将银行借款分为政策性银行贷款和商业银行贷款。

政策性银行贷款一般是指执行国家政策性贷款业务的银行向企业发放的贷款。例如，国家开发银行为满足企业承建国家重点建设项目资金需要提供的贷款，进出口信贷银行为大型设备的进出口提供的买方或卖方信贷。商业银行贷款是指由各商业银行向工商企业提供的贷款。这类贷款主要为满足企业生产经营的资金需要。此外，企业还可从信托投资公司取得实物或货币形式的信托投资贷款，从财务公司取得各种贷款等。

任务二　核算长期借款

任务目标

通过本任务的学习，你应该能够：

1. 界定长期借款、了解其申请程序。

2. 认读长期借款取得、计息和归还的原始凭证，并据此编制简单的长期借款业务的核算分录。

业务认知

长期借款，是指企业从银行或其他金融机构借入的期限在一年以上（不含一年）的各种借款。一般用于固定资产的购建、改扩建工程、大修理工程、对外投资及为了保持长期经营能力等方面。

企业从银行长期贷款程序比流动资金贷款程序复杂严格，一般包括建立信贷关系、受理贷款申请、贷前调查、贷款审查、贷款签批、贷款发放、贷款检查、贷款偿还或展期等重要步骤。

企业首次向贷款银行申请贷款时，应先向银行申请建立信贷关系，填写《建立信贷关系申请书》并向银行提供相关资料。银行接到企业提交的《建立信贷关系申请书》及有关资料后，应及时安排专人对客户情况进行核实，对照银行贷款条件，判别其是否具备建立信贷关系的条件。经经办行初审同意后，报经上一级分行审批。企业与银行的信贷关系建立后，即可根据需要向银行提出贷款申请。企业书写《申请贷款书面报告》申请贷款，银行完成内部调查、审批程序后，如果同意贷款，由银行经办行通知借款人签订借款合同，办理贷款手续。

要点提示

从银行长期借款程序比短期借款程序更复杂严格。

业务核算

长期借款会计处理的基本要求是，反映和监督企业长期借款的借入、借款利息的结算和借款本息的归还情况，促使企业遵守信贷纪律、提高信用等级，同时也要确保长期借款发挥效益。

会计科目：长期借款，核算长期借款的借入、归还等情况。

账簿设置：“长期借款”科目按照贷款银行和贷款种类设置明细账，各明细账分别设置“本金”、“利息调整”等栏目进行明细核算。

基本账务处理：“长期借款”科目的贷方登记长期借款本金和利息调整的增加额，借方登记本金和利息调整的减少额；贷方余额表示企业尚未偿还的长期借款。

企业借入各种长期借款时，按实际收到的款项，借记“银行存款”科目，按借款本金，贷记“长期借款——本金”科目；按借贷双方之间的差额，借记“长期借款——利息调整”科目。

长期借款利息费用，应当在资产负债表日按照摊余成本和实际利率计算确定，实际利率与合同税率差异较小的，也可以采用合同利率确定利息费用。长期借款计算确定的利息费用，应当按以下原则计入有关成本、费用：属于筹建期间的，计入管理费用；属于生产经营期间的，计入财务费用。如果长期借款用于购建固定资产，在固定资产尚未达到预定可使用状态前所发生的应当资本化的利息支出数，计入在建工程成本；固定资产达到预定可使用状态后发生的利息支出，以及按规定不予资本化的利息支出，计入财务费用。

本书仅介绍按合同利率计算长期借款利息的核算。按合同利率计算确定应付未付利息时，借记“在建工程”、“制造费用”、“财务费用”、“研发支出”等科目，贷记“应付利息”科目。

企业归还长期借款，按归还的长期借款本金，借记“长期借款——本金”科目，按归还的利息，借记“应付利息”科目，按实际归还的款项，贷记“银行存款”科目。

例 9.4　借入长期借款。

2012 年 1 月 1 日，收到银行转账传票（见图 9.4）。

中国工商银行特种转账借方传票

编号：第 0001108 号											贷款日期 2012 年 01 月 01 日
借款单位全称	极地有限责任公司	存款账号	622713200036910001					贷款账号	201145488		
借款金额（大写）	壹佰万元整	千	百	十	万	千	百	十	元	角	分
		¥	1	0	0	0	0	0	0	0	0
贷款用途	生产资金	贷款利率（月息）‰	7.5‰	到期时间	2013 年 12 月 31 日						

分次偿还借款记录			上列款项已核准并转入指定账户
偿还日期	偿还金额	结欠金额	中国工商银行北京市长乐分理处 2012.01.01 转讫 （银行签章）

图 9.4　中国工商银行特种转账借方传票

应编制会计分录如下。

借：银行存款　　1 000 000

　　贷：长期借款　　1 000 000

例 9.5　计算长期借款利息。

接前例，2012 年 12 月 31 日，编制长期借款利息计算表（见表 9.2），计提当年长期贷款利息。

表 9.2　长期借款利息计算表

2012 年 12 月 31 日　　　　单位：元

借款证号	计息期间	借款金额	借款利率	借款利息	已提利息	合计
001#	12.01－12.31	1000000.00	9%（月 7.5‰）	7500.00	82500.00	90000.00

审核：孙正峰　　　　制单：吴天

从借款利息计算表可以看出当年应计提利息 90 000 元，前 11 个月已经计提 82 500 元，当月应计提利息 7 500 元。

应编制会计分录如下。

借：财务费用　　7 500

贷：应付利息 7 500

各月计提长期借款利息时，借款利息计算表和会计处理与此相同。

例 9.6 偿还借款利息。

接前例，2012 年 12 月 31 日，会计人员收到银行计算利息清单（见图 9.5）。

中国工商银行计算利息清单

2012 年 12 月 31 日

户 名	极地有限责任公司	账 号	622713200036910001
开户银行	中国工商银行北京市长乐分理处		

起息日期	结息日期	天数	积数										利率	利息								
			千	百	十	万	千	百	十	元	角	分		百	十	万	千	百	十	元	角	分
2012.01.01	2012.12.31		¥	1	0	0	0	0	0	0	0	0	9%		¥	9	0	0	0	0	0	0

上述贷款利息，已从你单位622713200036910001存款户中支付。 银行盖章	科目 对方科目 复核员： 记账员：

（银行印章：中国工商银行北京市长乐分理处 2012.12.31 转讫）

图 9.5 中国工商银行计算利息清单

根据银行计算利息清单，应编制会计分录如下。

借：应付利息 90 000

　　贷：银行存款 90 000

2013 年 12 月 31 日偿还利息时，银行借款计算利息清单和会计处理与此相同。

例 9.7 偿还借款本金。

接前例，2013 年 12 月 31 日，会计人员收到银行贷款还款凭证（见图 9.6）。

中国工商银行贷款还款凭证

收款日期 2013 年 12 月 31 日　　号码：089456

借款单位名称	极地有限责任公司	贷款账号	201145488	结算账号	622713200036910001
还款金额（大写）	壹佰万元整				千 百 十 万 千 百 十 元 角 分 ¥ 1 0 0 0 0 0 0 0 0
贷款种类	生产资金借款	借出日期 2012 年 01 月 01 日		原约定还款日期 2013 年 12 月 31 日	
上述借款已从本单位622713200036910001存款户中支付。 借款单位盖章：		会计分录： 收： 付：			

（印章：极地有限责任公司 财务专用章；中国工商银行北京市长乐分理处 2013.12.31 转讫）

图 9.6 中国工商银行贷款还款凭证

根据银行贷款还款凭证，应编制会计分录如下。

借：长期借款　　　　　　　　　　　　　　1 000 000

　　贷：银行存款　　　　　　　　　　　　　　1 000 000

关键练习

某公司2013年1月1日借入期限为三年的长期借款5 000 000元，款项已存入银行。借款年利率为10%，每年末付息，到期一次还本。

要求：根据上述业务编制借款借入、各月计息、年末付息、到期一次还本的会计分录。

拓展阅读

公司债券

公司债券是指公司依照法定程序发行的，约定在一定期限还本付息的有价证券。公司债券是公司债务的表现形式，基于公司债券的发行，在债券持有人和发行人之间形成了以还本付息为内容的债权债务法律关系。因此，公司债券是公司向债券持有人出具的债务凭证。

对企业而言，发行债券是企业融资重要手段。

模块实训索引

《财务会计实训》模块6——实训6.1　借款核算演练

模块法规依据

1.《企业会计准则（2006）》（2006年2月15日财政部发布，自2007年1月1日起施行）。

2.《企业会计准则——应用指南（2006）》（2006年10月30日财政部发布，自2007年1月1日起施行）。

3.《固定资产贷款管理暂行办法》（中国银行业监督管理委员会令2009年第2号，2009年7月23日发布，自发布之日起3个月后即同年10月23日施行）。

4.《流动资金贷款管理暂行办法》（2009年7月23日发布，并自发布之日起施行）。

模块十

核算所有者权益

工作导入

所有者权益是指所有者在企业资产中享有的经济利益，其金额是全部资产减去全部负债后的余额。所有者权益来源于所有者投入的资本、直接计入所有者权益的利得和损失、留存收益等。会计上通常将所有者权益划分实收资本（或股本）、资本公积、盈余公积和未分配利润4个部分，其中，盈余公积和未分配利润都来源于企业经营利润，是净利润除去分配给投资者外留存在企业的部分，会计上称为留存收益。

① 实收资本。企业的实收资本是指投资者按照企业章程或合同、协议的约定，实际投入企业并计入注册资本的资金。所有者向企业投入的资本，在一般情况下无须偿还，可以长期周转使用。

② 资本公积。资本公积是由资本本身升值或其他原因而产生的投资者的共同的权益，包括资本（或股本）溢价等。资本（或股本）溢价，是指企业投资者投入的资金超过其在注册资本中所占份额的部分。

③ 盈余公积。盈余公积是企业从实现的利润中提取或形成的留存于企业内部的积累。

④ 未分配利润。未分配利润是企业留于以后年度分配的利润或待分配利润。

任务一　核算投资者投入资本

任务目标

通过本任务的学习，你应该能够：

1. 概括投资者投入资本的出资形式。
2. 编制企业接受投资者投入资本的核算分录。

业务认知

我国实行法定注册资本制，投资者设立企业必须首先投入资本，投资人按其投资额占注册资本的比例享有企业的相关权利。

投资者向企业投入资本的出资方式可以分为以现金资产出资和以非现金资产出资两种。以非现金资产出资是指以货币资金资产以外的存货、固定资产、无形资产等资产出资。

对于有限责任公司，在初建公司时，各投资者按照合同、协议或公司章程，投入企业的资本都会形成企业的注册资本。

企业创建完成后，经过一段时间的正常生产和经营，形成一定的内部积累，企业的利润率一般会高于企业创建初期，运营风险也相应地降低。此时，如果进行企业重组或有新投资者加入，新加入的投资者会享有企业以前的经营成果，所以企业的原有投资者会要求新投资者支付高于新投资者在注册资本中享受份额的资金来作为补偿，新投资者投入的高于其享有的注册资本份额的资金额，即是所谓的资本溢价。

从会计主体角度来看，企业接受的全体投资者投入的法定注册资本，即为企业的实收资本，接受的投资者超过其在注册资本中享有份额的部分，是企业资本公积的重要组成部分。

业务核算

1.“实收资本”科目

会计科目：实收资本（股份有限责任公司为“股本”科目），核算企业接受投资者投入企业的注册资本。

企业收到投资额中超过投资者在注册资本或股本中所占份额的部分，作为资本溢价或股本溢价，在“资本公积”科目核算，不在本科目核算。

账簿设置：本科目按投资者设置明细账，进行明细核算。

基本账务处理：“实收资本”账簿贷方登记因接受投资、转增资本等原因增加的注册资本额，借方登记按法定程序报经批准减少的注册资本；期末余额在贷方，反映注册资本总额。

2.“资本公积”科目

会计科目：资本公积，核算企业收到投资者出资超出其在注册资本或股本中所占的份额的部分，以及直接计入所有者权益的利得和损失等。

账簿设置：本科目应当分别“资本溢价”或“股本溢价”、“其他资本公积”设置明细账，进行明细核算。

基本账务处理：本账簿贷方登记发生的资本溢价和直接计入所有者权益的利得，借方登记资本公积转增资本额和发生的直接计入所有者权益的损失。

有限责任公司接受投入资本的核算具有典型性，对除股份有限责任公司外的其他企业有参照意义。股份有限责任公司的核算本书不做单独介绍。

企业收到所有者投入企业的资本后，应根据有关原始凭证，分别按不同出资方式进行会计处理。

一、接受现金资产投资

我国《公司法》规定，股东可以用货币出资，也可以用实物、知识产权、土地使用权等可用货币估价并可以依法转让的非货币资产作价出资，但是法律、行政法规规定不得作为出资的财产除外。全体股东的货币出资额不得低于有限责任公司注册资本的30%。

例 10.1 核算接受现金投资。

极地有限责任公司是由甲、乙、丙3家公司出资设立的，注册资本为2 000 000元，甲、乙、丙持股比例分别为60%，25%和15%。其中，甲公司以现金出资800 000元，同时出资一套价值400 000元的设备；乙以价值500 000元（含增值税）的原材料出资；丙以一项价值300 000元的非专利技术出资。

公司创建时，收到出纳转来的现金交款单、验资证明等，单据表明甲企业投入的资金800 000元已经存入银行。

应编制会计分录如下。

借：银行存款　　800 000

　　贷：实收资本——甲公司　　800 000

二、接受非现金资产投资

以可以作为出资的非货币资产出资的，应当评估作价，核实财产，不得高估或者低估作价。法律、行政法规对评估作价有规定的，从其规定。企业接受非现金资产投资时，应按合同或协议约定价值确定非现金资产价值（但投资合同或协议约定价值不公允的除外）和在注册资本中应享有的份额。

例 10.2 核算接受固定资产投资。

承例10.1，根据投资协议，极地有限责任公司已经办妥接收甲公司出资设备的接收手续，取得设备增值税专用发票，投资协议约定该设备价值400 000元，与该设备的资产评估价值相等。该设备不需要安装。

接受该设备时，根据验资报告书、增值税专用发票和相关固定资产交付使用清单，编制会计分录如下。

借：固定资产　　341 880.34

　　应交税费——应交增值税（进项税额）　　58 119.66

　　贷：实收资本——甲公司　　400 000

例 10.3 核算接受原材料投资。

收到乙公司投入的原材料及其增值税专用发票，投资协议约定该批材料估价427 350.43元，增值税专用发票表明该材料增值税税额为72 649.57元，材料已经办妥移交手续。假定合同约定的价值与公允价值相符，进项税额允许抵扣。

根据资产评估报告和增值税专用发票，编制会计分录如下。

借：原材料　　427 350.43

　　应交税费——应交增值税（进项税额）　　72 649.57

　　贷：实收资本——乙公司　　500 000

例 10.4 核算接受非专利技术投资。

承例 10.1，公司已收到丙公司投资的非专利技术，办妥接收手续。根据投资协议，该非专利技术作价 300 000 元。假定该非专利技术符合国家注册资本管理的有关规定，且协议约定价值与公允价值相符，不考虑其他因素。

根据资产验资评估报告和相关资料移交验收证明，编制会计分录如下。

借：无形资产——非专利技术　　300 000

　　贷：实收资本——丙公司　　300 000

三、核算资本溢价

除股份公司以外的其他类型企业，在企业创立时，投资者认交的出资额与其享有的注册资本份额金额上一致，一般不会产生资本溢价，但在企业重组和新投资者加入时常常会出现资本溢价。

例 10.5 核算资本溢价。

承例 10.1，极地有限责任公司由甲、乙、丙 3 家公司投资设立后，经过几年的经营，企业稳步发展，现有投资者丁公司要加入该企业，经各方协商，甲、乙、丙、丁达成协议，丁出资 2 900 000 元，其中 2 000 000 元用于将注册资本增加至 4 000 000 元，增资后丁公司享有极地公司 50% 的股权。

收到丁公司款项存入银行的进账单时，编制会计分录如下。

借：银行存款　　2 900 000

　　贷：实收资本——丁公司　　2 000 000

　　　　资本公积——资本溢价　　900 000

关键练习

东施公司由甲、乙两家公司出资设立，总注册资本 1 200 000 元，甲公司占 50% 的股权，以现金 600 000 元人民币出资，乙公司占另 50% 的股权，以估价 600 000 元的固定资产投资，投资于设立时一次到位。

经过 5 年的生产运作，企业所有者权益大幅增加。这时，有丙投资者愿意加入该企业，并表示愿意出资 1 000 000 元，将东施公司注册资本增加到 1 800 000 元，享有与甲、乙两位股东同等的权利。经协商，甲、乙同意丙的投资请求并签订投资协议，丙投资者的 1 000 000 元出资额已经存入银行。

要求：请根据上述资料编制东施公司设立时和接受丙公司投资时的会计分录。

拓展阅读

我国企业的组织形式

根据我国法律，我国企业的组织形式有个人独资企业、合伙企业、有限责任公司和股份有限责任公司。

个人独资企业是指由一个自然人投资，财产为投资人个人所有，投资人以其个人财产为企业的债务承担无限责任的经营实体。

合伙企业是指由2人或2人以上按协议投资组建的经济组织。公司财产归合伙人所有，并由合伙人共同经营、共负盈亏。合伙人以全部财产承担民事责任，合伙企业的合伙人应承担无偿连带责任，即一旦发生债务，债权人可以向任何一个合伙人请求清偿全部债务。

有限责任公司是指由2~50个股东共同出资组成，股东仅就自己的出资额对公司的债务承担有限责任的公司。我国存在国有独资公司，国家仅对国有独资公司的债务承担有限责任，因此，国有独资公司是有限责任公司。

股份有限责任公司是指由一定人数出资设立，全部资本划分为等额股份，并通过发行股票来筹集资本的公司企业。它与有限责任公司的区别是：公司资本总额平分为金额相等的股份，并通过公开发行向社会筹集资金；有限责任公司不对外公开募集股份，不发行股票。

有限责任公司和股份有限责任公司有最低法定注册资本限额限制：有限责任公司最低注册资本为3万元，法律、行政法规对有限责任公司注册资本的最低限额有较高规定的，从其规定；股份有限公司最低注册资本限额为500万。

另外，我国法律对出资时间、资本构成也有明确要求：有限责任公司全体股东首次出资不得低于公司注册资本的20%，也不得低于法定注册资本最低限额，其余部分由股东自公司成立之日起两年内交足；股份有限公司全体发起人的首次出资不得低于公司注册资本的20%，其余部分由发起人自公司成立之日起两年内交足，投资公司可以延长为5年内交足。全体股东的货币出资金额不得低于有限责任公司注册资本的30%。

任务二　核算留存收益

任务目标

通过本任务的学习，你应该能够：

1. 复述留存收益的概念，列举留存收益的内容构成。
2. 计算当年可供分配利润，说出计算可供分配利润的意义。
3. 说明利润分配的顺序，说明盈余公积的计提基数。
4. 对简单的利润分配和留存收益业务进行会计处理。

业务认知

企业通过生产经营获得净利润后，对留存于企业内部的累计未分配利润，应根据有关法规要求和经营管理需要进行利润分配。在利润分配中，一部分利润以各种形式留在企业内部，供企业扩大再生产使用，这部分在利润分配中留在企业内部的利润，就是所说的留存收益；另一部分利润根据企业股东大会等权力机构的决议分配给企业的投资者，以股息和红利的形式流出企业。留存收益的形式包括盈余公积和未分配利润两种。

利润分配是指企业根据国家有关规定和企业章程、投资者协议等，对企业当年可供分配利润所进行的分配。

可供分配的利润 = 当年实现的净利润 + 年初未分配利润（或 - 年初未分配亏损）+ 其他转入

利润分配顺序依次是：①提取盈余公积；②向投资者分配利润。

其中，盈余公积是指从企业净利润中提取的企业积累资金。公司制企业的盈余公积包括法定盈余公积和任意盈余公积。法定盈余公积依据有关法律规定提取，按企业当年净利润减去弥补以前年度亏损数额后金额的10%提取；任意盈余公积，依据公司或企业权力机构批准提取，计提基数与法定盈余公积相同，计提比例由企业权力机构自定。

企业的未分配利润则是经过弥补亏损、提取法定盈余公积、提取任意盈余公积和向投资者分配利润等利润分配之后剩余的利润，它是企业留待以后年度进行分配的历年累计结存的利润。它有两层含义：一是留待以后年度进行分配的利润；二是未指定特定用途的利润。相对于所有者权益的其他部分来说，企业对于未分配利润的使用有较大的自主权。

业务核算

会计科目：利润分配，核算企业利润的分配（或亏损的弥补）和历年分配（或弥补）后的未分配利润（或未弥补的亏损）。

账簿设置：本科目分别“提取法定盈余公积”、“提取任意盈余公积”、“应付现金股利或利润”、“转作股本的股利”、“盈余公积补亏”和“未分配利润”等设置明细账，进行明细核算。

基本账务处理：年度终了，企业应将全年实现的净利润或净亏损额，从“本年利润”科目，转入“利润分配——未分配利润”科目，并将“利润分配”账户所属其他明细科目（提取法定盈余公积、提取任意盈余公积、应付现金股利或利润等）余额转入“利润分配——未分配利润”科目。结转后，“未分配利润”明细科目如为贷方余额，反映企业历年积存未分配利润；如出现借方余额，则反映企业历年积存的未弥补亏损。

例 10.6　核算利润分配及结转已分配利润。

极地有限公司年初未分配利润为 1 000 000 元，本年实现净利润 4 000 000 元。公司按当年净利润的10%提取法定盈余公积400 000元，宣告发放现金股利600 000元。

1）将本年实现的净利润结转至未分配利润时，编制会计分录如下。

借：本年利润	4 000 000	
贷：利润分配——未分配利润		4 000 000

2）提取法定盈余公积时，编制会计分录如下。

借：利润分配——提取法定盈余公积	400 000	
贷：盈余公积		400 000

3）计提应付现金股利时，编制会计分录如下。

借：利润分配——应付现金股利	600 000	
贷：应付股利		600 000

4）结转全年已分配的利润时，编制会计分录如下。

借：利润分配——未分配利润	1 000 000	
贷：利润分配——提取法定盈余公积		400 000
——应付现金股利		600 000

关键练习

某公司2012年年初未分配利润1 000 000元，当年实现净利4 000 000元，该公司按10%提取法定盈余公积，向投资者分派现金股利1 000 000元。

要求： 请根据资料编制结转本年利润、利润分配和利润分配账户结转的会计处理。

拓展阅读

其他所有者权益变动的核算

企业提取的盈余公积经批准可用于弥补亏损、转增资本、发放现金股利或利润。

① 盈余公积转增资本。经批准盈余公积用于转增资本的，应按股东原有持股比例，分别转增各股东资本，以法定盈余公积转增资本后，留存的法定盈余公积数额不能少于注册资本的25%。用盈余公积转增资本时，借记“盈余公积——法定盈余公积”科目或“盈余公积——任意盈余公积”科目，贷记“实收资本”科目。

② 盈余公积弥补企业亏损。用盈余公积弥补企业亏损的，借记“盈余公积——法定盈余公积”科目或“盈余公积——任意盈余公积”科目，贷记“利润分配——盈余公积补亏”科目。

③ 以盈余公积分派股利。用盈余公积分派股利的，借记“盈余公积——法定盈余公积”科目或“盈余公积——任意盈余公积”科目，贷记“应付股利”科目。

④ 资本公积转增资本。经股东大会或类似权力机构决议，企业可以用资本公积转增资本。用资本公积转增资本时，应冲减资本公积，同时按转增前的实收资本（股本）的结构或比例，将转增的金额记入“实收资本（或股本）”科目下的明细分类账。

模块实训索引

《新编创业财务会计实训（第2版）》模块7——所有者权益核算演练

模块法规依据

1.《企业会计准则——应用指南》(2006年10月30日财政部发布，自2007年1月1日起在上市公司范围内施行)。

2.《企业会计准则第22号——金融工具确认和计量》(2006年2月15日财政部发布，自2007年1月1日起在上市公司范围内施行)。

3.《企业会计准则第37号——金融工具列报》(2006年2月15日财政部发布，自2007年1月1日起在上市公司范围内施行)。

4.《中华人民共和国公司法》(中华人民共和国第十届全国人民代表大会常务委员会第十次会议于2005年10月27日修订通过，自2006年1月1日起施行)。

模块十一
核算收入、费用和利润

工作导入

企业存在最终目的就是为了获取利润，因为有了这一目的，才有了企业的创立、资产的投入和负债的发生。企业利润主要来源于企业收入和费用的差额。

任务一　核算企业的收入

任务目标

通过本任务的学习，你应该能够：

1. 说出收入的概念和分类。
2. 核算常见的商品销售业务。
3. 核算同一会计期间完成的劳务业务。

业务认知

一、收入的概念和特征

收入是指企业在日常活动中形成的、会导致所有者权益增加的、与所有者投入资本无关的经济利益的总流入。收入具有以下特征。

1. 收入是企业在日常活动中形成的经济利益的总流入

企业的日常活动是指企业为完成其经营目标而从事的经常性活动及与之相关的活动。例如，工业企业为实现经营目标发生的供、产、销及与之相关的管理活动；商业企业的购销及与之相关的管理活动；各种提供劳务和服务的公司提供劳务或咨询服务的活动等。这些活动均属于企业为完成生产经营目标所从事的经常性活动，由此形成的经济利润的总流入构成收入。企业对外进行权益性投资（取得股利）和债权性投资（取得利息）、转让无形资产使用权、工业企业出售的不需用原材料等活动虽然不属于企业的经常性活动，但属于企业为完成其经营目标所从事的与经常性活动相关的活动，由此形成的经济利益的总流入也构成收入。

收入形成于企业日常活动的特征使其与产生于非日常活动的利得区分开来。企业所从事或发生的某些活动也能为企业带来经济利益，但不属于企业为完成其经营目标所从事的经常性活动，也不属于与经常性活动相关的活动，如对违约单位或个人罚款、处置固定资产或无形资产等，这些活动产生的经济利益流入不能判定为收入，应当作为企业的利得。利得通常不经过经营过程就能取得或属于企业不曾期望获得的收益。

2. 收入会导致企业所有者权益的增加

企业取得的收入能增加资产，如销售商品会引起银行存款、应收账款的增加，也能减少负债，如以商品或劳务抵偿债务，或二者兼而有之，如销售商品的货款中部分抵偿债务，部分收取现金或银行存款。根据会计的基本等式“资产 = 负债 + 所有者权益”可以推之，企业取得收入应当能增加所有者权益，但如果考虑为发生收入而产生的成本，收入扣除与之相配比的费用后的净额，既可能增加所有者权益，也可能减少所有者权益。

3. 收入与所有者投入资本无关

企业的所有者向企业投资主要是为了谋求享有企业资产的剩余权益。因此，由于所有者投资而形成的经济利益的总流入不构成收入，而应确认为企业所有者权益的组成部分。

二、收入的分类

1. 收入从其取得的业务类型角度看，可以分为商品销售收入、提供劳务收入、让渡资产使用权收入

① 商品销售收入。商品销售收入是指通过销售商品实现的收入。这里所说的商品包括企业为销售而生产的产品和为转售而购进的商品。企业销售其他存货，如原材料、包装物等也视同销售商品。

② 提供劳务收入。提供劳务收入是指企业通过提供劳务取得的收入，如提供加工、修理、运输、咨询、代理、安装、培训等劳务取得的收入。

③ 让渡资产使用权收入。让渡资产使用权收入是指企业通过让渡资产使用权实现的收入。让渡资产使用权收入包括利息收入和使用费收入。利息收入主要是指金融企业对外贷款取得的利息收入等；使用费收入主要是指企业转让资产的使用权取得的收入，包括转让无形资使用权取得的收入、对外出租固定资产收取的租金、进行债权投资收到的利息、进行股权投资取得的现金股利等。

2. 收入按企业经营业务的主次分类，可以分为主营业务收入和其他业务收入

① 主营业务收入。主营业务收入是指企业为完成其经营目标从事的经常性活动实现的收入。主营业务收入是企业营业收入的主要部分，对企业的经济效益会产生重大影响。

② 其他业务收入。其他业务收入是指企业为完成其经营目标所从事的与经常性活动相关的活动实现的收入。其他业务收入是企业的次要交易实现的收入。这部分收入一般占企业总收入的比重较小。

三、会计实务中收入的确认依据

从理论上讲，当销售业务发生时，会计人员需要依据收入的确认条件来判断是否可以确认收入。这里所说的收入确认条件包括以下几点。

① 企业已将商品所有权上的主要风险和报酬转移给购买方，企业在以下几种情况下仍保留着商品所有权上的主要风险和报酬，不能确认收入。

- 企业销售的商品在质量、品种、规格等方面不符合合同规定的要求，又未根据正常的保证条款予以弥补，因而仍负有责任。
- 企业销售商品的收入是否能够取得，取决于代销方或受托方销售该商品的收入是否能够取得。
- 企业尚未完成售出商品的安装或检验工作，而此项安装或检验任务又是销售合同的重要组成部分。
- 销售合同中规定了购货方在特定情况下有权退货的条款，而企业又不能确定退货的可能性。

② 企业既没有保留通常与所有权联系的继续管理权，也没有对已售出商品实施有效控制。

③ 收入的金额能够可靠计量。

④ 相关的经济利益很可能流入企业。

⑤ 相关的已发生的或将发生的成本能够可靠地计量。

实务中，会计人员是通过销售合同条款、销售发票和销售出库单反映的内容等来判断一项销售业务是否符合收入的确认条件。通常情况下，销售合同中没有规定特殊条款，销售发票和销售出库单已经开出并经有关有权限人员的审批，会计人员即可以据此确认收入的实现。

业务核算

1.“主营业务收入”科目

会计科目：主营业务收入，核算企业根据收入准则确认的销售商品、提供劳务等主营业务的收入

账簿设置：本科目应当按照主营业务的种类设置明细账，进行明细核算。

2.“主营业务成本”科目

会计科目：主营业务成本，核算企业根据收入准则确认销售商品、提供劳务等主营业务收入时应结转的成本。

账簿设置：本科目应当按照主营业务的种类进行明细核算。

3.“投资收益”科目

会计科目：投资收益，核算企业根据长期股权投资准则确认的投资收益或投资损失，以及企业处置交易性金融资产等以公允价值计量且其变动计入当期损益的金融资产等实现的损益，也在本科目核算。

账簿设置：本科目应当按照投资项目设置明细账，进行明细核算。

一、核算销售商品收入

核算销售商品收入涉及的主要内容包括一般商品销售业务、已经发出商品但不符合确认条件的销售业务、销售折让、销售退回、采用预收款方式销售商品、采用支付手续费方式代销商品等的核算。

（一）一般商品销售业务

销售业务发生后，会计人员应根据销售合同、销售发票和销售出库单上的内容，依据收入确认的条件，判断是否可以确认收入，对于符合收入确认条件的销售业务应及时进行收入的账务处理并结转相关成本。通常情况下，会计人员应在销售货物已经转移给买方，或劳务已经提供给需方，且款项已经收取或已经取得收款的权利时确认收入。采用预收款销售方式的，销售方通常在发出商品时确认收入，收入确认前预收的款项应确认为预收账款；采用交款提货方式销售商品的，在开出发票并收到货款时确认收入；在采用托收承付结算方式下，通常在办妥托收手续时确认收入。

例 11.1 现款销售。

12月15日，同时收到销售发票、销售出库单和缴存转账支票的进账单。单据表明，公司向华盛公司销售甲产品一批，售价100 000元，增值税税额17 000元，产品已经发出，款项已收到。

编制会计分录如下。

借：银行存款　　117 000

　　贷：主营业务收入　　100 000

　　　　应交税费——应交增值税（销项税额）　　17 000

如果本经济业务未收到转账支票，但满足采用托收承付结算方式的要求，企业采用托收承付方式收取货款。

在产品发出，办妥托收手续时，应编制会计分录如下。

借：应收账款　　117 000

　　贷：主营业务收入　　100 000

　　　　应交税费——应交增值税（销项税额）　　17 000

采用交款提货方式销售和采用预收款形式销售的账务处理请参见模块三和模块四的相关内容。

例 11.2 月末结转已销产品成本。

承例11.1，12月末，编制商品出库汇总表，汇总表表明本月已销产品的实际成本72 000元。

编制会计分录如下。

借：主营业务成本　　72 000

　　贷：库存商品——甲产品　　72 000

（二）发出商品但不符合收入确认条件业务的处理

当企业发生的销售业务不符合收入的确认条件，不能确认收入。为了单独反映商品已经发出但不符合收入确认条件的商品成本，企业应设置“发出商品”科目。当企业商品已经发出，但不符合收入确认条件时，借记“发出商品”科目，贷记“库存商品”科目。如果销售该商品的纳税义务已经发生，如已经开出增值税专用发票，还应同时借记“应收账款”等科目，贷记“应交税费——应交增值税（销项税额）”科目；如果纳税义务没有发生，则不需要进行上述计税处理。

例 11.3　核算不符合收入确认条件的销售。

2012 年 3 月 10 日，收到增值税专用发票、销售出库单。系公司向杨朱公司销售一批商品，发票上注明售价为 100 000 元，增值税税额 17 000 元，按公司采用的存货计价方法计算，该批产品成本为 60 000 元。根据销售部门提供的信息得知，杨朱公司近期经营极其困难，很可能无力支付材料款。但公司管理层认为，杨朱公司一定会走出困境，为赢得这个长期客户，公司决定将材料发给杨朱公司。

可以看出与该项销售相关的经济利益，不是很可能流入企业，所以该销售业务发生时不应确认收入。

会计人员在收到增值税专用发票和销售出库单时，应编制会计分录如下。

借：发出商品　　60 000
　　贷：库存商品　　60 000

同时，因该项销售的纳税义务已经发生，编制会计分录如下。

借：应收账款　　17 000
　　贷：应交税费——应交增值税（销项税额）　　17 000

要点提示

当纳税义务发生时，无论是否确认收入都应该计算应纳税款。

2012 年 11 月，公司得知杨朱公司的经营情况明显好转，且该公司承诺近期即可支付赊欠的货款。因有迹象表明上笔销售的经济利益很可能流入企业，该销售已经符合收入确认条件。

会计人员应确认收入，编制会计分录如下。

借：应收账款　　100 000
　　贷：主营业务收入　　100 000

同时结转销售成本时，编制会计分录如下。

借：主营业务成本　　60 000
　　贷：发出商品　　60 000

12 月 9 日，收到结算单据，杨朱公司支付的货款已经转入公司存款户，应编制会计分录如下。

借：银行存款　　117 000
　　贷：应收账款　　117 000

(三) 商业折扣、现金折扣和销售折让

1. 商业折扣的处理

商业折扣是为了扩大销售而在商品标价上给予的价格扣除，如企业为鼓励购买，企业规定商品八五折销售等。企业在处理一些残、次、积压商品也通常采用商业折扣。如果将自产、委托加工货物作为实物商业折扣，如买五赠一等，该实物款额不能从销售额中减除，且该实物应按增值税条例视同销售货物中的赠送他人计算征收增值税。

商业折扣发生在销售当时，销售票据直接体现最终销售价格。会计人员收到销售票据直接根据票据作正常销售业务处理即可。按实际收到或应收的款项借记“银行存款”、“应收账款”等科目，贷记“主营业务收入”、“应交税费——应交增值税（销项税额）”科目。

2. 现金折扣的处理

现金折扣是债权人为鼓励债务人在规定期限内付款，而向债务人提供的债务扣除。现金折扣在销售发生时约定，在销售之后发生。

与现金折扣的目的有关，现金折扣采用“折扣率/付款期限”的形式规定。例如，“5/10，2/20，N/30”表示销售允许的最长付款期限为30天，如果客户在10天内付款，销货方给予客户5%的债务扣除；如果客户在11～20天内付款，销售方予客户2%债务扣除；客户在21～30天内付款，将不能享受现金折扣。

因为现金折扣是在销售实现之后发生，在销售实现时，企业不能确定客户是否会在现金折扣期限内付款，所以会计人员应按销售票据上记载的原销售价款确认收入、税费金额和应收款金额。当购货企业选择在现金折扣期内付款，发生现金折扣时，销货企业应按约定的折扣基数和折扣率计算折扣金额，按实际收到的金额借记“银行存款”等科目，按折扣现金额借记“财务费用”科目，按应收金额贷记“应收账款”科目。这里所说的折扣基数是指购销双方约定的计算现金折扣的基数，包括以价款作折扣计算基数和以价税款合计作折扣基数两种情况。

例 11.4 核算现金折扣。

12月5日，收到本公司开出的增值税专用发票和销售出库单，单据表明公司向华盛公司销售丙产品一批，产品价款60 000元，增值税税额10 200元。公司与华盛公司签订的销售合同中规定了现金折扣，条件为“3/10，1/20，N/30”，折扣按产品价款计算。

销售实现确认收入时，根据增值税专用发票，编制会计分录如下。

借：应收账款——华盛公司	70 200	
贷：主营业务收入		60 000
应交税费——应交增值税（销项税额）		10 200

12月12日，华盛公司付清货款。

现金折扣＝60 000×3%＝1 800（元）

实际收到货款＝70 200－1 800＝68 400（元）

借：银行存款	68 400	
财务费用	1 800	
贷：应收账款——华盛公司		70 200

如果销售方的现金折扣按包括增值税款的价税款总计计算：

现金折扣 =70 200 ×3% = 2 106（元）

实际收到货款 =70 200 − 2 106 = 68 094（元）

如果华盛公司在 12 月 25 日前付清货款：

现金折扣 =60 000 ×1% =600（元）

实际收到货款 =70 200 − 600 =69 600（元）

如果华盛公司在 12 月 25 日以后付清货款，则应按全额付款，不享受现金折扣。

3. 销售折让的处理

销售折让就是因售出商品的质量不合格等原因而在售价上给予的减让。企业将商品销售给买方后，买方如果发现商品在质量、规格等方面不符合销售协议的要求，可能要求卖方在价格上给予一定的折让。

销售折让核算的基本思路是：销售折让如发生在确认销售收入之前，则应在确认销售收入时直接按扣除销售折让后的金额确认；销售折让如发生在确认销售收入以后，且不属于资产负债表日后事项的，应在发生时冲减当期商品销售收入，按规定允许扣减增值税额的，还应冲减已确认的应交增值税销项税额。

例 11.5 核算销售折让。

12 月 5 日，收到本公司开出的增值税专用发票和销售出库单，系公司向罗莱斯公司销售产品一批，价款为 200 000 元，增值税税额为 34 000 元。公司已经确认收入。

12 月 10 日，罗莱斯公司电函本公司，指出收到产品后发现商品质量不合格，要求在价格上给予 5% 的折让。经查证，罗莱斯公司所述情况属实，公司同意给予折让。公司收到罗莱斯公司退回的增值税专用发票发票联和抵扣联。公司开具红字专用发票，将罗莱斯公司退回的发票联和抵扣联附在红字发票的发票联后，然后按折让后的金额重新开具专用发票，将新开具的发票联和抵扣联发给罗莱斯公司。

12 月 5 日，会计人员根据增值税发票等单据，确认销售收入时，编制会计分录如下。

借：应收账款——罗莱斯公司　　234 000

　　贷：主营业务收入　　200 000

　　　　应交税费——应交增值税（销项税额）　　34 000

12 月 10 日，收到退回的增值税专用发票时，由于本公司上笔销售业务已经记账，所以公司按退回的增值税专用发票，开具了红字增值税专用发票，根据红字发票的发票联，冲销主营业务收入和销项税额时，编制会计分录如下。

借：应收账款——罗莱斯公司　　234 000

　　贷：主营业务收入　　200 000

　　　　应交税费——应交增值税（销项税额）　　34 000

12 月 10 日，根据重新开具的增值税专用发票，按折让后的金额确认销售收入时，编制会计分录如下。

借：应收账款——罗莱斯公司　　222 300

　　贷：主营业务收入　　190 000

　　　　应交税费——应交增值税（销项税额）　　32 300

待实际收到款项时时，编制会计分录如下。

借：银行存款　　　　　　　　　　　　　　　　　　　　222 300

　　贷：应收账款——罗莱斯公司　　　　　　　　　　　　222 300

如果上笔业务12月5日没有入账确认收入，在发出商品时，借记“发出商品”科目，贷记“库存商品”科目；在收到退回的增值税专用发票时，销售方只需要将退回的增值税专用发票作废，并按重新开具的发票确认收入即可。

（四）销售退回

企业销售商品除了可能发生销售折让外，还可能发生销售退回。当发生销售退回时应区别不同情况来处理。

第一，销售退回发生在商品销售收入确认前（企业没有开出发票）。这时的账务处理比较简单，直接将记入“发出商品”账户的商品成本转回到“库存商品”账户。

第二，销售退回发生在商品销售收入确认后（企业已经开出发票，并已经做账务处理）。这种退回不论是当年销售的，还是以前年度销售的，除属于资产负债表日后事项的，均应冲减退回当月的销售收入，同时冲减退回当月的销售成本。按规定允许扣减增值税的，应冲减已经确认的销项税额；如果该项销售已发生现金折扣，应同时调整相关财务费用的金额。

销售退回的具体处理与销售折让类似，只是因为商品已经退回销售企业，需要增加库存商品，冲减主营业务成本，同时也没有相关按折让价格重新确认销售收入的处理。

（五）销售材料业务的核算

企业销售原材料、包装物等存货实现的收入及结转的相关成本在“其他业务收入”和“其他业务成本”科目中核算。

1.“其他业务收入”科目

会计科目：其他业务收入，核算企业除主营业务活动以外的其他经营活动实现的收入，包括销售材料、出租包装物和商品、出租固定资产、转让无形资产使用权、随同产品出售单独计价包装物等实现的收入。

账簿设置：本科目按其他业务的种类设置明细账，进行明细分类核算。

基本账务处理：本账簿贷方登记企业实现的各项其他业务收入，借方登记期末转入“本年利润”科目的其他业务收入，结转后该科目应无余额。

2.“其他业务成本”科目

会计科目：其他业务成本，用于核算除主营业务成本以外的其他经营活动所发生的成本，包括销售材料、包装物的成本、出租固定资产的折旧额、转让无形资产使用权的无形资产摊销额、出租包装物成本的摊销额。

账簿设置：本科目按其他业务的种类设置明细账，进行明细分类核算。

基本账务处理：本账簿借方登记企业结转或发生的其他业务成本，贷方登记期末结转入“本年利润”科目的其他业务成本，结转后该科目应无余额。

例11.6　核算销售材料。

12月9日，收到增值税专用发票、出库单据和相关结算单据，系公司将一批不需用的甲材料销售给明朗公司，售价为10 000元，增值税税额为1 700元，款项已由银行收妥。

假定经计算，该批材料的实际成本为6 000元。

应编制会计分录如下。

借：银行存款　　11 700

　　贷：其他业务收入　　10 000

　　　　应交税费——应交增值税（销项税额）　　1 700

月末根据发料汇总表等编制结转销售材料成本时，编制会计分录如下。

借：其他业务成本　　6 000

　　贷：原材料——甲材料　　6 000

二、核算提供劳务收入

从劳务完成的时间长短角度看，企业对外提供劳务，有的劳务开始和结束时间在同一个会计期间，有的劳务开始和结束不在一个会计期间。会计处理上，上述两种情况的处理不同。会计人员应根据劳务完成的时间跨度来确定会计处理方法。

（一）在同一会计期间内开始并完成的劳务

对于在同一会计期间开始并完成的劳务，包括仅一次就可完成的劳务，和持续一段时间但在同一会计期间内完成的劳务两类。

企业应根据提供劳务在企业经营中的重要程度来确定收入的类型，如提供劳务为企业的主营业务，提供劳务收入应作为主营业务收入处理，结转的相关成本应作为主营业务成本处理；如提供劳务为企业除主营业务外的其他业务，则取得的收入和成本分别作为其他业务收入和其他业务成本处理。

为归集提供劳务过程中发生的成本，企业应设置“劳务成本”科目，该科目属于成本费用类。企业对外提供劳务发生的支出一般先通过“劳务成本”科目归集，待确认为当期费用时，再由“劳务成本”科目转入“主营业务成本”或“其他业务成本”科目。

对于一次性完成的劳务，企业应在提供劳务完成时确认收入及相关费用；对于持续一段时间但在同一会计期间完成的劳务，企业应在为提供劳务发生相关支出时确认劳务成本，劳务完成时结转相关劳务成本，确认相关劳务收入和费用。

例 11.7　核算同一期间内开始并完成的劳务收入。

2012年8月10日，安成公司会计人员收到相关支出凭证，票据表明，公司为旺达公司设备安装工程支付人工费8 000元，该工程于当日开始当日完工。同日，安成公司开出营业发票，发票注明安装工程总价款19 000元，款项尚未收到。提供劳务是安成公司的主营业务。

2012年8月10日，会计人员编制会计分录如下。

借：应收账款——旺达公司　　19 000

　　贷：主营业务收入　　19 000

借：主营业务成本　　8 000

　　贷：银行存款　　8 000

若该项安装工程2012年8月5日开始，2012年8月30日结束，施工期间发生分次支出：2012年8月5日发生支出3 000元，2012年8月10日支出3 500元，2012年8月20日发生支出1 500元。2012年8月30日开出营业发票。安成公司的会计人员应按如下步骤处理。

1）2012年8月5日，编制会计分录如下。

借：劳务成本　　3 000
　　贷：银行存款　　3 000

2）2012年8月10日，编制会计分录如下。

借：劳务成本　　3 500
　　贷：银行存款　　3 500

3）2012年8月20日，编制会计分录如下。

借：劳务成本　　1 500
　　贷：银行存款　　1 500

4）2012年8月30日安装工程完工，开出发票，确认收入并结转该项劳务总成本时，编制会计分录如下。

借：应收账款（或银行存款）　　19 000
　　贷：主营业务收入　　19 000
借：主营业务成本　　8 000
　　贷：劳务成本　　8 000

（二）劳务的开始和完成分属不同的会计期间

会计人员在处理开始和完成分属于不同会计期间的劳务时，应先根据提供劳务交易的结果能够可靠估计的条件，进行交易结果可靠性的判断。对于开始和完工分属于不同会计期间，且在资产负债表日交易结果能够可靠估计的，应采用完工百分比法确认提供劳务收入。对于劳务的开始和完成分属不同的会计期间，且在资产负债表日提供劳务交易的结果不能可靠估计的，应分为以下3种情况处理。

① 已经发生的劳务成本预计全部能够得到补偿的，应按已收或预计能够收回的金额确认所提供劳务的收入，并结转已发生劳务的成本。

② 已经发生的劳务成本预计部分能够得到补偿的，应按能够得到补偿的劳务成本金额确认劳务收入，并结转已发生的劳务成本。

③ 已经发生的劳务成本预计全部不能得到补偿的，应将已发生的劳务成本计入当期损益，不能确认劳务收入。

关键练习

极地有限责任公司为增值税一般纳税人，3月份发生下列经济业务。

1. 1日，公司向甲公司销售A产品30吨，价款90 000元，增值税税款15 300元，收到对方单位签发并承兑的商业承兑汇票一张。

2. 2日，向乙公司销售B产品100吨，价款100 000元，增值税税款17 000元，款项尚未收到。为了及时收回货款，公司的付款条件是：3/10，1/20，N/30，现金折扣按价款计算。

3. 5日，公司采用托收承付的结算方式向丙公司销售C产品70件，售价350 000元，增值税税款59 500元，用银行存款代垫运杂费1 000元，已向银行办妥托收手续。

4. 8日，收到乙公司支付2日购买商品款，该款项已扣除乙公司应享有的现金折扣，款项存入银行。

5. 15日，丙公司在验收C产品时，发现该批商品存在质量问题，丙公司要求退货。极地公司与之协商后，同意给予10%销售折让。收到丙公司退回的增值税专用发票，公司据此开具红字专用发票，并按折让后的金额重新开具了增值税专用发票。

6. 28日，公司将一批积压的材料销售出去，售价4 000元，增值税税款680元，款项尚未收回。

7. 本月实际销售A产品30吨，单位成本1 200元；B产品100吨，单位成本650元；C产品70件，单位成本2 000元。结转已销售产品的成本。所售材料的成本为3 000元，结转已销售材料的成本。

要求：请根据以上业务描述编制会计分录。

拓展阅读

完工百分比法

完工百分比法是指按照提供劳务交易的完成进度确认收入与费用的方法。完工百分比法下，本期确认的劳务收入及费用的计算公式如下。

本期确认的收入＝劳务总收入×本期末止劳务的完工进度－以前期间已确认的收入

本期确认的费用＝劳务总成本×本期末止劳务的完工进度－以前期间已确认的费用

上述公司中劳务总收入通常按照与接受劳务方约定的合同或协议价款确定。企业应根据所提供劳务的特点，选择确定完工进度的方法。

任务二　核算企业的费用

任务目标

通过本任务的学习，你应该能够：

1. 说出费用的概念、列举费用的主要内容。
2. 编制常见费用核算的会计分录。

业务认知

费用是指企业在日常活动中发生的、会导致所有者权益减少的、与向所有者分配利润无关的经济利益的总流出。费用具有以下特征。

1. 费用是企业在日常活动中发生的经济利益的总流出

只有为完成经营目标所从事的经常性活动及与之相关的其他活动发生的经济利益的总流出才构成企业的费用。而在企业中发生的那些不属于经常性的活动及与之相关的其他活动形成的支出，是企业的损失而不是费用，如因违约支付的罚款、自然灾害等原因造成的损失等。

2. 费用会导致企业所有者权益的减少

费用的发生既可能表现为资产减少，也可能表现为负债的增加，最终会导致所有者权益的减少。

3. 费用与向所有者分配利润无关

企业向所有者分配利润或股利属于企业利润分配的内容，不构成企业的费用。

企业的费用主要包括主营业务成本、其他业务成本、营业税金及附加、销售费用、管理费用和财务费用等。

1. 主营业务成本

主营业务成本是指企业销售商品、提供劳务等经常性活动所发生的成本。企业一般在确认销售商品、提供劳务等主营业务收入时，或月末时确认已销售商品、已提供劳务的主营业务成本。

主营业务成本的核算参见模块四核算存货中的介绍。

2. 其他业务成本

其他业务成本是指企业除主营业务活动以外的其他经营活动所发生的成本。

其他业务成本的核算参见本模块任务一的介绍。

3. 营业税金及附加

营业税金及附加是指企业经营活动应负担的相关税费。

营业税金及附加的核算参见模块八核算应付及预收款。

4. 销售费用

销售费用是指企业在销售商品和材料、提供劳务过程中发生的费用，包括企业在销售商品、提供劳务的过程中发生的运输费、包装费、装卸费、保险费、展览费、广告费、商品维修费、预计产品质量保证损失，以及企业发生的为销售本企业商品而专设的销售机构的职工薪酬、业务费、折旧费、固定资产修理费等。

5. 管理费用

管理费用是指企业为了组织和管理企业经营活动而发生的各项费用，包括企业在筹建期间发生的开办费、董事会和行政管理部门在企业的经营管理中发生的或者应由企业统一负担的公司经费（包括行政管理部门职工薪酬、物料消耗、低值易耗品摊销、办公费和差旅费）、工会经费、董事会费（包括董事会成员津贴、会议费、差旅费）、聘请中介机构费、咨询费（含顾问费）、诉讼费、业务招待费、房产税、车船使用税、土地使用税、印花税、技术转让费、矿产资源补偿费、研究费用、排污费及企业生产车间和行政部门发生的固定资产修理费等。

6. 财务费用

财务费用是指企业为筹集生产经营所需资金等发生的筹资费用，包括利息支出（减利息收入）、汇兑损益及相关的手续费、企业发生或收到的现金折扣等

业务核算

一、销售费用的核算

会计科目：销售费用，核算企业销售商品和材料、提供劳务的过程中发生的各种费用，包括保险费、包装费、展览费和广告费、商品维修费、预计产品质量保证损失、运输费、装卸费等及为销售本企业商品而专设的销售机构（含销售网点、售后服务网点等）的职工薪酬、业务费、折旧费等经营费用。

企业发生的与销售商品和材料、提供劳务及专设销售机构相关的不满足固定资产准则规定的固定资产确认条件的日常修理费用和大修理费用等固定资产后续支出，也在本科目核算。

账簿设置："销售费用"科目按费用项目进行明细核算。

基本账务处理："销售费用"账簿，借方登记企业所发生的各项销售费用，贷方登记期末结转入"本年利润"科目的销售费用，结转后该账簿应无余额。

例 11.8　核算广告费用。

12 月 25 日，收到出纳转来附有支票存根的服务业发票（见图 11.1）一张，单据表明，公司为扩大销售，支付本市电视台商品宣传费用 600 000 元。

北京市服务业专用发票

Beijing Service Trades Invoice

副　联

京地税 2012 乙1　　№ 6234598

付款单位：极地有限责任公司　　2012 年 12 月 25 日　　支票号：0195876255

Payer:　　Check No:

此发票系北京市地方税务局印制不准伪制

服务项目 Item	单位 Unit	数量 Qnty	单价 Cost Per Unit	金额（人民币）Amount 百	十	万	千	百	十	元	角	分	备注 (NOTES)
广告费					6	0	0	0	0	0	0	0	
人民币金额合计（小写）				¥	6	0	0	0	0	0	0	0	
人民币金额大写 Total Amount In Words	⊗佰陆拾零万零仟零佰零拾零元零角零分												

（印章：枫岗有限责任公司 287302672411326 发票专用章）

三 收款方记账

收款单位：（盖章有效）　　开票人：王勤

图 11.1　北京市服务业专用发票

编制会计分录如下。

借：销售费用　　600 000

　　贷：银行存款　　600 000

例 11.9　支付销售运输费用。

12 月 21 日，收到企业运输部门交来的货运发票（见图 11.2），发票表明公司为运输一批产品支付运输费用总计 2 000 元。

编制会计分录如下。

借：销售费用	1 930	
应交税费——应交增值税（进项税额）	70	
贷：银行存款		2 000

全国联运行业货运统一发票

发票联

（印章：全国统一发票监制章　北京市　国家税务局监制）

发票代码：355644788521

开票日期：2012 年 12 月 20 日　　　　发票号码：088366157

机打代码　545886448844885	密码区：6443132141234124321// * － － + 326633. # ¥% ……—— * ——795322232355　(—— …………%% ¥5652222%% ……#——
机打号码　235444883648475	
机器编号　254864	

	运输费用	其他费用
	项目及金额	项目及金额
发货人名称　极地有限责任公司 纳税人识别号　010106005566099	一、自备运输工具运费 1. 公路运费 1 000.00 2. 水路运费	仓储费用 包装整理费 装卸费　600.00 劳务费 票签费 小计　600.00
收货人名称　大安区第四生产公司 纳税人识别号　25544456485245846	二、代付费用 1. 铁路运费 2. 公路运费 3. 水路运费 4. 航空运费	
发货站（港）到货站（港）经由 中转 北京　石家庄	小计：1 000.00	垫付费用 项目及金额
货物名称　件数　计重资费　包装 打印机　365 箱		保险费　400.00 邮寄费 小计　400.00
合计人民币（大写）贰仟元整	¥2 000.00	
承运人名称税号　吉联运输公司 纳税人识别号　132002666458455	主管税务机关及代码	

（印章：吉联运输公司　132002666458455　发票专用章）

第二联　发票联　收货方记账凭证

开票单位盖章：　　开票人：李开山　　收款人：刘正以　　手写无效

图 11.2　全国联运行业货运统一发票

例 11.10　核算销售部门费用。

公司销售部在12月份共发生费用210 000元。其中，销售人员薪酬120 000元，销售部专用的办公设备的折旧费40 000元，业务费50 000元。

编制会计分录如下。

借：销售费用　　210 000
　　贷：应付职工薪酬　　120 000
　　　　累计折旧　　40 000
　　　　银行存款　　50 000

二、管理费用的核算

会计科目：管理费用，核算企业为组织和管理企业生产经营所发生的管理费用。

商品流通企业管理费用不多的，可不设置本科目，本科目的核算内容可并入“销售费用”科目核算。

企业行政管理部门等发生的不满足固定资产准则规定的固定资产确认条件的日常修理费用和大修理费用等固定资产后续支出，也在本科目核算。

账簿设置：“管理费用”科目按费用项目设置明细账栏目，进行明细核算。

基本账务处理：“管理费用”账簿，借方登记企业所发生的各项管理费用，贷方登记期末结转入“本年利润”科目的管理费用，结转后该账簿应无余额。

例 11.11　核算企业筹建期间费用。

公司准备筹建一个分厂，在筹建期间发生差旅费60 000元，办公费40 000元，诉讼费10 000元，职工教育经费20 000元，以上款项均已用银行存款支付。

编制会计分录如下。

借：管理费用　　130 000
　　贷：银行存款　　130 000

例 11.12　核算咨询费。

收到附有支票存款的服务业专用发票，发票表明公司就一项产品的设计方案向有关技术咨询机构咨询，发生咨询费10 000元。款项用银行存款支付。

编制会计分录如下。

借：管理费用　　10 000
　　贷：银行存款　　10 000

例 11.13　核算车间和管理部门固定资产修理费用。

12月，公司发生车间设备大修理费40 000元，管理部门日常修理费用为1 000元，该费用均不符合固定资产资本化确认条件，公司签发支票支付此项费用。

编制会计分录如下。

借：管理费用　　41 000

　　贷：银行存款　　41 000

例 11.14　计算应计管理费用的税金。

12 月，编制管理费用中列支的税金摊销表（见表 11.1），计算当期应负担的房产税、土地使用税、车船使用税。

表 11.1　管理费用中列支的税金摊销表

2012 年 12 月 31 日　　单位：元

项　目	应计税依据	适用税率（额）	全年应提税额	本期应摊销税额	备　注
房产税	4 285 714 ×（1 − 30%）	1.2%	36 000	3000	
车船使用税	6 客 40 货	客 60—660 货 16—120	12 000	1 000	
土地使用税	120 000	5	24 000	2 000	
合　计					

财务主管：孙正峰　　制表：吴天

应编制会计分录如下。

借：管理费用　　6 000

　　贷：应交税费——应交房产税　　3 000

　　　　　　　——应交车船使用税　　1 000

　　　　　　　——应交土地使用税　　2 000

三、财务费用核算

会计科目：财务费用，核算企业为筹集生产经营所需资金等而发生的筹资费用，包括利息支出（减利息收入）、汇兑差额及相关的手续费、企业发生的现金折扣或收到的现金折扣等。

为购建或生产满足资本化条件的资产发生的应予资本化借款费用，在“在建工程”、“制造费用”等科目核算，不在本科目核算。

账簿设置：本科目按费用项目设置明细账，进行明细核算。

基本账务处理：“财务费用”账簿，借方登记企业所发生的各项财务费用，贷方登记期末结转入“本年利润”账簿的财务费用，结转后该账簿应无余额。

银行借款利息的核算参见模块九。

例 11.15　核算存款利息。

公司于 2011 年 7 月末，收到银行利息结算单，本月银行存款利息 400 元，已经转入企业银行存款户。企业银行存款利息应冲减财务费用。

应编制会计分录如下。

借：银行存款　　　　　　　　　　400
　　贷：财务费用　　　　　　　　　　400

例 11.16　核算银行手续费用。

12月，根据收到的银行收费凭证显示，公司以银行存款支付手续费100元。

借：财务费用　　　　　　　　　　100
　　贷：银行存款　　　　　　　　　　100

关键练习

极地有限责任公司11月份发生下列有关费用支出的经济业务。

1. 1日，以银行存款支付产品广告费10 000元。
2. 5日，以转账支票支付本企业销售产品的运输费6 000元、装卸费3 000元，保险费2 000元。
3. 8日，以现金购买印花税票550元。
4. 10日，公司以银行存款支付业务招待费2 000元，为办公室购买办公用品费1 200元。
5. 18日，行政管理部门以银行存款支付技术咨询费2 200元。
6. 26日，接到银行通知，本月银行存款利息865.12元已经转入本企业银行存款账户。
7. 30日，按规定结算本月应交房产税5 000元，土地使用税3 000元。

要求：根据所发生的经济业务编制会计分录。

拓展阅读

费用与生产成本、制造费用

费用是指企业在日常活动中发生的、会导致所有者权益减少的、与向所有者分配利润无关的经济利益的总流出。按照费用的定义，费用会导致所有者权益的减少。虽然发生生产成本和制造费用会减少企业的一些资产，但这些资产会转化成企业的另一些资产，如在产品、半成品，最终转化企业的产成品。在生产过程中发生的生产成本和制造费用不会引起所有者权益减少，只有当生产完成的产成品对外销售发出时，才会减少所有者权益。因此，企业的生产成本和制造费用不是费用。在编制资产负债表时，企业的生产成本（包括结转入生产成本的制造费用）应作为企业存货项目反映，不能作为费用项目反映。

任务三　核算企业的利润

任务目标

通过本任务的学习，大家应该能够：

1. 列举利润种类及其内容组成。
2. 编制常见营业外收支项目的会计核算分录。
3. 计算应纳税所得额，进行简单的所得税费用的核算。
4. 编制结转损益和本年利润的会计分录。

业务认知

利润是指企业在一定会计期间的经营成果。利润包括收入减去费用后的净额和直接计入当期利润的利得和损失。直接计入当期利润的利得和损失，是指应当计入当期损益、会导致所有者权益发生增减变动的、与所有者投入资本或者向所有者分配利润无关的利得或损失。

在计算企业利润时，为考核经营成果，加强经济管理，通常按收入与费用配比的方式计算各种利润。

营业利润＝营业收入－营业成本－营业税金及附加－销售费用－管理费用－财务费用－资产减值损失＋公允价值变动收益（－公允价值变动损失）＋投资收益（－投资损失）。

在这一公式中：

营业收入是指会计期间所确认的收入总额，包括主营业务收入和其他业务收入。

营业成本是指会计期间所确认的实际成本总额，包括主营业务成本和其他业务成本。

资产减值损失是指企业计提各项资产减值准备所形成的损失。

公允价值变动收益（或损失）是指企业交易性金融资产等公允价值变动形成的应计入当期损益的利得。

投资收益是指企业对外投资所获得的利润、股利和利息等投资收入减去投资损失后的净额。

进一步地看，企业的利润总额在营业利润基础上加减营业外收支计算得出。

利润总额＝营业利润＋营业外收入－营业外支出

营业外收支是指与企业生产经营活动没有直接关系的各项收入扣除各项支出后的余额。

最后，利润总额扣减所得税费用后结果就是净利润。

净利润＝利润总额－所得税费用

业务核算

一、营业外收入的核算

营业外收入是指企业发生的与其日常活动无直接关系的各项利得。主要包括：非流动资产处置利得、盘盈利得、罚没利得、捐赠利得、确实无法支付而按规定程序经批准后转作营业外收入的应付款项等。

非流动资产处置利得，包括固定资产处置利得和无形资产出售利得。

盘盈利得，主要指对于现金等清查盘点中盘盈的现金等，报经批准后计入营业外收入的金额。

罚没利得，指企业取得的各项罚款，在弥补因违反合同或协议而支付的罚款后的净收益。

捐赠利得，指企业接受捐赠产生的利得。

会计科目：营业外收入，核算企业发生的与其经营活动无直接关系的各项净收入，主要包括处置非流动资产利得、非货币性资产交换利得、债务重组利得、罚没利得、政府补助利得、确实无法支付而按规定程序经批准后转作营业外收入的应付款项、捐赠利得、盘盈利得等。

账簿设置：本科目应当按照“营业外收入”项目设置明细账，进行明细核算。

基本账务处理：“营业外收入”账簿，贷方登记企业确认的各项营业外收入，借方登记期末结转入“本年利润”账户的营业外收入。

例 11.17 核算收到违约金。

公司和光明工厂签订订货合同，合同约定光明公司向极地有限责任公司提供价值500 000元丝绸，货到后付款。合同的违约责任条款规定如一方违约，违约方须按货款的5% 支付违约金。光明工厂因其他原因无法交货，因此，向极地有限责任公司支付违约金，公司收到该款项转入银行的结算单据。

收到的违约金 =500 000×5% =2 500（元）

编制会计分录如下。

借：银行存款　　　　2 500

　　贷：营业外收入——罚没利得　　　　2 500

例 11.18 核算固定资产清理净收入。

公司一项固定资产报废清理时发生净收益 6 000 元。

结转时，编制会计分录如下。

借：固定资产清理　　　　6 000

　　贷：营业外收入——非流动资产处置利得　　　　6 000

例 11.19 核算无法支付的应付账款。

公司欠大华工厂一笔货款共计 100 000 元，公司日前收到确切消息大华工厂已倒闭，该笔款项确实无法支付，按规定的程序办理转销。

编制会计分录如下。

借：应付账款——大华工厂　　　　100 000

　　贷：营业外收入——无法支付的应付账款　　　　100 000

例 11.20 核算接受捐赠。

公司收到华侨捐赠的轿车一辆，按公允价值 150 000 元入账。

借：固定资产 150 000

贷：营业外收入——捐赠利得 150 000

二、营业外支出的核算

营业外支出是指企业发生的与其他生产经营活动无直接关系的各项净支出。它包括处置非流动资产损失、盘亏损失、罚没支出、公益性捐赠、非常损失等。

非流动资产处置损失，包括固定资产处置损失和无形资产出售损失。

盘亏损失，主要指对于固定资产清查盘点中盘亏的固定资产损失，在查明原因处理时按确定的损失计入营业外支出的金额。

公益性捐赠支出，是指企业对外进行公益性捐赠发生的支出。

非常损失，是指企业对于因客观因素（如自然灾害等）造成的损失，在扣除保险公司赔偿后应计入营业外支出的净损失。

会计科目：营业外支出，核算企业发生的与其经营活动无直接关系的各项净支出，包括处置非流动资产损失、非货币性资产交换损失、债务重组损失、罚款支出、捐赠支出、非常损失等。

账簿设置："营业外支出"科目应当按照支出项目设置明细账，进行明细核算。

基本账务处理："营业外支出"账簿，借方登记企业确认的各项营业外支出，贷方登记期末结转入"本年利润"账户的营业外支出。

例 11.21 核算出售无形资产净支出。

公司将拥有的一项非专利技术出售，取得价款 800 000 元，应交营业税 40 000 元，该非专利技术的账面余额为 900 000 元，累计摊销 100 000 元，未计提减值准备。

借：银行存款 800 000

累计摊销 100 000

营业外支出——非流动资产处置损失 40 000

贷：无形资产 900 000

应交税费——应交营业税 40 000

例 11.22 核算税收滞纳金。

收到税务机关开出的税收处罚通知书，系公司未按纳税期限纳税，税务机关处罚税款滞纳金 70 000 元，罚款已通过银行转账支付。

借：营业外支出——罚没支出 70 000

贷：银行存款 70 000

三、所得税费用的核算

会计科目：所得税费用，核算企业根据所得税准则确认的应从当期利润总额中扣除的所得税费用。

账簿设置：本科目应当按照“当期所得税费用”、“递延所得税费用”设置明细账，进行明细核算。

企业所得税是指国家对境内企业和其他取得收入的组织，就其所得征收的一种税。

所得税费用是指根据会计准则计算出的应从企业当期利润总额中扣除的，计入当期利润表的一种费用。从数量上看，所得税费用是企业计算确定的当期应纳所得税与递延所得税费用（或收益）的和。其中，递延所得税费用（或收益）是因税法和会计对资产和负债的扣除方式、扣除时间等规定不同导致的两者在计算所得税时产生的时间性差异。

当期所得税是指按当期应税所得额和适用税率计算确定的当期应交纳的所得税额。

当期应交所得税＝当期应纳税所得额×适用税率

当期应纳税所得额包括的内容与按会计准则确定的利润总额包括的内容主体相同，但存在差异。在计算确定当期应纳税所得额时，可在利润总额的基础上进行纳税调整得出当期应纳税所得额。计算公式如下。

当期应纳税所得额＝当期利润总额＋纳税调整增加项目－纳税调整减少项目

纳税调整增加项目是指会计上作为费用或损失计入本年利润，但按税法规定在计算应纳税所得额时不允许扣除的项目，如税收滞纳金、罚款、赞助支出等。

纳税调整减少项目是指会计上作为收入或利得计入本年利润，但按税法规定允许在计算应纳税所得额时扣除的项目，如国债利息收入。按税法规定允许税前弥补亏损的利润额，也是纳税调整减少项目。

例 11.23　计算结转当期所得税费用。

公司当月实现利润2 000 000元，本月投资收益中有国债的利息收入100 000元，本月营业外支出中有税收滞纳金70 000元、赞助支出90 000元。无其他纳税调整项目。所得税税率为25%。

比较税法相关规定和会计实务处理，在这笔业务中，公司有两类纳税调整因素：一是计入营业外支出但按税法规定不允许扣除的税款滞纳金和赞助支出；二是按税法规定免税的国债利息收入。

纳税调整增加项目＝70 000＋90 000＝160 000（元）

纳税调整减少项目＝100 000（元）

当期应纳税所得额＝2 000 000＋160 000－1000 000＝2 060 000（元）

当期应交的所得税税额＝2 060 000×25%＝515 000（元）

核算当月应交纳的所得税，应编制会计分录如下。

借：所得税费用——当期所得税费用　　515 000

　　贷：应交税费——应交所得税　　515 000

交纳所得税时，应编制会计分录如下。

借：应交税费——应交所得税　　515 000

　　贷：银行存款　　515 000

会计期末，将所得税费用账户的余额转入“本年利润”账户，编制会计分录如下。

借：本年利润　　515 000

　　贷：所得税费用　　515 000

四、本年利润的会计处理

会计科目：本年利润，核算企业当年实现的净利润（或发生的净亏损）。

账簿设置：本账簿通常采用三栏式账簿，反映各利润构成项目情况。

会计期末，企业应结算实现的利润或发生的亏损，将损益类账户余额转入“本年利润”科目。年末，将“本年利润”科目余额转入“利润分配——未分配利润”科目。

例 11.24　结转损益和本年利润。

公司 12 月 31 日，结账前各损益类账户余额如表 11.2 所示。

表 11.2　损益类账户（结账前）余额表

2012 年 12 月 31 日

单位：元

账户名称	结账前余额	账户名称	结账前余额
主营业务收入	10 000 000（贷方）	营业税金及附加	800 000（借方）
其他业务收入	3 000 000（贷方）	销售费用	900 000（借方）
投资收益	4 00 000（贷方）	管理费用	1 500 000（借方）
营业外收入	200 000（贷方）	财务费用	500 000（借方）
主营业务成本	5 500 000（借方）	营业外支出	400 000（借方）
其他业务成本	2 000 000（借方）		

根据上述资料，结转各损益类账户。

(1) 结转各项收益时，编制会计分录如下。

借：主营业务收入　　10 000 000

　　其他业务收入　　3 000 000

　　投资收益　　400 000

　　营业外收益　　200 000

　　贷：本年利润　　13 600 000

(2) 结转各项成本费用时，编制会计分录如下。

借：本年利润　　11 600 000

　　贷：主营业务成本　　5 500 000

　　　　营业税金及附加　　800 000

　　　　其他业务成本　　2 000 000

　　　　销售费用　　900 000

　　　　管理费用　　1 500 000

　　　　财务费用　　500 000

　　　　营业外支出　　400 000

截止年终，公司实现的净利润总额为 1 485 000 元，年底结转本年利润账户应编制会计分录如下。

借：本年利润　　1 485 000

　　贷：利润分配——未分配利润　　1 485 000

关键练习

一、某公司今年8月份发生下列经济业务。

1. 以银行存款支付向灾区的公益性捐赠款项30 000元。

2. 结转出售给外单位设备的处置净收益5 000元。

3. 以银行存款支付违约罚款8 000元。

4. 经批准，将固定资产清查中发现的盘亏设备损失转入营业外支出。该设备原值8 000元，已提折旧7 000元。

5. 公司将拥有的一项非专利技术出售，取得价款600 000元，应交营业税30 000元，该非专利技术的账面余额为800 000元，累计摊销200 000元，未计提减值准备。

6. 公司收到捐赠者捐赠的机器设备一台，其公允价值是7 000元。

要求：根据上述经济业务编制会计分录。

二、某公司12月31日有关损益类账户的余额如下。

表11.3　损益类账户余额表　　单位：元

账户名称	结账前余额	账户名称	结账前余额
主营业务收入	2 500 000（贷方）	营业税金及附加	100 000（借方）
其他业务收入	200 000（贷方）	销售费用	70 000（借方）
投资收益	60 000（贷方）	管理费用	150 000（借方）
营业外收入	50 000（贷方）	财务费用	50 000（借方）
主营业务成本	900 000（借方）	营业外支出	40 000（借方）
其他业务成本	100 000（借方）		

该公司所得税税率为25%。

要求：结转损益类账户余额；计算并结转所得税费用，年末无其他的纳税调整项目；结转本年利润账户。

拓展阅读

会计期末结转本年利润的方法

会计期末结转本年利润的方法有账结法和表结法两种。

① 账结法。在账结法下，每个会计期间期末将损益类科目净发生额结转到“本年利润”科目中，损益类科目月末不留余额。资产负债表上“本年利润”科目填列的是科目实际余额。

② 表结法。在表结法下，1—11月份间，各损益类科目的余额在账务处理上暂不结转至“本年利润”科目，而是在损益表中按收入、支出结出净利润，然后将净利润在负债表中的“未分配利润”行中列示。到12月份年终结算时，再将各损益类科目的余额结转至“本年利润”科目，结转后各损益类科目的余额为0。在电算化条件下，表结法很少使用。

模块实训索引

《新编企业财务会计实训（第2版)》模块8——实训8.1 产品销售核算演练
《新编企业财务会计实训（第2版)》模块8——实训8.2 收入及税金核算演练
《新编企业财务会计实训（第2版)》模块8——实训8.3 利润及利润分配的核算演练
《新编企业财务会计实训（第2版)》模块8——实训8.4 成本核算演练
《新编企业财务会计实训（第2版)》模块8——实训8.5 拓展训练

模块法规依据

1.《企业会计准则——基本准则》(2006年2月15日财政部发布，自2007年1月1日起施行)。

2.《企业会计准则第14号——收入》(2006年2月15日财政部发布，自2007年1月1日起施行)。

3.《企业会计准则第18号——所得税》(2006年2月15日财政部发布，自2007年1月1日起施行。

4.《企业会计准则——应用指南》(2006年10月30日财政部发布，自2007年1月1日起施行)。

5.《中华人民共和国车船税暂行条例》(2006年12月29日国务院颁布，2007年1日1日起施行)。

6.《中华人民共和国房产税暂行条例》(1986年9月15日国务院颁布)。

7.《国务院关于修改〈中华人民共和国城镇土地使用税暂行条例〉的决定》(2006年12月31日颁布，2007年1月1日起施行)。

模块十二

编制财务报表

工作导入

前面各模块中我们已经带领大家分别学习了六大会计要素的核算，全面、系统地反映了企业生产经营活动的状况。然而，通过上述核算，在会计账簿中归集的信息是零星的、分散的，为了集中地向会计信息使用者提供企业相关的财务信息，必须将分散在账簿中的资料进行归类、整理、分析，然后定期编制企业财务报表。

一、财务报表概念和目标

财务报表是对企业财务状况、经营成果和现金流量的结构性概述，是反映企业某一特定日期财务状况和某一会计期间经营成果、现金流量的书面文件。

企业编制财务报表的目的是向财务报表使用者提供与企业财务状况、经营成果和现金流量等有关的会计信息，有助于财务报表使用者做出经济决策。财务报表使用者一般包括企业管理者、投资人、债权人、国家财政部门、税务机关及企业职工、社会公众等。

财务报表包括会计报表及其附注和其他应当在财务报表中披露的相关信息和资料。

一套完整的财务报表至少应当包括资产负债表、利润表、现金流量表、所有者权益（或股东权益）变动表及附注。

资产负债表是反映企业在某一特定日期财务状况的报表，它反映企业在某一特定日期所拥有的资产、所承担的负债及股东（投资者）拥有的净资产情况。

利润表是反映企业在一定会计期间经营成果的报表，它反映企业的经营业绩及获利能力。

现金流量表反映企业在一定会计期间现金及现金等价物流入和流出的情况，包括经营活动产生的现金流量、投资活动产生的现金流量及筹资活动产生的现金流量3部分。

所有者权益变动表反映构成所有者权益的各组成部分当期的增减变动情况。

会计报表附注是对各财务报表中列示项目的文字描述或明细资料，以及对未能在报表中列示项目的说明等。附注应当披露财务报表的编制基础，相关信息应当与各报表中列示的项目相互对照。

二、财务报表的分类

财务报表按不同标准，可做以下分类。

1. 按编报期间的不同，财务报表可分为中期财务报表和年度财务报表

中期财务报表是短于一个完整会计年度的财务报表，包括月报、季报和半年报。中期财务报表至少包括资产负债表、利润表、现金流量表和附注，中期财务报表的附注可以适当简略。

年度财务报表，又称年度决算报告，除包括中期财务报表的全部报表外，还包括所有者权益变动表，要求揭示完整、反映全面。

2. 按编报主体的不同，财务报表可分为个别财务报表和合并财务报表

个别财务报表是指由企业自身编制的，仅反映企业个体财务状况、经营成果和现金流量的报表。

合并财务报表是指由母公司编制的，反映母公司和所属子公司组成的企业集团整体财务状况、经营成果和现金流量的报表。

三、财务报表的编制要求

为了确保财务报表的质量，充分发挥财务报表的作用，在编制财务报表时应做到数字真实可靠、内容完整、计算准确、报送及时。

1. 真实可靠

企业编制的财务报表，应如实提供与企业的财务状况、经营成果和现金流量等有关的会计信息，不得以估计数字填列财务报表，更不得弄虚作假、篡改伪造数字。只有会计报表提供的资料真实可靠，才能保证使用者根据有关信息做出正确的决策和判断。

2. 内容完整

企业编制的财务报表，应全面反映企业的财务状况，提供完整的会计信息资料，不得漏填、漏编、漏报。对报表中需要加以说明的重要项目，应在报表附注中进行说明，以便报表使用者理解和利用。

3. 计算准确

企业编制的财务报表，应采用正确的计算方法，保证计算结果准确，财务报表项目数字之间应符合相应的勾稽关系。

4. 报送及时

企业编制的财务报表，应在规定的期限内及时报送，以保证企业的管理者、投资者、债权人、财政、税务和上级主管部门及时有效地利用财务报表资料，保证报表使用者进行决策的时效性。

任务一 编制资产负债表

任务目标

通过本任务的学习，你应该能够：

1. 准确地说出资产负债表的概念，列示资产负债表的基本结构及常见项目。
2. 列述资产负债中常见项目的编制方法，根据典型业务编制简单的资产负债表。

业务认知

资产负债表是反映企业某一特定日期财务状况的报表。

我国资产负债表采用账户式结构。资产负债表列报的首要原则是按资产、负债和所有者权益（或股东权益）分类列报；其次是按其流动性列报，将资产和负债分为流动资产和非流动资产、流动负债和非流动负债进行列报，基本框架如表12.1所示。编制资产负债表的理论依据是"资产=负债+所有者权益"会计基本等式，左方资产总计等于右方负债和所有者权益总计。

符合下列条件之一的资产，应当归类为流动资产。

① 预计在一个正常经营周期变现、出售或耗用。

② 主要为交易目的而持有的。

③ 预期在自资产负债表日起一年内变现的。

④ 在自资产负债表日起一年内，交换其他资产或清偿负债的能力不受限制的现金或现金等价物。

⑤ 流动资产以外的资产，应当归类于非流动资产。

非流动资产应按长期投资、固定资产、无形资产和其他资产分类列示。

表12.1　资产负债表

年　　月　　日

资　产	负债和所有者权益（或股东权益）
流动资产：	流动负债：
×××	×××
×××	×××
……	……
非流动资产：	非流动负债：
×××	×××
×××	×××
……	……
	所有者权益（或股东权益）：
	×××
	×××
	……
资产总计	负债和所有者权益（或股东权益）总计

符合下列条件之一的负债，应当归类为流动负债。

① 预计在一个正常营业周期中清偿。

② 主要为交易目的而持有的。

③ 在资产负债表日起一年内到期应予以清偿。

④ 企业无权自主地将清偿推迟至资产负债表日后一年以上。

⑤ 流动负债以外的负债，应当归类于非流动负债。

非流动负债应当按长期负债的性质分类列示。

业务核算

一、资产负债表编制说明

我国资产负债表的具体格式如表 12.2 所示，资产负债表提供“年初余额”和“期末余额”两栏，便于报表使用者掌握和分析企业财务状况的变化及发展趋势。

（一）“年初余额”的填列方法

“年初余额”栏内各项目数字，应根据上年末资产负债表“期末余额”栏内所列数字填列。如果本年度资产负债表规定的各个项目的名称和内容同上年度不一致，应对上年年末资产负债表各项目的名称和数字按本年度的规定进行调整，按调整后的数字填入本表“年初余额”栏内。

（二）“期末余额”的填列方法

“期末余额”是指某一资产负债表日的数字，即月末、季末、半年末或年末的数字，一般应根据资产、负债和所有者权益期末余额情况填列。

1. 直接填列的项目

如“交易性金融资产”、“应收票据”、“应收股利”、“应收利息”、“其他流动资产”、“可供出售金融资产”、“工程物资”、“固定资产清理”、“开发支出”、“商誉”、“递延所得税资产”、“其他非流动资产”、“短期借款”、“应付职工薪酬”、“应交税费”、“交易性金融负债”、“应付票据”、“应付股利”、“应付利息”、“其他应付款”、“实收资本”、“资本公积”等项目，应根据上述各账户的期末余额直接填列。“开发支出”根据“研发支出”账户期末余额填列。

其中，“固定资产清理”期末若为贷方余额，以“－”号填列；“应付职工薪酬”、“应交税费”、“资本公积”总账科目期末若为借方余额，以“－”号填列。

表 12.2　资产负债表

会企 01 表

编制单位：　　　　　　　　　　年　　月　　日　　　　　　　　　　单位：元

资　产	期末余额	年初余额	负债和所有者权益（或股东权益）	期末余额	年初余额
流动资产：			流动负债：		
货币资金			短期借款		
交易性金融资产			交易性金融负债		
应收票据			应付票据		
应收账款			应付账款		
预付账款			预收账款		

（续表）

资　产	期末余额	年初余额	负债和所有者权益（或股东权益）	期末余额	年初余额
应收利息			应付职工薪酬		
应收股利			应交税费		
其他应收款			应付利息		
存货			应付股利		
一年内到期的非流动资产			其他应付款		
其他流动资产			一年内到期的非流动负债		
流动资产合计			其他流动负债		
非流动资产：			流动负债合计		
可供出售金融资产			非流动负债：		
持有至到期投资			长期借款		
长期应收款			应付债券		
长期股权投资			长期应付款		
投资性房地产			专项应付款		
固定资产			预计负债		
在建工程			递延所得税负债		
工程物资			其他非流动负债		
固定资产清理			非流动负债合计		
生产性生物资产			负债合计		
油气资产			所有者权益（或股东权益）：		
无形资产			实收资本（或股本）		
开发支出			资本公积		
商誉			减：库存股		
长期待摊费用			盈余公积		
递延所得税资产			未分配利润		
其他非流动资产			所有者权益		
非流动资产合计			所有者权益合计		
资产总计			负债和所有者权益总计		

2. 分析计算填列的项目

①“货币资金”项目，根据“库存现金”、“银行存款”、“其他货币资金”账户期末余额的合计数填列。

②“存货”项目，根据“在途物资”、“原材料”、“周转材料”、“委托加工物资”、“生产成本”、“库存商品”等账户期末余额合计，减去“存货跌价准备”账户期末余额后的金额填列。采用计划成本计价的，应在上述计算基础上，按加或减“材料成本差异”账户期末余额后的金额填列。

③“其他应收款”、“长期应收款”、“消耗性生物资产”、“持有至到期投资”、“投资性房地产”、“长期股权投资”、“固定资产”、“在建工程”、“生产性生物资产”、“油气资

产”、“无形资产”等资产项目，分别根据上述各账户期末余额，扣减相应的资产减值准备后的净额填列。其中，“固定资产”、“无形资产”、“生产性生物资产”、“油气资产”项目，还应按减去相应的“累计折旧”、“累计摊销”、“生产性生物资产累计折旧”、“累计折耗”期末余额后的金额填列。

④“应收账款”、“预付账款”、“应付账款”、“预收账款”项目填列方法如下。

- “应收账款”项目，根据“应收账款”、“预收账款”科目所属各明细账户期末借方余额合计，减去“坏账准备”账户期末余额后的金额填列。
- “预付账款”项目，根据“预付账款”、“应付账款”所属各明细账户期末借方余额的合计填列。
- “应付账款”项目，根据“应付账款”、“预付账款”所属各明细账户期末贷方余额的合计填列。
- “预收账款”项目，应根据“预收账款”、“应收账款”所属各明细账户期末贷方余额的合计填列。

例 12.1　计算资产负债表应收账款、预收账款等项目金额。

甲公司 2013 年 3 月 31 日，“应收账款”总账期末借方余额为 65 000 元，其明细账中 A 公司借方余额 85 000 元，B 公司贷方余额 20 000 元；“预收账款”总账期末贷方余额为 30 000元，其明细账中 C 公司借方余额 15 000 元，D 公司贷方余额 45 000 元；有关应收账款的“坏账准备”贷方余额为 2 000 元。计算资产负债表中“应收账款”和“预收账款”项目的填列金额。

“应收账款”不能按总账科目直接填列 65 000 元，“预收账款”也不能按总账科目直接填列 30 000 元，正确的填列方法应如下。

“应收账款”项目的金额 =85 000 +15 000 −2 000 =98 000（元）

“预收账款”项目的金额 =45 000 +20 000 =65 000（元）

⑤“一年内到期的非流动资产”项目，根据“持有至到期投资”、“长期应收款”等所属明细账户中将于一年内到期的金额填列。

⑥“一年内到期的非流动负债”项目，根据“长期借款”、“长期应付款”等所属明细账户中将于一年内到期的金额填列。

⑦“未分配利润”项目，应根据“本年利润”、“利润分配”总账科目余额分析计算填列。年末，可根据“利润分配”账户的期末贷方余额直接填列。“本年利润”和“利润分配”均为借方余额或借方余额大于贷方余额，以“ - ”号填列；年末“利润分配”账户如果为借方余额，以“ - ”号填列。

例 12.2　计算资产负债表未分配利润项目金额。

乙公司 2013 年 5 月 30 日，“利润分配”账户期末借方余额为 50 000 元，假设“本年利润”账户期末余额分别为：①贷方 150 000 元，②贷方 10 000 元，③借方 20 000 元时，计算“未分配利润”项目应填列的金额。

①“本年利润”为贷方余额 150 000 元，则

“未分配利润”项目的金额 =150 000 −50 000 =100 000（元）

②“本年利润”为贷方余额10 000元，则

“未分配利润”项目的金额＝10 000－50 000＝－40 000（元），以“－”号填列。

③“本年利润”为借方余额20 000元，则

“未分配利润”项目的金额＝－20 000－50 000＝－70 000（元），以“－”号填列。

二、资产负债表编制示例

例12.3　编制资产负债表。

极地公司2012年12月31日的总账科目余额（2012年末资产负债表项目期末余额）及2013年5月31日有关总账科目余额资料如表12.3所示。

表12.3　极地公司总账科目余额表

2013年5月31日　　单位：元

资产账户	年初余额	期末余额	权益账户	年初余额	期末余额
库存现金	9 000	15 000	短期借款	90 000	150 000
银行存款	200 000	500 000	应付账款	80 000	60 000
其他货币资金	52 000	45 000	交易性金融负债	30 000	25 000
应收票据	13 000	50 000	应付票据	16 000	28 000
应收账款	32 000	90 000	预收账款	13 000	20 000
坏账准备	（贷）2 000	（贷）20 000	应付职工薪酬	21 000	45 000
预付账款		30 000	应交税费	3 000	38 000
其他应收款	3 000	2 000	应付利息	8 000	12 000
在途物资	25 000	90 000	应付股利	60 000	100 000
原材料	80 000	110 000	其他应付款	5 000	40 000
委托加工材料	74 000	64 000	长期借款	230 000	300 000
生产成本	90 000	150 000	实收资本	1 260 000	1 910 000
库存商品	320 000	500 000	资本公积	80 000	209 000
长期股权投资	120 000	450 000	盈余公积	40 000	180 000
固定资产	680 000	1 200 000	本年利润		432 000
固定资产清理	12 000	（贷）45 000	利润分配	（借）90 000	（借）90 000
累计折旧	（贷）36 000	（贷）90 000			
无形资产	170 000	350 000			
累计摊销	（贷）28 000	（贷）52 000			
长期待摊费用	32 000	20 000			
合　计	1 846 000	3 459 000	合　计	1 846 000	3 459 000

注：期初、期末余额中，应收账款、预付账款各明细账均为借方余额；应付账款、预收账款各明细账均为贷方余额。

极地公司根据以上资料编制2013年5月31日的资产负债表如表12.4所示。

表12.4 资产负债表

会企01表

编制单位：极地公司 2013年5月31日 单位：元

资　产	期末余额	年初余额	负债和所有者权益	期末余额	年初余额
流动资产：			流动负债：		
货币资金	560 000	261 000	短期借款	150 000	90 000
交易性金融资产	0	0	交易性金融负债	25 000	30 000
应收票据	50 000	13 000	应付票据	28 000	16 000
应收账款	70 000	30 000	应付账款	60 000	80 000
预付账款	30 000	0	预收账款	20 000	13 000
应收利息	0	0	应付职工薪酬	45 000	21 000
应收股利	0	0	应交税费	38 000	3 000
其他应收款	2 000	3 000	应付利息	12 000	8 000
存货	914 000	589 000	应付股利	100 000	60 000
其他流动资产	0	0	其他应付款	40 000	5 000
流动资产合计	1 626 000	896 000	一年内到期的非流动负债	0	0
非流动资产：			流动负债合计	518 000	326 000
可供出售金融资产	0	0	非流动负债：		
长期应收款	0	0	长期借款	300 000	230 000
长期股权投资	450 000	120 000	应付债券	0	0
固定资产	1 110 000	644 000	长期应付款	0	0
在建工程	0	0	非流动负债合计	300 000	230 000
工程物资	0	0	负债合计	818 000	556 000
固定资产清理	-45 000	12 000	所有者权益：		
无形资产	298 000	142 000	实收资本	1 910 000	1 260 000
开发支出	0	0	资本公积	209 000	80 000
商誉	0	0	盈余公积	180 000	40 000
长期待摊费用	20 000	32 000	未分配利润	342 000	-90 000
非流动资产合计	1 833 000	950 000	所有者权益合计	2 641 000	1 290 000
资产总计	3 459 000	1 846 000	负债和所有者权益总计	3 459 000	1 846 000

说明：上述资产负债表中有关计算分析填列的项目如下。

(1) 货币资金

年初余额 =9 000 +200 000 +52 000 =261 000（元）

期末余额 =15 000 +500 000 +45 000 =560 000（元）

(2) 应收账款

年初余额=32 000－2 000=30 000 (元)

期末余额=90 000－20 000=70 000 (元)

(3) 存货

年初余额=25 000+80 000+74 000+90 000+320 000=589 000 (元)

期末余额=90 000+110 000+64 000+150 000+500 000=914 000 (元)

(4) 固定资产

年初余额=680 000－36 000=644 000 (元)

期末余额=1 200 000－90 000=1 110 000 (元)

(5) 固定资产清理

年初余额=12 000 (元)

期末余额=－45 000 (元)

(6) 无形资产

年初余额=170 000－28 000=142 000 (元)

期末余额=350 000－52 000=298 000 (元)

(7) 未分配利润

年初余额=－90 000 (元)

期末余额=432 000－90 000=342 000 (元)

关键练习

极地公司2012年12月31日年末流动资产比年初多296 000元，年初流动资产是年初流动负债的2倍。请完成表12.5所示的资产负债表。

表12.5　资产负债表

编制单位：极地公司　　2012年12月31日　　单位：元

资　产	年末余额	年初余额	负债及所有者权益	年末余额	年初余额
流动资产：			流动负债：		
货币资金	261 000	140 000	短期借款	100 000	200 000
应收账款	(　　)	160 000	应付票据	30 000	50 000
存货	589 000	270 000	应付账款	145 000	(　　)
其他流动资产	16 000	(　　)	应交税费	(　　)	16 000
流动资产合计	896 000	(　　)	流动负债合计	330 000	(　　)
非流动资产：			非流动资产：		
长期股权投资	120 000	90 000	长期借款	(　　)	156 000
固定资产	644 000	(　　)	所有者权益		
无形资产	142 000	80 000	实收资本	1 200 000	850 000
长期待摊费用	(　　)	20 000	盈余公积	90 000	(　　)
非流动资产合计	(　　)	(　　)	所有者权益合计	(　　)	(　　)
资产总计	1 846 000	(　　)	负债及所有者权总计	(　　)	1 350 000

拓展阅读

资产负债表日后事项

极地有限责任公司2012年的年度财务报表于2013年2月18日编制完成，注册会计师签署审计报告的日期为2013年4月13日，经董事会批准财务报表可以对外公布的日期为2013年4月20日，实际对外公布日期为2013年4月24日。根据资产负债表日后事项的规定，资产负债表日后事项的区间为2013年1月1日至4月20日。但极地公司在4月20日至24日之间又发生了重大事项，按照资产负债表日后事项处理规定，需要调整会计报表相关项目的数字或需要在会计报表附注中披露的，调整后，再经董事会批准的报出日期为2013年4月28日，实际对外公布的日期为2013年4月30日，则资产负债表日后事项涵盖的期间为2013年1月1日至4月28日。

任务二 编制利润表

任务目标

通过本任务的学习，你应该能够：

1. 准确地说出利润表的概念，列示利润表的基本结构及常见项目。
2. 列述利润表常见项目的编制方法，根据典型业务编制简单的利润表。

业务认知

利润表是反映企业一定会计期间经营成果的报表。我国采用多步式利润表，格式如表12.6所示。

表12.6 利润表

会企02表

编制单位： 年 月 单位：元

项 目	本期金额	上期金额
一、营业收入		
减：营业成本		
营业税金及附加		
销售费用		
管理费用		
财务费用		
资产减值损失		

（续表）

项　目	本期金额	上期金额
加：公允价值变动收益（损失以“－”填列）		
投资收益（损失以“－”填列）		
其中：对联营企业和合营企业投资收益		
二、营业利润（损失以“－”填列）		
加：营业外收入		
减：营业外支出		
其中：非流动资产处置损失		
三、利润总额（损失以“－”填列）		
减：所得税费用		
四、净利润（净损失以“－”填列）		
五、每股收益		
（一）基本每股收益		
（二）稀释每股收益		

业务核算

一、利润表编制说明

利润表提供“本期金额”和“上期金额”两栏，便于报表使用者掌握和分析企业未来利润的发展趋势和获利能力。

（一）“上期金额”的填列方法

“上期金额”栏内各项数字，应根据上年该期利润表的“本期金额”栏内所列数字填列。如果上期利润表的项目名称和内容与本期利润表不一致，应对上期利润表项目的名称和数字按本期的规定进行调整，填入报表的“上期金额”栏。

（二）“本期金额”的填列方法

“本期金额”栏内各期数字，除“基本每股收益”和“稀释每股收益”项目外，应当按照各损益类账户的本期发生额分析填列。

①“营业收入”项目，根据“主营业务收入”、“其他业务收入”账户的本期发生额分析填列。

②“营业成本”项目，根据“主营业务成本”、“其他业务成本”账户的本期发生额分析填列。

③“营业税金及附加”、“销售费用”、“管理费用”、“投资收益”等项目，根据“营业税金及附加”、“销售费用”、“管理费用”、“投资收益”等账户的本期发生额分析填列。当

"投资收益"、"公允价值变动净收益"等项目为净损失时，在利润表中以"－"号列示。

④"营业利润"、"利润总额"、"净利润"项目，直接根据报表各项目所列示的数字，按照多步式利润形成的计算公式计算填列。

⑤"基本每股收益"、"稀释每股收益"项目，根据每股收益准则的规定计算的金额填列。

二、利润表编制示例

例 12.4 编制利润表。

极地公司 2013 年 5 月有关损益类账户的发生额资料如表 12.7 所示。

表 12.7 极地公司损益类账户发生额

2013 年 05 月

单位：元

账户名称	贷方发生额	账户名称	借方发生额
主营业务收入	970 000	主营业务成本	800 000
其他业务收入	80 000	其他业务成本	60 000
投资收益	34 000	营业税金及附加	38 000
营业外收入	90 000	销售费用	50 000
		管理费用	65 000
		财务费用	7 000
		营业外支出	40 000
		所得税费用	28 500

注："营业外支出"所属明细账中"非流动资产处置损失"为 28 000 元。

极地公司根据以上资料，编制 2013 年 5 月的利润表如表 12.8 所示。

说明：利润表（见表 12.8）中有关计算分析填列的项目如下。

表 12.8 利润表

会企 02 表

编制单位：极地公司　　2013 年 05 月　　单位：元

项目	本期金额	上期金额（略）
一、营业收入	1 050 000	
减：营业成本	860 000	
营业税金及附加	38 000	
销售费用	50 000	
管理费用	65 000	
财务费用	7 000	
资产减值损失	0	
加：公允价值变动收益（损失以"－"填列）	0	
投资收益	34 000	
其中：对联营企业和合营企业投资收益	0	

（续表）

项　目	本期金额	上期金额（略）
二、营业利润（损失以"－"填列）	64 000	
加：营业外收入	90 000	
减：营业外支出	40 000	
其中：非流动资产处置损失	28 000	
三、利润总额（损失以"－"填列）	114 000	
减：所得税费用	28 500	
四、净利润（净损失以"－"填列）	85 500	
五、每股收益	（略）	
（一）基本每股收益		
（二）稀释每股收益		

①"营业收入"项目金额＝970 000＋80 000＝1 050 000（元）

②"营业成本"项目金额＝800 000＋60 000＝860 000（元）

③"营业利润"项目金额＝1 050 000－860 000－38 000－50 000－65 000－7 000＋34 000＝64 000（元）

④"利润总额"项目金额＝64 000＋90 000－40 000＝114 000（元）

⑤"净利润"项目金额＝114 000－28 500＝85 500（元）

关键练习

极地公司2013年6月，有关损益类账户在发生下列业务前余额如下。

主营业务收入（贷）960 000元，销售费用（借）14 000元，投资收益（借）10 000元，管理费用（借）25 000元，财务费用（贷）3 000元。

该公司月末发生如下经济业务。

（1）开出转账支票支付电话费2 000元。

（2）计算本月应交纳的产品销售税金35 000元。

（3）结转本月已销售产品成本780 000元。

（4）结转本月处置的固定资产净收益55 000元。

（5）本月销售材料取得收入5 000元，材料实际成本3 000元。

假定该公司当期无纳税调整项目，所得税税率为25%。

要求：根据以上资料，分析计算极地有限责任公司2013年6月利润表中"营业利润"、"利润总额"和"净利润"项目的金额。

拓展阅读

要编制现金流量表的原因

极地有限责任公司2013年2月2日，企业的一项20万元的借款到期，可是企业的银行存款账户上却只有不到10万元，根本不够偿还借款。极地公司的总经理很诧异，他记得1月初他看资金明细表时，银行存款户上还有近30万元钱呢，而且1月底的利润表也显示1月份企业实现净利润24.6万元，怎么到2月初却拿不出钱来偿还到期的20万元银行借款了呢？这是为什么？

这是因为，在权责发生制下，某会计期间，企业取得收入并不意味着企业一定会取得相同数量的现金（广义的现金，包括库存现金、银行存款、其他货币资金和现金等价物等），如企业当期发生销售收入500 000元，但其中200 000的收入款项需要在以后的会计期间才能收回，企业当期利润增加500 000元，但现金只增加300 000元。同样，在权责发生制下，企业发生的费用并不总是意味着现金的支出，如会计上作为当期费用的固定资产累计折旧，虽然冲减了利润，但它们并没有导致当期现金的实际流出。

基于上述原因，经常会发生有的企业从某一会计期间利润表上看是盈利的，但却没有足够的资金偿还贷款、购买原材料等；有的企业某一会计期间明明是亏损的，但当期资金周转却很正常，等等。

因此，为了反映企业现金及现金等价物的流入和流出情况，企业需要编制现金流量表。现金流量是反映企业盈利质量的晴雨表。

现金流量表反映企业现金流入和流出的整体情况，便于报表使用者分析企业未来获取或支付现金的能力，分析现金流量与利润表中本期净利润之间的差异，客观评价企业的盈利能力和经营周转是否顺畅，分析与现金收付有关、无关的投资和筹资活动，预测企业未来的发展趋势和现金流量。

模块实训索引

《新编企业财务会计实训（第2版）》模块9——实训9.1　资产负债表编制实训
《新编企业财务会计实训（第2版）》模块9——实训9.2　利润表编制核算实训
《新编企业财务会计实训（第2版）》模块9——实训9.3　拓展训练
《新编企业财务会计实训（第2版）》模块10——综合实训10.1～综合实训10.3

模块法规依据

1.《企业会计准则第30号——财务报表列报》（2006年2月15日财政部发布，自2007年1月1日起在上市公司范围内施行）。

2.《企业会计准则第31号——现金流量表》（2006年2月15日财政部发布，自2007年1月1日起在上市公司范围内施行）。

3.《企业会计准则第32号——中期财务报告》（2006年2月15日财政部发布，自2007年1月1日起在上市公司范围内施行）。

4.《企业会计准则第34号——每股收益》（2006年2月15日财政部发布，自2007年1月1日起在上市公司范围内施行）。

5.《企业会计准则——应用指南》（2006年10月30日财政部发布，自2007年1月1日起在上市公司范围内施行）。

尊敬的老师：

您好。

请您认真、完全地填写以下表格的内容(务必填写每一项),索取相关图书的教学资源。

教学资源索取表

书　名				作者名	
姓　名		所在学校			
职　称		职　　务		讲授课程	
联系方式	电话：		E-mail：		
地址(含邮编)					
贵校已购本教材的数量(本)					
所需教学资源					
系/院主任姓名					

系/院主任：____________________(签字)

(系/院办公室公章)

20_____年____月____日

注意：

① 本配套教学资源仅向购买了相关教材的学校老师免费提供。

② 请任课老师认真填写以上信息，并**请系/院加盖公章**,然后传真到(010)80115555转718438上索取配套教学资源。也可将加盖公章的文件扫描后，发送到fservice@126.com上索取教学资源。

電子工業出版社
PHEI PUBLISHING HOUSE OF ELECTRONICS INDUSTRY

反侵权盗版声明

举报电话：(010) 88254396；(010) 88258888

传　　真：(010) 88254397

E-mail：dbqq@phei.com.cn

通信地址：北京市万寿路173信箱

电子工业出版社总编办公室

邮　　编：100036